JN304051

建築と土木の耐震設計

基礎編

性能設計に向けて

楠木 紀男　規矩 大義

編 著

松田 磐余　前田 直樹　高島 英幸　中藤 誠二　中島 康雅

関東学院大学出版会

はじめに

　近年，建築や土木の構造物の耐震設計は急速に高度化し，発展している．具体的には建設予定地に将来起こりうる地震動の予測，崩壊状態を見据えた大地震時の挙動の検討，あるいは構造物への入力地震動を大きく低減する免震構造や制振構造の普及などめざましいものがある．

　また，最近では，建築や土木の構造物への性能設計が一般化しつつある．特に，1995年阪神淡路大震災以降，設計は建築基準法や各種の設計基準類の要求仕様を満たすことに終始していた時代から，施主(発注者)の要求する，あるいは施主との合意に基づいた構造耐震性能を満足するような性能設計の時代を迎えている．建築分野の耐震設計で言えば，構造物の建設予定地に想定される地震動の設定，その地震動に対する損傷限界，修復限界，安全限界などの設定と性能の確保といったことが求められている．土木の分野では，許容変形量が定義され，レベル2地震動を考慮した2段階設計と変形性能の照査が求められるようになっている．

　従来の設計では，地震力を静的な力に置換した地震荷重に対して構造物の各部材に生じる応力度を許容応力度以下とする，許容応力度設計法が用いられてきた．そのため，構造設計者は，将来起こりうる地震動の予測，構造物や地盤の弾性範囲から崩壊に至る挙動の計算など経験することはなかった．また，建築や土木の教育の現場で，これらに対応できる基礎教育がなされてきたとは言い難い．現在，設計のエキスパートとして活躍しておられる技術者の多くは，最近の耐震設計方法の大きな変化に戸惑いがあるように思われる．また，大学での教育カリキュラムも，現在普及しつつある，あるいは普及させるべき性能設計時代に向けた体制が十分に整備されているようには見えない．

　本書は，基礎編と応用編からなる．

　基礎編である本書の内容は，大きく3つの分野からなっている．構造物が建設される敷地に関わる分野（地震工学，地形・地盤の捉え方，地盤工学），次に構造物の挙動を解析する分野（フレームの弾塑性解析，構造振動学），地震とは異なるもう一つの外乱を紹介する分野（耐風工学）である．

　規定された地震荷重に基づく構造物の設計では，建設予定地の地盤の性質が明らかになるだけで設計は可能であったといえよう．しかしながら，今日，すでに述べたように建設予定地に，将来起こると考えられる地震動の予測が設計の前提条件になる場合もあり，地震の発生，地震波の伝播さらにその増幅についての理解が必須となる．そこで，はじめの

はじめに

第1章から第3章は，大きく地球規模の現象理解，地形や地盤の成り立ち，建設地における地盤の力学的挙動の順序で，きわめてマクロな視点から土粒子レベルのミクロな視点にいたる理解を得られるように構成されている．

地震動による構造物の挙動を明らかにするために，コンピューターによる構造解析や振動解析手法は欠かせない．地震動に対して安全な構造物を設計するために，構造物の崩壊に至るまでの挙動の把握が前提になる．膨大な計算を要するため，手計算で挙動を追うことは出来ずコンピューターに依存しなければならないが，そのためには計算プログラムの作成，あるいは市販のソフトを利用することになる．いずれにしても弾塑性解析についての理解は欠かせない．さらに，地震荷重に対する構造物の動的挙動を明らかにする振動解析も耐震設計には欠かせない．第4章は弾塑性解析の手法を理解できるようにフレームを例にして述べたもので，第5章は構造振動学の基礎である．耐震設計＝振動解析と思われるほどに振動解析は，耐震設計に欠かせないものであり，構造振動学の内容は，さらに応用編にも付加される予定である．

最後に，本書は耐震設計がテーマであるが，わが国は地震ばかりでなく，台風常襲地域である．構造設計において，もう一つの重要な外乱である風に対する設計も念頭に置く必要がある．そこで第6章耐風工学入門を加えた．

本書は，多彩な内容によって耐震設計に必要な基礎知識を幅広く得られるようにしたが，一方，各章は独立しており，読者は必要に応じて，どの章からでも読み始めることが出来るように構成されている．

本書に引き続いて出版する予定の応用編は，建築では限界耐力計算の設計への適用，土木では昨今の設計基準改訂を踏まえた，地盤と構造物の耐震設計法について具体的に述べる．
本書が，学生の教科書としてばかりでなく，建築や土木の構造設計者に有用な参考書となることを期待するものである．

なお，本書（基礎編，応用編）は，著者らが2006年3月，かながわ産学公連携セミナー「限界耐力計算に基づく建築構造設計」（関東学院大学学術フロンティア研究センター担当）で作成したテキストを出発点にして刊行するものであります．セミナーに参加された多くの実務設計者の熱心な受講や質疑に励まされたことが，本書発刊の原動力であることを記して受講された方々に心から感謝します．

2007年9月

楠　木　紀　男
規　矩　大　義

著 者 一 覧

第1章………： 前田直樹 (関東学院大学工学部社会環境システム学科)

第2章………： 松田磐余 (関東学院大学経済学部)

第3章………： 規矩大義 (関東学院大学工学部社会環境システム学科)

第4章………： 高島英幸 (関東学院大学工学部建築学科)

第5章………： 槇木紀男 (関東学院大学工学部建築学科)
　　　　　　　中島康雅 (関東学院大学工学総合研究所)

第6章………： 中藤誠二 (関東学院大学工学部社会環境システム学科)

目　　次

第1章　地震工学入門—地震の基礎知識—　　1

1.1　地　震　と　は　…………………………………………………………………　1
1.2　地　震　の　観　測　………………………………………………………………　1
　　1.2.1　地　震　計　……………………………………………………………　1
　　1.2.2　地　震　波　……………………………………………………………　2
　　1.2.3　震源の決定　……………………………………………………………　6
1.3　震度とマグニチュード　…………………………………………………………　9
　　1.3.1　震　　　度　……………………………………………………………　9
　　1.3.2　震度に影響を与える要因　………………………………………………　9
　　1.3.3　マグニチュード　………………………………………………………　13
　　1.3.4　マグニチュードとエネルギー　…………………………………………　14
　　1.3.5　モーメントマグニチュード　……………………………………………　15
　　1.3.6　規模別頻度分布　………………………………………………………　15
1.4　震源のメカニズム　………………………………………………………………　16
　　1.4.1　地震と断層運動　………………………………………………………　16
　　1.4.2　震源と震源域　…………………………………………………………　17
　　1.4.3　余震の分布　……………………………………………………………　17
　　1.4.4　初動の押し引き分布　…………………………………………………　19
　　1.4.5　初動発震機構解　………………………………………………………　21
　　1.4.6　モーメントテンソル解　………………………………………………　22
　　1.4.7　震源から放射される波　………………………………………………　23
1.5　地震波の反射・屈折　……………………………………………………………　26
　　1.5.1　境界面に地震波が入射する場合　………………………………………　26
　　1.5.2　水平多層地盤に鉛直下方からSH波が入射する場合　…………………　27
　　1.5.3　Q　　値　……………………………………………………………　29
　　1.5.4　表層地盤のQ値　……………………………………………………　29
1.6　地　震　活　動　………………………………………………………………　30
　　1.6.1　日本付近の地震活動　…………………………………………………　30
　　1.6.2　日本付近で発生する大きな地震　………………………………………　30

第2章　地形・地盤の捉え方　　37

- 2.1 地形・地盤 (地質) の関係 …………………………………………… 37
  - 2.1.1 地形・地盤とは ……………………………………………… 37
  - 2.1.2 地形・地盤・基盤 …………………………………………… 40
- 2.2 地形形成作用 …………………………………………………………… 41
  - 2.2.1 内的地形形成作用 …………………………………………… 41
  - 2.2.2 外的地形形成作用 …………………………………………… 42
  - 2.2.3 氷河性海面変動 ……………………………………………… 43
  - 2.2.4 河岸段丘と海岸段丘の形成 ………………………………… 46
  - 2.2.5 平野の地形 …………………………………………………… 48
- 2.3 沖積低地の地形・地盤の形成 ………………………………………… 50
- 2.4 変化に富む平野の地形・地盤 ………………………………………… 54

第3章　地盤工学入門　　59

- 3.1 地盤の定義と役割 ……………………………………………………… 59
  - 3.1.1 構造物の基礎としての重要性，多様性 …………………… 59
  - 3.1.2 材料としての土 ……………………………………………… 60
  - 3.1.3 構造物の基礎としての地盤 ………………………………… 62
- 3.2 地盤調査と土質試験 …………………………………………………… 65
  - 3.2.1 地盤調査 ……………………………………………………… 66
  - 3.2.2 土質柱状図と地層断面図 …………………………………… 68
  - 3.2.3 土質試験 ……………………………………………………… 69
- 3.3 地盤の変形と強度 ……………………………………………………… 71
  - 3.3.1 有効応力 ……………………………………………………… 71
  - 3.3.2 ダイレタンシー ……………………………………………… 73
  - 3.3.3 土の応力−ひずみ関係と非線形性 ………………………… 74
- 3.4 地盤の動的性質 ………………………………………………………… 75
  - 3.4.1 土の動力学特性の表現法 …………………………………… 76
  - 3.4.2 弾性定数 ……………………………………………………… 79
  - 3.4.3 動的変形特性試験 …………………………………………… 81
  - 3.4.4 液状化特性 …………………………………………………… 83

第4章　フレームの弾塑性解析入門―限界状態設計法の基礎として―　　93

- 4.1 はじめに ………………………………………………………………… 93
- 4.2 梁部材はどのように塑性化するのか ………………………………… 93
  - 4.2.1 矩形断面梁の降伏関数 ……………………………………… 93
  - 4.2.2 パイプ断面梁の降伏関数 …………………………………… 96

           4.2.3 塑性関節理論に基づくフレームの崩壊荷重を求める基礎式 99
           4.2.4 上界定理に基づくフレームの崩壊荷重の計算例 100
      4.3 フレームの有限要素解析の基礎 101
           4.3.1 梁部材の剛性方程式 101
           4.3.2 任意の傾きを持った梁部材の剛性マトリックス 102
           4.3.3 フレーム構造の剛性方程式の計算 104
      4.4 荷重増分法に基づく弾塑性解析 107
           4.4.1 部材断面分割をしない場合の弾塑性解析 107
           4.4.2 ファイバー要素による弾塑性解析 109
      4.5 フレームの保有水平耐力の計算 110
           4.5.1 仮想仕事式による崩壊荷重計算 110
           4.5.2 ファイバー要素による弾塑性解析結果 111

第5章 構造振動学の基礎　　　　　　　　　　　　　　　　　　　　115

      5.1 は じ め に 115
           5.1.1 構造振動学を学ぶ意義 115
           5.1.2 振動学で用いる用語 115
      5.2 1質点1自由度系の振動 119
           5.2.1 自 由 振 動 119
           5.2.2 1質点1自由度振動系の強制振動 124
      5.3 2質点2自由度系の振動 137
           5.3.1 非減衰2自由度系の自由振動 138
           5.3.2 2質点2自由度系の地震応答計算 143
      5.4 多自由度振動系の地震応答 151
      5.5 より高度の構造振動学を学びたい人のために 155

第6章 耐風工学入門　　　　　　　　　　　　　　　　　　　　　　157

      6.1 は じ め に 157
      6.2 風と地震との比較 157
      6.3 風 の 特 性 158
           6.3.1 基 本 風 速 158
           6.3.2 風速の鉛直分布 159
           6.3.3 地形による増速効果 160
           6.3.4 風 の 乱 れ 161
      6.4 風 荷 重 162
           6.4.1 速 度 圧 162
           6.4.2 風 圧 係 数 163

        6.4.3 風 圧 力……………………………………………………164
　6.5 構造物の動的応答……………………………………………………167
        6.5.1 渦 励 振……………………………………………………167
        6.5.2 自励的応答 (ギャロッピング, フラッター)……………………168
        6.5.3 ガスト応答…………………………………………………169
　6.6 近年の風災害………………………………………………………170
　6.7 風の有効利用………………………………………………………171
　6.8 お わ り に…………………………………………………………171

　索　　引　　　　　　　　　　　　　　　　　　　　　　　　　173

第1章 地震工学入門
―地震の基礎知識―

1.1 地震とは

　地震とは，大地で起こる破壊現象である．地下で破壊が起こるとき，ある面を境として急激にくいちがいを生ずる．そして，そこから弾性波が放射される．急激にくいちがいを生ずるある面という表現をしたが，この面のことを震源断層という．震源断層から放出された地震波が地表に達したとき，その振幅が十分に大きければ我々は揺れを感じることとなる．このような一連の現象を地震という．

　地震波により引き起こされた揺れのことを地震動という．地震動には，①震源からどのような波が放出されたか，②地震波がどのような経路をたどってきたか，③揺れを感じた付近はどのような地盤であるか，という3つの影響が表れる．

　この章では，この中でもとくに地震という現象を記載する上での基本的なことばや考え方，その基本的な性質について述べる．

1.2 地震の観測

1.2.1 地震計

　地震動を記録するための計測器が地震計である．地面の揺れを記録するためには，地面が動いても動かない点 (不動点) が必要となる．不動点を基準として，地面の相対的な位置を記録すればよい．しかしながら，完全な不動点は存在しないので，振子を近似的な不動点として用いる．たとえば，図 1.1 のように，振子の支点と記録紙を巻きつけた円筒を地面とともに動くようにして，振子のおもりに針をつけておけば，記録紙の上に地面の動き (地動) を記録することができる．振子は速い動きに対しては不動点となるが，ゆっくりとした動きに対しては不動点とならない．どこまでゆっくりとした動きまで記録できるかは，振子の固有周期によって決まる．振子の固有周期が長いほどゆっくりとした地動を記録することができる．

　地面の動き (地動) は，上下方向と水平二方向の三方向で表すことができる．したがって，地震計で地動を完全に記録しようとすると，これら三方向の成分を記録する必要がある．振子を水平方向に動くようにすれば地動の水平成分を，上下方向に動くようにすれば地動の上下成分を記録することができる．

2　第 1 章　地震工学入門

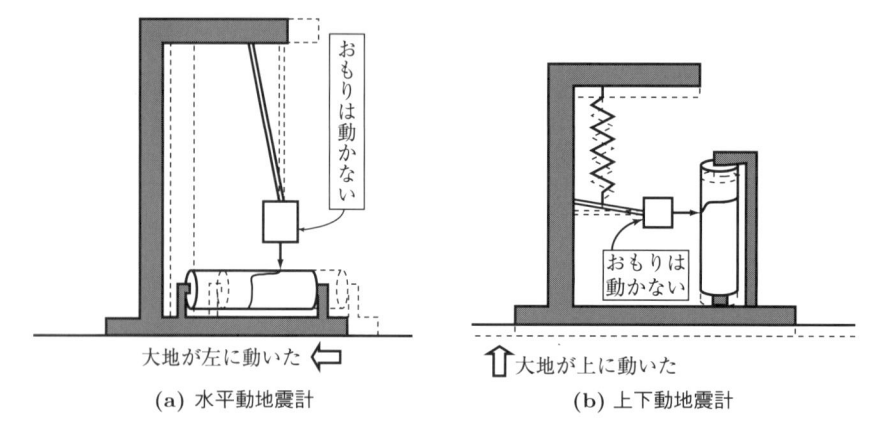

| (a) 水平動地震計 | (b) 上下動地震計 |

図 1.1　地震計の原理

　図 1.1 のように，おもりの動きを直接記録紙に記録する地震計を機械式地震計という．地震計の開発当初はこのようなタイプから出発している．現在では，振子の動きを電気信号 (電圧) に変換して記録を行う．電気信号への変換をするために電磁誘導の原理を用いたものが多い．振子のおもりの部分をコイルとして，それが磁場の中を動くようにしておく．そうすると振子の速度に比例する電圧を得ることができる．逆に磁石をおもりとしてコイルの中を動かしてもよい．増幅器を用いれば電気信号を増幅することができるので，小さな揺れまで観測することができる．得られた電気信号をデジタルに変換すれば，コンピュータで後の処理を行うことができる．また，回路を工夫することで，コイルからの電気信号を再びコイルにもどすこと (フィードバック) により，コイルの動きを制限して振子の周期をのばすことができる．このようにすれば，よりゆっくりとした地面の動きを記録することができるようになる．

1.2.2　地　震　波

　前節で述べたように，地動を完全に記録する際には，上下成分と水平二成分を記録する．図 1.2 は，地震波形の一例である．一地点での地震波による揺れが，東西，南北，上下の三つの成分で記録されている．

　この波形を見て特徴的なことは，最初に揺れがやってきて，しばらくしてから大きな揺れがやってきていることである．揺れが大きい場合には体感でわかるときもある．この最初にやってくる揺れを P 波，次にやってくる大きな揺れを S 波という．P 波，S 波は，それぞれ primary wave, secondary wave の略で，最初にやってきた波，二番めにやってきた波という意味である．

　P 波，S 波はそれぞれ縦波，横波である．図 1.3 に P 波，S 波の振動方向を示すが，P 波は経路方向に沿って振動するのに対し，S 波は経路に対して垂直な方向に振動する．図 1.3 では，S 波の振動方向として紙面に平行な方向を示しているが，経路に対して垂直な方向はこの方向のみではない．たとえば，紙面に垂直な方向も経路に対して垂直な方向である．この方向がつくる平面内で振動すれば，経路に対して垂直になる．どの振動方向をもった S 波が出てくるのかということは，震源の性質によって決まる．

震央距離：114 km，震源の深さ：66 km

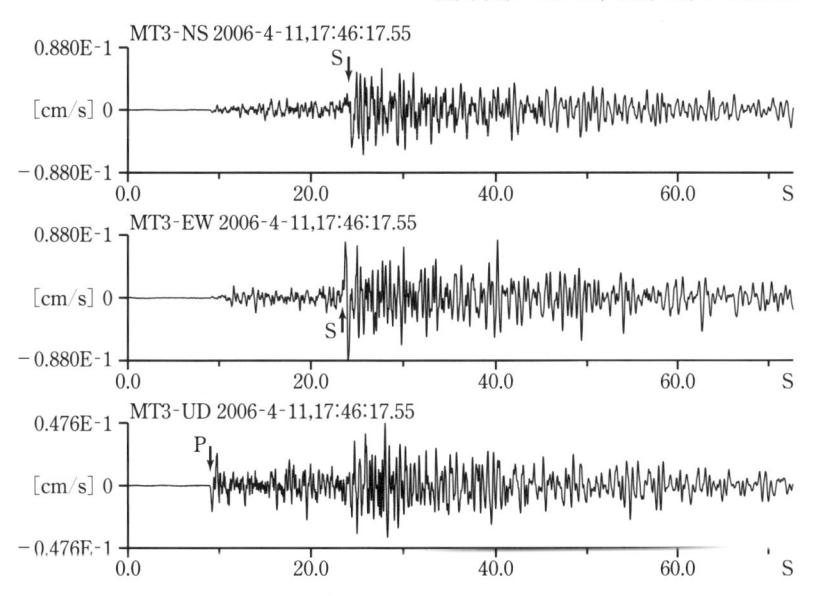

図 1.2 地震波形の例．千葉県南東沖に震央のある M5.0 の地震を関東学院金沢八景キャンパス内にて観測．上から南北，東西，上下方向の動きを表す

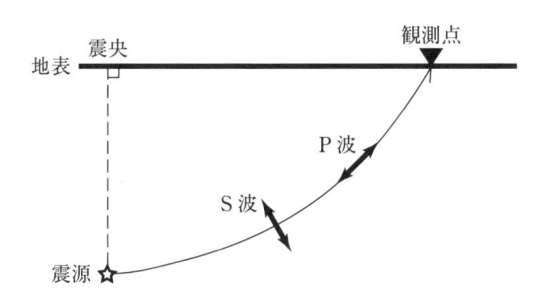

図 1.3 P 波，S 波の振動方向．P 波は経路方向，S 波は経路に対して直角な方向に振動する

図 1.4 は P 波，S 波の進行にともなう媒質 (波を伝える物質) の変化を示している．P 波の場合には体積の変化が伝わっていくのに対し，S 波の場合はずれの変形が伝わっていく．この観点から，P 波を疎密波，S 波をせん断波という．

P 波の速度 (V_P)，S 波の速度 (V_S) は，それぞれ

$$V_P = \sqrt{\frac{\lambda + 2\mu}{\rho}} \tag{1.1}$$

$$V_S = \sqrt{\frac{\mu}{\rho}} \tag{1.2}$$

と表される．ここで，λ, μ はラメ (Lame) の定数とよばれる弾性定数の一種，ρ は媒質の密度である．地殻内の岩石については，$\lambda = \mu$ とみなしてよい．このとき，$V_P/V_S = \sqrt{3} = 1.73\ldots$ となる．地震波の速さは地表からの深さや場所によって変わるが，地殻内では，P 波で 5〜7 km/s，

(a) P波

媒質の振動方向

密　疎　密

波の進行方向

(b) S波

媒質の振動方向

波の進行方向

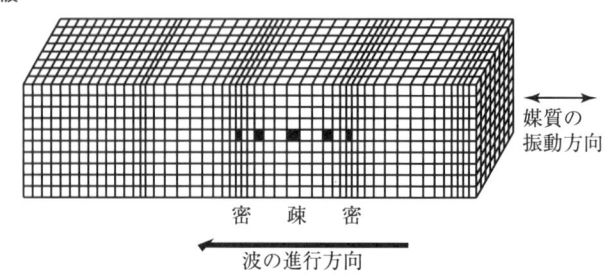

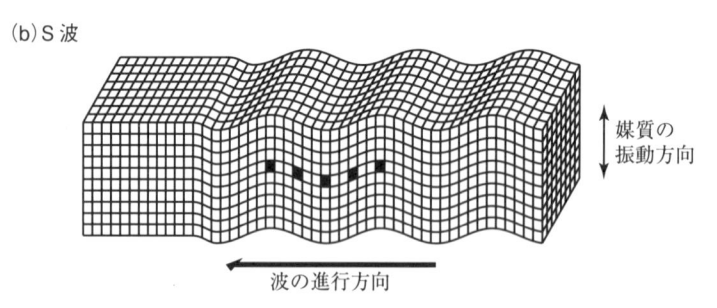

図 1.4　(a) P波，(b) S波の進行にともなう媒質の変形

S波で3〜4 km/s程度である．

　P波，S波は実体波とよばれ，無限に広がる媒質の中でも存在できる波である．一方，地表や速度が急に変わるような境界がなければ存在できない表面波とよばれる波もある．表面波には，レイリー (Rayleigh) 波，ラブ (Love) 波とよばれる二種類の波がある．

　レイリー波は地表があれば存在することのできる波である．図 1.5 (a) にレイリー波の進行にともなう媒質の変形を示す．媒質は波の進行方向を含む鉛直面内で楕円運動をしながら進んでいく．地表付近では，楕円運動の上側が進行方向と逆方向に動く．媒質の速度が一定で $\lambda = \mu$ のとき，レイリー波の進む速度は媒質のS波速度の約 0.92 倍になる．

　ラブ波は地表のほかに少なくとも1つの速度の不連続面がなくては存在できない波である．図 1.5 (b) にラブ波の進行にともなう媒質の変形を示す．ここでは，不連続面が上から 4/5 のところにある2層の構造を仮定している．また，表層内で振幅がゼロとなる節をもたない基本モードとよばれるものを示している．媒質は水平面内で波の進行方向と垂直に振動する．振幅は表層では深さに対してコサイン型関数となり，第2層では指数関数型で減少していく．

　地震の場合，震源から放射される実体波が地表付近に入射し表面波が発生することになるが，表面波の性質として距離による振幅の減り方が実体波に比べて小さいということがあげられる．実体波は球面状に広がっていくのに対し，表面波は同心円状に広がっていくため，実体波ではエネルギーが距離の2乗に反比例(振幅は距離に反比例)するのに対し，表面波では距離に反比例(振幅は距離の1/2乗に反比例)する．したがって，震源からの距離が著しく遠い場合，地震波の最大振幅は表面波となる．大きな地震になると，一周約3時間で地球を何周かする波を観測できる場合もある．図 1.6 は，アメリカ合衆国オレゴン州で観測された 1993 年北海道南西沖地震の波形である．P波，S波の実体波の後に振幅の大きな表面波がやってきている．ラ

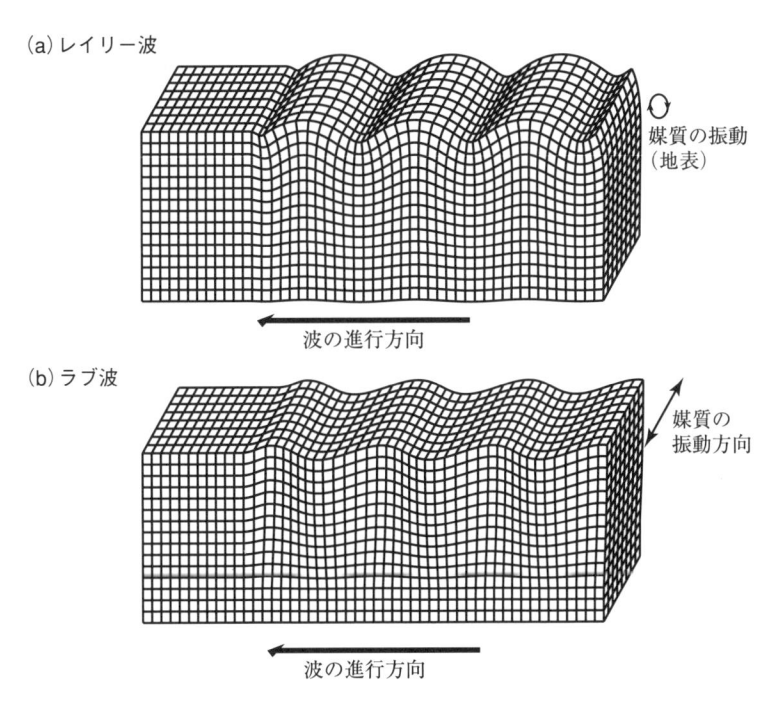

図 1.5 (a) レイリー波，(b) ラブ波の進行にともなう媒質の変形

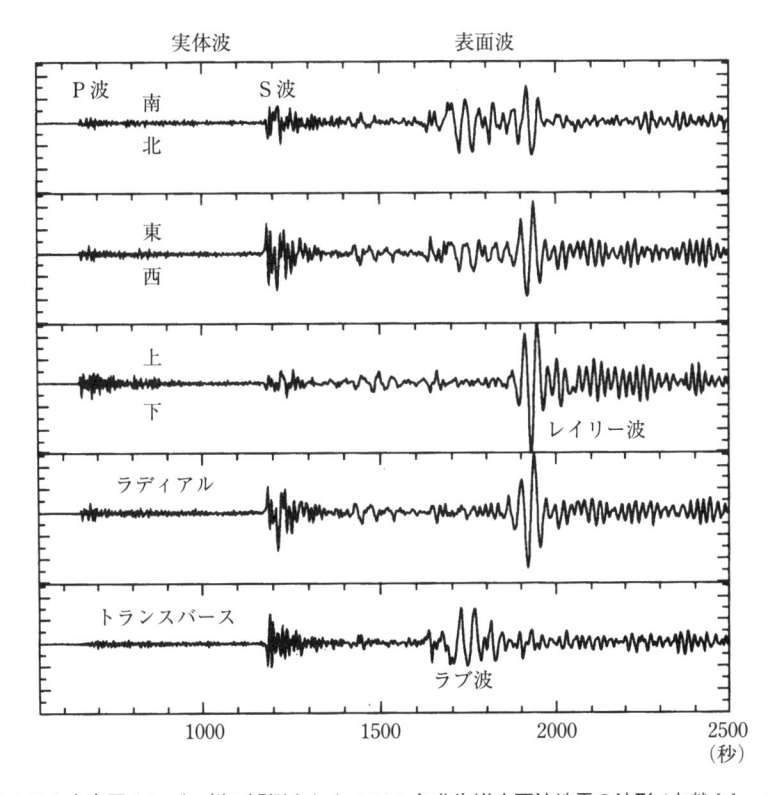

図 1.6 アメリカ合衆国オレゴン州で観測された 1993 年北海道南西沖地震の波形 (文献 [1] p.11 より転載)

ディアル (radial) 成分，トランスバース (transverse) 成分は，水平成分のうちそれぞれ波の進行方向の成分，波の進行方向に垂直な成分を表している．レイリー波では上下成分とラディアル成分が，ラブ波ではトランスバース成分が卓越しているのがわかる．

1.2.3 震源の決定

地震波を放射するところを震源という．地下で地震波を放射するところは実際には広がりをもっているが，ここでは点として扱うことにする．震源の鉛直上方の地表の点を震央 (図 1.3 参照) という．震源から観測点 (地震波を観測した地点) までの距離を震源距離，震央から観測点までの距離を震央距離という．地下の P 波，S 波の速度を一定と仮定し，それぞれ V_P，V_S とすると，P 波の到着時刻 (P 時刻) T_P，S 波の到着時刻 (S 時刻) T_S はそれぞれ

$$T_P = \frac{R}{V_P} + t_0 \tag{1.3}$$

$$T_S = \frac{R}{V_S} + t_0 \tag{1.4}$$

と表すことができる．ここで，R は震源距離，t_0 は震源が地震波を放射した時刻 (震源時) である．これらの式より，震源から観測点までの距離 R は，

$$R = k(T_S - T_P) \tag{1.5}$$

となる．ここで，$k = V_P/\{(V_P/V_S) - 1\}$ である．この式は，震源までの距離は (S–P) 時間 (P 波が到着してから S 波が到着するまでの時間，初期微動継続時間ともいう) に比例していることを意味している．この式を大森公式という．地殻の平均的な値として，$V_P = 5.8\,\mathrm{km/s}$，$V_P/V_S = \sqrt{3}$ を用いると，$k = 7.92\,\mathrm{km/s} \approx 8\,\mathrm{km/s}$ となる．地震波形から (S–P) 時間を読み取れば，震源距離の推定を行うことができる．この方法は体で感じる場合にも適用することができる．P 波の到着を体感することができたならば，そこから S 波の到着までの秒数を数え，8 をかけることにより震源までの距離 [km] をおおよそ推定することができる．

(1.5) 式を求めるとき，P 波，S 波の速度を一定と仮定している．しかしながら，地殻内の速度は深さにより違うので，k は定数にはならず，厳密に比例関係にあるわけではない．したがって，上の方法による震源までの距離の推定は，あくまで概算として捉えるべきである．

(1.3) 式と (1.4) 式を別の形で変形していくと，

$$T_S - T_P = \left(\frac{V_P}{V_S} - 1\right)(T_P - t_0) \tag{1.6}$$

となる．この式は横軸に P 時刻，縦軸に (S–P) 時間をとると，傾き $V_P/V_S - 1$ の直線となり，横軸との交点が震源時 t_0 になることを意味している．このようなプロットを和達ダイアグラムという (図 1.7)．複数の観測点のデータをプロットした場合，(S–P) 時間の読み取りのチェックとしても用いることができる．この関係は V_P，V_S が一定ではなくてもその比 V_P/V_S が一定でさえあれば成り立つので，この性質を利用し震源時の推定を行うことができる．

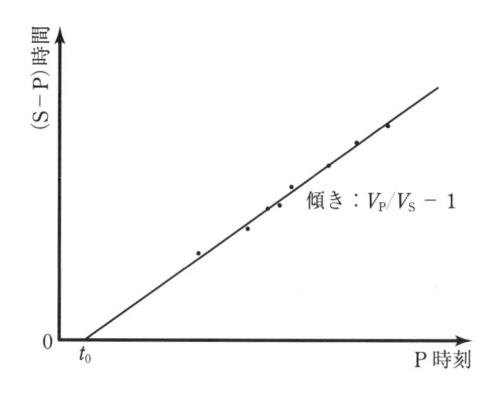

図 1.7 和達ダイアグラム

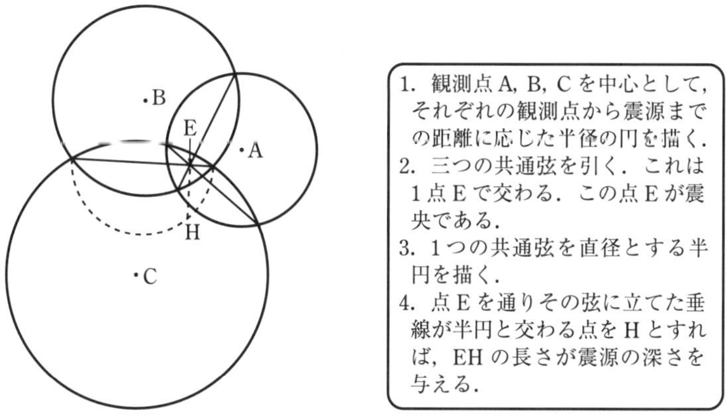

図 1.8 3 つの観測点について震源距離がわかっている場合の震源決定

1. 観測点 A, B, C を中心として，それぞれの観測点から震源までの距離に応じた半径の円を描く．
2. 三つの共通弦を引く．これは 1 点 E で交わる．この点 E が震央である．
3. 1 つの共通弦を直径とする半円を描く．
4. 点 E を通りその弦に立てた垂線が半円と交わる点を H とすれば，EH の長さが震源の深さを与える．

(1.5) 式などを用いて，震源までの距離が 3 つの観測点についてわかったときには，図 1.8 のようにコンパスを使った作図により震央の位置と震源の深さを求めることができる．

1 回の地震に対していくつかの観測点で観測された波形を見ると，P 波の到着時刻 (P 時刻)，S 波の到着時刻 (S 時刻) は観測点によって違う (図 1.9)．これは震源距離が観測点によって違うためで，ふつうは震源距離が小さな観測点のほうが P 時刻，S 時刻は早くなる．震源の位置は複数の観測点の P 時刻，S 時刻に時間差があることを利用して決定される．震源が観測点が配置されている地域の中にある場合には，到着時刻の順番を見るだけで震央のおおよその場所を推測することができる．

地下の地震波の速度がわかっているとすると，震源を決定する際の未知数は震源の位置 (震央の位置と深さ)，震源時の 4 つである．したがって，4 つの観測点での P 時刻があれば，原理的には震源を決定することができる．しかしながら，実際にはもっと多くの P 時刻や S 時刻を用い，最小二乗法により震源を決定する．最小二乗法では，モデルにより計算された P 時刻，S 時刻と観測された P 時刻，S 時刻の差の二乗和が最も小さくなるように震源の位置と震源時を決める．

震源決定を行うためには地下の速度構造がわかっている必要がある．人工地震実験では，ダイナマイトなどで人工的に振動を発生させその波を多数の点で観測する．そして，走時 (地震

(a) 観測波形 (上下動成分)

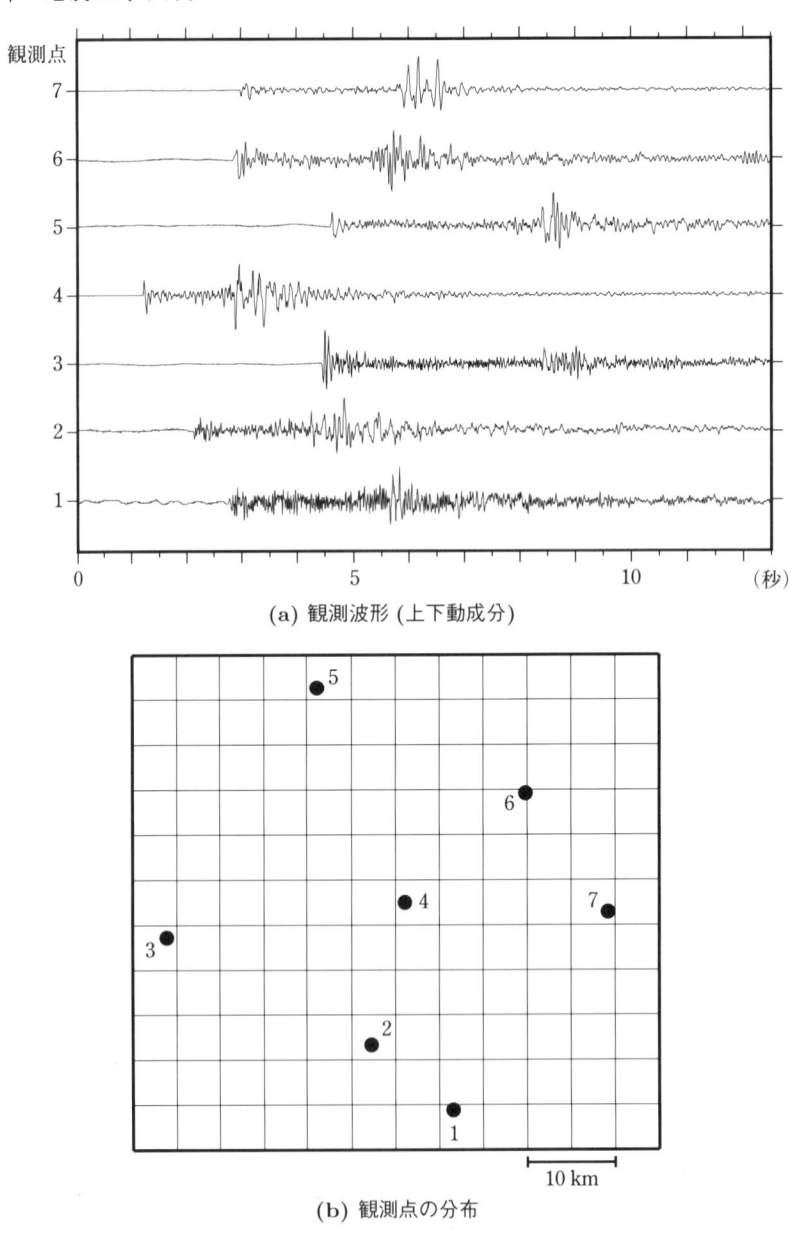

(b) 観測点の分布

図 1.9 いくつかの観測点で観測された波形の例

波が震源から観測点まで到達するのにかかる時間) のデータから地下の速度構造を推定する．

　地震の震源がどこにあるのかということは，地震という現象を知るための第一歩である．日本では，気象庁，防災科学技術研究所，そしていくつかの大学などで地震の観測網を展開しており，Webページで速報的な震源の位置を知ることができる．世界的には，イギリスにある国際地震センター (ISC) やアメリカ合衆国地質調査所 (USGS) などが震源情報を提供している．

1.3 震度とマグニチュード

1.3.1 震度

　地震波による揺れの大きさをいくつかの段階に分けたものを震度階級という．日本では，震度0から震度7までに分けた気象庁震度階級を用いている．このうち，震度5および震度6は強弱に分けられ，それぞれ震度5弱，震度5強，震度6弱，震度6強のように表現する．外国で使われている震度階級としては，ロッシ・フォレル震度階級 (10段階)，改正メリカリ (MM) 震度階級 (12段階)，MSK 震度階級 (12段階) などがある．

　気象庁震度階級では，かつては体感や周囲の状況により震度の判定が行われていたが，現在では計測震度計により計測震度を算出し，四捨五入などを行うことで震度階級を決定している．計測震度は，地面の動きの加速度にフィルター処理を行い，さらに振動の継続時間も考慮に入れて算出される．現在では，日本全国で約 600 点の計測震度計が気象庁により設置されている．

　計測震度計により，震度の観測を客観的に，迅速に，そして多数の点で行うことができるようになった．震度は被害の程度を知る上で不可欠な要素である．表 1.1 は，計測震度計により決定された震度と我々の身の回りで起こりうる現象や被害を対応づけたものであるが，この表を見ていくと，震度5弱を超えると建造物や地盤などに被害が出始めることがわかる．地震発生時には，一刻も早く防災対策を立てるために迅速に震度の情報を得る必要がある．そのために計測震度計で観測された震度は即時に気象庁へ送られ，広い範囲にわたる詳細な震度分布を得ることができる．これらの情報は関係機関へ伝えられ，防災対策に役立てられている．

1.3.2 震度に影響を与える要因

　震度に影響を与える要因として，① 震源からの距離，② 揺れを感じた地点の地盤の影響，③ 地球内部の構造，をあげることができる．

　震度は一般的に震源から遠いほど小さくなる．しかしながら，地震波の揺れを感じた場所の地盤の影響を大きく受ける．一般的に沖積平野や盆地では震度が大きく，山地では小さくなる．

　図 1.10 は関東学院大学金沢八景キャンパスにおける工学的基盤の標高を表している．このキャンパスは海に近く，図の左側では標高が 1m から 2m 程度で，平坦な地形である．図 1.10 中の点 A と点 B における工学的基盤の深さは，それぞれ 21m と 2m である．この2点において計測震度に相当する値を比較すると，点 A のほうが平均して 1 程度点 B より大きい [4]．このように非常に近い場所でも地盤の影響により震度に大きく違いが出てくる．

　図 1.11 に示す震度の分布をみると，たとえば震央がウラジオストク付近で震源の深さが 600 km 近くある地震では，距離が遠い太平洋側のほうが距離が近い日本海側よりも震度が大きくなっている．その他の地震についての震度の分布をみても，太平洋側の震度が大きくなって

表 1.1 気象庁震度階級関連解説表

震度は，地震動の強さの程度を表すもので，震度計を用いて観測します．この「気象庁震度階級関連解説表」は，ある震度が観測された場合，その周辺で実際にどのような現象や被害が発生するかを示すものです．この表を使用される際は，以下の点にご注意下さい．

(1) 気象庁が発表する震度は，震度計による観測値であり，この表に記述される現象から決定するものではありません．
(2) 震度が同じであっても，対象となる建物，構造物の状態や地震動の性質によって，被害が異なる場合があります．この表では，ある震度が観測された際に通常発生する現象を記述していますので，これより大きな被害が発生したり，逆に小さな被害にとどまる場合もあります．

計測震度	震度階級	人　　間	屋内の状況	屋外の状況
―― 0.5 ――	0	人は揺れを感じない．		
	1	屋内にいる人の一部が，わずかな揺れを感じる．		
―― 1.5 ――	2	屋内にいる人の多くが，揺れを感じる．眠っている人の一部が，目を覚ます．	電灯などのつり下げ物が，わずかに揺れる．	
―― 2.5 ――	3	屋内にいる人のほとんどが，揺れを感じる．恐怖感を覚える人もいる．	棚にある食器類が，音を立てることがある．	電線が少し揺れる．
―― 3.5 ――	4	かなりの恐怖感があり，一部の人は，身の安全を図ろうとする．眠っている人のほとんどが，目を覚ます．	つり下げ物は大きく揺れ，棚にある食器類は音を立てる．座りの悪い置物が，倒れることがある．	電線が大きく揺れる．歩いている人も揺れを感じる．自動車を運転していて，揺れに気付く人がいる．
―― 4.5 ――	5弱	多くの人が，身の安全を図ろうとする．一部の人は，行動に支障を感じる．	つり下げ物は激しく揺れ，棚にある食器類，書棚の本が落ちることがある．座りの悪い置物の多くが倒れ，家具が移動することがある．	窓ガラスが割れて落ちることがある．電柱が揺れるのがわかる．補強されていないブロック塀が崩れることがある．道路に被害が生じることがある．
―― 5.0 ――	5強	非常な恐怖を感じる．多くの人が，行動に支障を感じる．	棚にある食器類，書棚の本の多くが落ちる．テレビが台から落ちることがある．タンスなど重い家具が倒れることがある．変形によりドアが開かなくなることがある．一部の戸が外れる．	補強されていないブロック塀の多くが崩れる．据え付けが不十分な自動販売機が倒れることがある．多くの墓石が倒れる．自動車の運転が困難となり，停止する車が多い．
―― 5.5 ――	6弱	立っていることが困難になる．	固定していない重い家具の多くが移動，転倒する．開かなくなるドアが多い．	かなりの建物で，壁のタイルや窓ガラスが破損，落下する．
―― 6.0 ――	6強	立っていることができず，はわないと動くことができない．	固定していない重い家具のほとんどが移動，転倒する．戸が外れて飛ぶことがある．	多くの建物で，壁のタイルや窓ガラスが破損，落下する．補強されていないブロック塀のほとんどが崩れる．
―― 6.5 ――	7	揺れにほんろうされ，自分の意志で行動できない．	ほとんどの家具が大きく移動し，飛ぶものもある．	ほとんどの建物で，壁のタイルや窓ガラスが破損，落下する．補強されているブロック塀も破損するものがある．

1.3. 震度とマグニチュード　11

(3) 地震動は，地盤や地形に大きく影響されます．震度は，震度計が置かれている地点での観測値ですが，同じ市町村であっても場所によっては震度が異なることがあります．また，震度は通常地表で観測していますが，中高層建物の上層階では一般にこれより揺れが大きくなります．
(4) 大規模な地震では長周期の地震波が発生するため，遠方において比較的低い震度であっても，エレベーターの障害，石油タンクのスロッシングなどの長周期の揺れに特有な現象が発生することがあります．
(5) この表は，主に近年発生した被害地震の事例から作成したものです．今後，新しい事例が得られたり，構造物の耐震性の向上などで実状と合わなくなった場合には，内容を変更することがあります．

木造建物	鉄筋コンクリート造建物	ライフライン	地盤・斜面
耐震性の低い住宅では，壁や柱が破損するものがある．	耐震性の低い建物では，壁などに亀裂が生じるものがある．	安全装置が作動し，ガスが遮断される家庭がある．まれに水道管の被害が発生し，断水することがある．[停電する家庭もある．]	軟弱な地盤で，亀裂が生じることがある．山地で落石，小さな崩壊が生じることがある．
耐震性の低い住宅では，壁や柱がかなり破損したり，傾くものがある．	耐震性の低い建物では，壁，梁(はり)，柱などに大きな亀裂が生じるものがある．耐震性の高い建物でも，壁などに亀裂が生じるものがある．	家庭などにガスを供給するための導管，主要な水道管に被害が発生する．[一部の地域でガス，水道の供給が停止することがある．]	
耐震性の低い住宅では，倒壊するものがある．耐震性の高い住宅でも，壁や柱が破損するものがある．	耐震性の低い建物では，壁や柱が破壊するものがある．耐震性の高い建物でも壁，梁(はり)，柱などに大きな亀裂が生じるものがある．	家庭などにガスを供給するための導管，主要な水道管に被害が発生する．[一部の地域でガス，水道の供給が停止し，停電することもある．]	地割れや山崩れなどが発生することがある．
耐震性の低い住宅では，倒壊するものが多い．耐震性の高い住宅でも，壁や柱がかなり破損するものがある．	耐震性の低い建物では，倒壊するものがある．耐震性の高い建物でも，壁，柱が破壊するものがかなりある．	ガスを地域に送るための導管，水道の配水施設に被害が発生することがある．[一部の地域で停電する．広い地域でガス，水道の供給が停止することがある．]	
耐震性の高い住宅でも，傾いたり，大きく破壊するものがある．	耐震性の高い建物でも，傾いたり，大きく破壊するものがある．	[広い地域で電気，ガス，水道の供給が停止する．]	大きな地割れ，地すべりや山崩れが発生し，地形が変わることもある．

＊ライフラインの[]内の事項は，電気，ガス，水道の供給状況を参考として記載したものである．

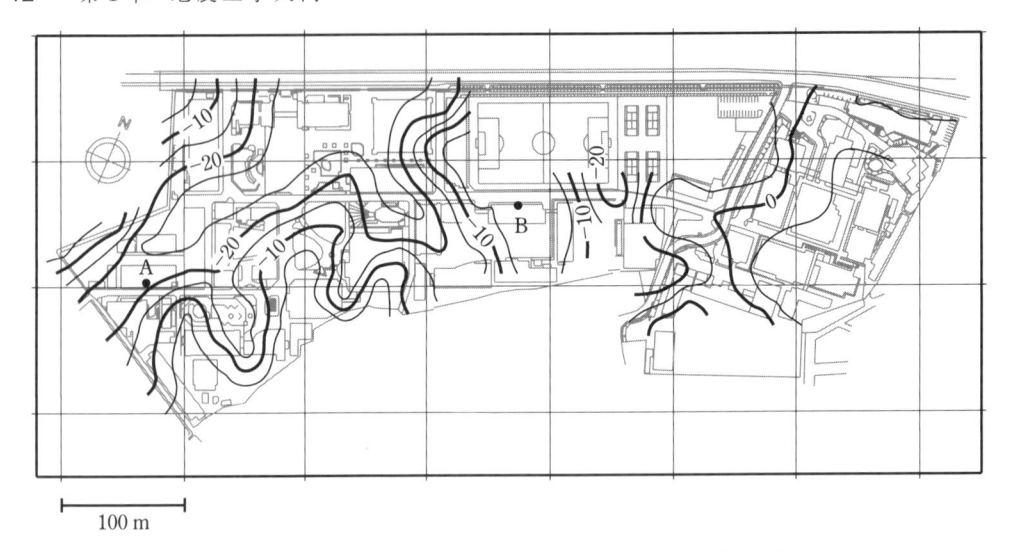

図 1.10　関東学院大学金沢八景キャンパスにおける工学的基盤の標高 [4]

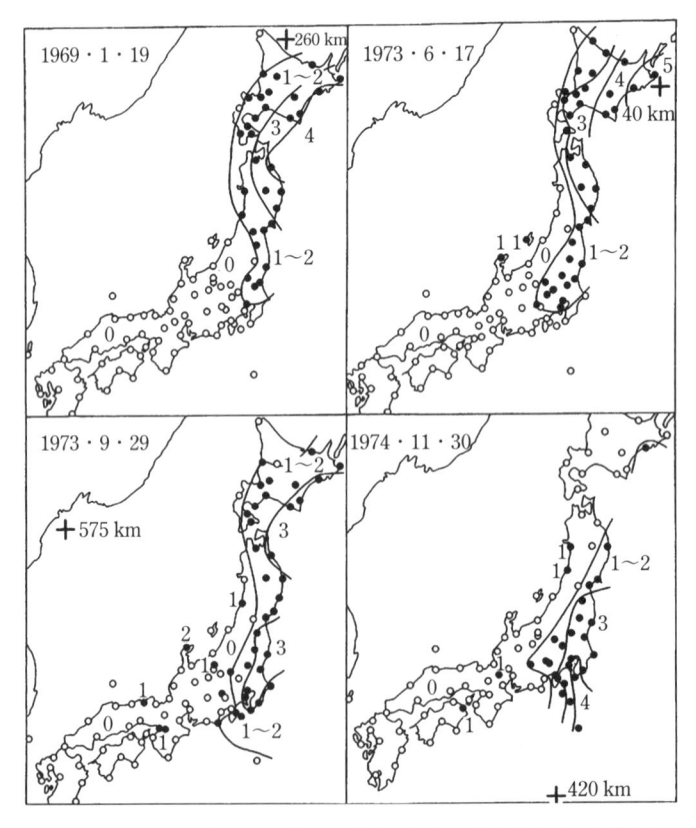

図 1.11　異常震域の例．＋印が震央，その近くの数字が震源の深さを表す (文献 [2] p.128 より転載)

いることがわかる．このように広範囲にわたって震度が大きくなる地域を異常震域という．この異常震域という現象は，太平洋プレートの沈み込みに関係している．沈み込んだプレートは，同じ深さのマントルに比べ，地震波を伝えやすいという性質がある．したがって，図 1.12 のよ

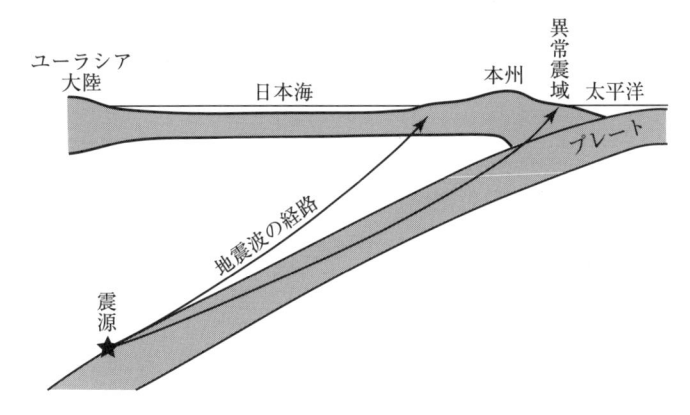

図 1.12 異常震域の原因．異常震域への地震波はプレートを通ってやってくる

うに，震央がウラジオストク付近で深さが 600 km 近くある震源から放射される波は，太平洋側へ到達するためには沈み込んだプレート内を通って到達するが，日本海側へは地震波を伝えにくいマントル内を通らなければならない．これが異常震域を生み出す原因である．

1.3.3 マグニチュード

地震のマグニチュードは，震源から放射された地震波のエネルギーの大きさを表す尺度である．地震という自然現象の大きさを表現するためには，このマグニチュードが用いられる．1 回の地震に対して地震波による揺れの大きさを震央距離に対して図示すると，ふつうは震央距離とともに小さくなる (図 1.13)．図 1.13 中には，2 回の地震 (地震 1，地震 2) について示されている．どの震央距離についても地震 1 に対する揺れが大きく，地震 1 の方が地震 2 に比べて，より大きな地震波のエネルギーが放出されていると考えることができる．

尺度として数値化するためには，ある震央距離 (または震源距離) での揺れの大きさを用いればよい．距離によって揺れの大きさがどのように減少していくのかを多数の地震から求めてお

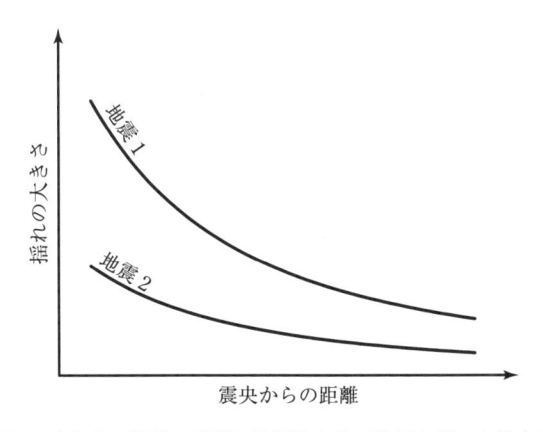

図 1.13 震央距離と揺れの大きさの関係．実際に地震計などで計測を行った場合このようなきれいな線で表すことができないのがふつうであるが，ここでは理想化している

けば，ちょうどその距離に観測点がない場合でも揺れの大きさを求めることができる．地震のマグニチュードという量はもともとこのような観点から考案された量である．

マグニチュードは1935年リヒターによって初めて定義された．その定義は，「震央距離100 kmのところに置かれたウッド・アンダーソン式地震計 (固有周期0.8s，減衰定数0.8，基本倍率2,800倍) の1成分の記録紙上の最大振幅をμm単位 ($= 10^{-6}$m$= 0.001$mm) ではかり，その常用対数で表す」というものである．震央距離100 kmのところで1cm($= 10,000\mu$m)の最大振幅を記録すればマグニチュード4ということになる．震央距離が100 kmでない場合については，距離による減衰をあらかじめ求めておき，補正することになる．このマグニチュードは南カリフォルニアの地震について求められたものなので，ローカルマグニチュード (M_Lと略す) という．

このM_Lは南カリフォルニアで発生する浅い震源をもつ地震に対し，決められたタイプの地震計で観測された記録を用いて定義されたものなので，汎用性がない．そこで，グーテンベルグは遠くで発生した地震や深い震源をもつ地震についても適用できるような表面波マグニチュード (M_s) と実体波マグニチュード (m_B) を考案した．これによりマグニチュードという量が世界中の地震について用いられるようになった．グーテンベルグとリヒターは，1904年から1952年までの世界の主な地震のマグニチュードを著書「Seismicity of the Earth」(地球の地震活動) に記載している．その後いろいろなマグニチュードが定義されるが，その際には，この本に記載されているマグニチュードが基準となっている．

日本の気象庁が使っているマグニチュードの式も，もともとはグーテンベルグとリヒターによって決定された日本付近の地震に対するマグニチュードを基準にして決定式が決められた．

1.3.4 マグニチュードとエネルギー

地震が発生することにより，地震波としてどれくらいのエネルギーを放出するのかという見積もりがグーテンベルグとリヒターによりなされている．その結果は次のとおりである．

$$\log E_\mathrm{s}[\mathrm{J}] = 1.5 M_\mathrm{s} + 4.8 \tag{1.7}$$

ここで，E_sは放出される地震波のエネルギー，M_sは地震のマグニチュードである．この式は，マグニチュードが1増えるとエネルギーは約30倍，マグニチュードが2増えるとエネルギーは1000倍になることを意味している．

広島型の原爆がもつエネルギーは，M_s6.1に相当する．ただし，このエネルギーの中には熱に変わるエネルギーが含まれているので，実際に地下に埋めて爆発させたとしても地震波のエネルギーに変わるのは，エネルギーのごく一部である．条件によっても変わるが，たとえば，地下空洞で爆発させたときには，1万分の1のエネルギーが地震波のエネルギーとなる．これをマグニチュードに換算すると，M_s3.4になる．

1.3.5 モーメントマグニチュード

大きな地震になるとより周期の長い地震波が放射される．地震計では計測できる周期の範囲が限られているため，大きな地震の長周期の地震波を観測できなくなる．したがって，ある程度以上の大きさの地震に対して，上で定義されたマグニチュードは地震の大きさを正しく表さなくなる．たとえば，表面波マグニチュード M_s では，8 以上になるとこのようなことが起こる．

たとえば，チリ地震 (1960) と十勝沖地震 (1952) の表面波マグニチュード M_s はそれぞれ 8.5 と 8.3 であり，ほぼ同じ値となる．しかしながら，震源断層の大きさは桁違いにチリ地震のほうが大きい．

断層運動としての地震の大きさに対応する量として，地震モーメント M_0 がある．地震モーメント M_0 は，震源にはたらく偶力 (モーメント) から定義され，

$$M_0 = \mu \overline{D} S \tag{1.8}$$

と表される．ここで，μ は剛性率，$\overline{D}$ は平均くいちがい量，S は断層面の面積である．このように地震モーメント M_0 は震源断層の大きさやすべり量と結びつけて考えることができる．この地震モーメント M_0 を用いて，マグニチュードに相当する量 M_w を

$$\log M_0 \ [\text{N·m}] = 1.5 M_w + 9.1 \tag{1.9}$$

によって定義する．この M_w をモーメントマグニチュードという．

チリ地震 (1960)，十勝沖地震 (1952) のモーメントマグニチュード M_w は，それぞれ 9.5，8.1 であり，チリ地震の方が断然大きいことがわかる．表 1.2 に 1900 年以降に発生した M_w 9.0 以上の地震を示す．このような大きな地震の比較を行うときには，モーメントマグニチュード M_w を使わなければいけない．

表 1.2 1900 年以降に発生したマグニチュード (M_w) 9.0 以上の地震 (USGS の Web ページをもとに作成)

順番	年/月/日	震央	M	緯度 (°)	経度 (°)
1	1960/05/22	チリ地震	9.5	38.24S	73.05W
2	1964/03/28	アラスカ プリンス・ウイリアム・サウンド	9.2	61.02N	147.65W
3	2004/12/26	北部スマトラ西海岸沖	9.1	3.30N	95.78E
4	1952/11/04	カムチャッカ	9.0	52.76N	160.06W

1.3.6 規模別頻度分布

我々の経験からしても大きな地震は発生する回数が少ない．グーテンベルグとリヒターは，マグニチュード M とその発生頻度数 $n(M)$ の間に，

$$\log n(M) = a - bM \tag{1.10}$$

という関係があることを経験的に示した．ここで，a, b は定数である．この式はマグニチュード M 以上の発生頻度 $N(M)$ に対しても，同様に

$$\log N(M) = A - bM \tag{1.11}$$

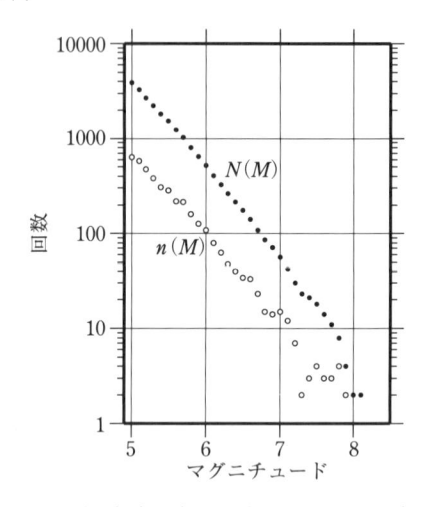

図 1.14 日本付近で発生する地震の規模別頻度分布．マグニチュード 0.1 毎の回数 (白丸) と累積の数 (黒丸) を示している．範囲は北緯 25〜48°，東経 125〜150°，期間は 1961 年から 1999 年．気象庁のデータによる (『理科年表 2001』を参照)

となる．ここで，A は定数である．これらの式をグーテンベルグ・リヒターの式という．式中の b のことをグーテンベルグ・リヒターの b 値あるいはたんに b 値という．b 値が大きくなれば小さな地震の回数の割合が増え，小さくなれば大きな地震の回数の割合が増えることになる．b 値は地震活動の性質を表すパラメターとしてよく用いられる．

図 1.14 に，日本付近における地震に対する規模別頻度分布を示す．これによると，b 値は 1 に近い値をもっている．このことは，日本付近では，M が 1 増えると回数がおよそ 10 分の 1 になることを意味する．地震の際に放出されるエネルギーが M が 1 増えると約 30 倍になることは 1.3.4 項で述べた．これらのことを考え合わせると，日本付近で発生する全地震により放出されるエネルギーをマグニチュード別に比べてみると，M の大きな地震の放出するエネルギーのほうが M の小さな地震が放出するエネルギーよりも大きいということになる．

1.4 震源のメカニズム

1.4.1 地震と断層運動

地下で起こる破壊は，ある面を境にして急激にくいちがいが生ずるという起こり方をする．このくいちがいを生ずる面のことを震源断層という．震源断層をはさんで急激にくいちがいが生ずることで地震波が放射される．

断層ということばはもともと地質学で使われていることばで，地層の連続性を断っている面のことを指す．断層はその動き方により，横ずれ断層と縦ずれ断層に分けることができる (図 1.15)．横ずれ断層はずれの方向によりさらに右横ずれ断層と左横ずれ断層に分けることができる．断層に向かって立ったとき向こう側が右に動いていれば右横ずれ断層，逆に左に動いていれば左

1.4. 震源のメカニズム　17

横ずれ断層

右横ずれ　　　　　　左横ずれ

縦ずれ断層

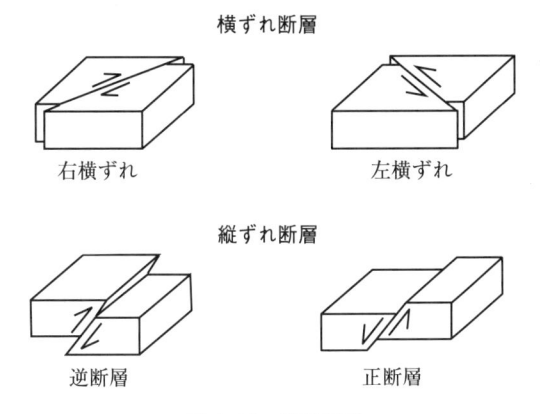

逆断層　　　　　　正断層

図 1.15　断層の型

横ずれ断層という．縦ずれ断層も二種類に分けられ，断層面に沿ってずり落ちたような形になっているものを正断層，ずり上がったような形になっているものを逆断層という．実際の断層では，横ずれの成分と縦ずれの成分が組み合わさっている．

1.4.2　震源と震源域

地震波を放射した領域を震源域という．震源域は上に述べた震源断層と同じところを指す．地震波を放射するところを震源というならば，ここに述べた震源域を震源と表現してもよいことになる．しかし，紛らわしくなるのでここでは震源域ということばを用い，震源ということばと区別して用いることにする．

震源域と点としての震源はどのような関係にあるのだろうか．震源域でくいちがいが生ずるとき，すべての領域でまったく同時にくいちがいを生ずるわけではない．はじめに1点でくいちがいが始まり，そこから震源域全体に広がっていくことになる．くいちがいが震源域内を伝わる速度は，ふつうは震源域付近のS波速度よりも遅い．したがって，観測点に最初に到達するP波やS波は，最初にくいちがいを生じた点から放射された波ということになる．P波やS波の到達時刻を用いて決定された震源は，最初にくいちがいを生じた点，すなわち震源域における破壊の出発点に相当する (図 1.16)．

テレビや新聞などでは震源として×印のような点をイメージする記号で示されるが，実際に地震波を放射する領域 (震源域) は点ではなく大きさをもっている．震源から遠く離れた場所ではこの違いは無視できるが，震源のごく近くでの被害状況を考えるときには，たんに震源からの距離だけではなく，震源域 (震源断層) の広がりや破壊の伝播方向などを考慮に入れる必要がある．

1.4.3　余震の分布

震源の深さが浅い大きな地震が発生したとき，その直後から地震が引き続いて発生する．こ

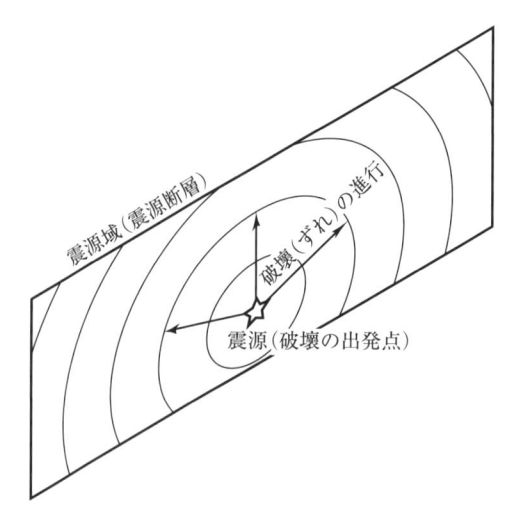

図 1.16 震源と震源域の関係

の一連の地震のことを余震という．余震を引き起こす原因となった大きな地震を本震という．余震の震源は本震の震源の周囲に分布する．図 1.17 および図 1.18 に余震の震央分布の例を示すが，余震の震源は本震の震源付近で固まって分布しているのがわかる．このように余震の震源が分布している領域を余震域という．図 1.17(a) に示した余震の震央は直線状に分布している．図 1.17(b)，図 1.18 に示した余震の震央は直線状に分布していないが，たとえば図 1.18(a) に示した余震の震源を東西断面へ投影してみると図 1.18(b) のように西下がりの分布となっている．すなわち，この余震の震源は三次元的に考えると西方向に傾斜した面の上に分布していることになる．直線状の分布は垂直な面の上に分布している震源を上から見ているためであり，余震の震源はここに示した図のようにおおむね一つの面上に分布している．

図 1.17 および図 1.18 に示した余震域の広がりは本震のマグニチュードが大きいほうが大きくなっている．内陸に震源をもつ地震について，本震のマグニチュード M_m と余震域の長さ

(a) 兵庫県南部地震 ($M7.3$, 1995) 後 1 ヶ月間の震央分布 (気象庁のデータより作成)

(b) 南海地震 ($M8.1$, 1946) 後 1 ヶ月間の震央分布 (気象庁のデータより作成)

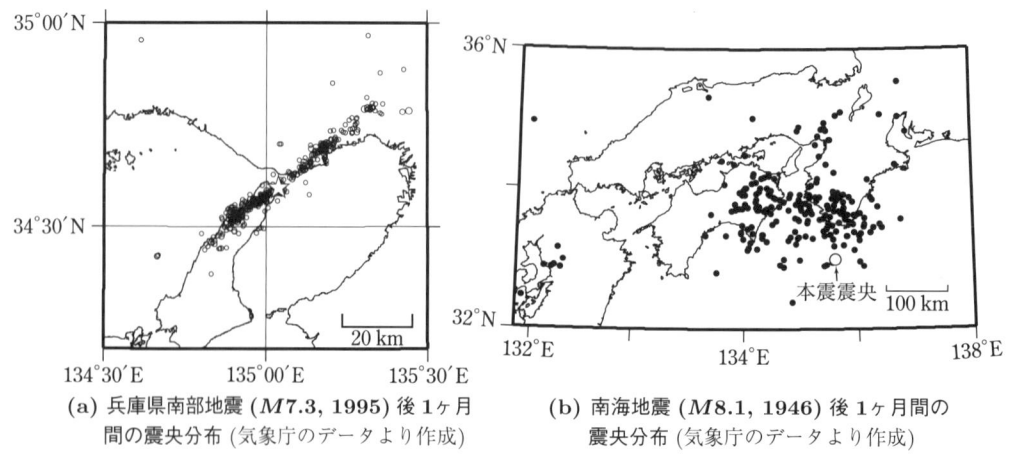

図 1.17 余震の震源分布の例 (その 1)

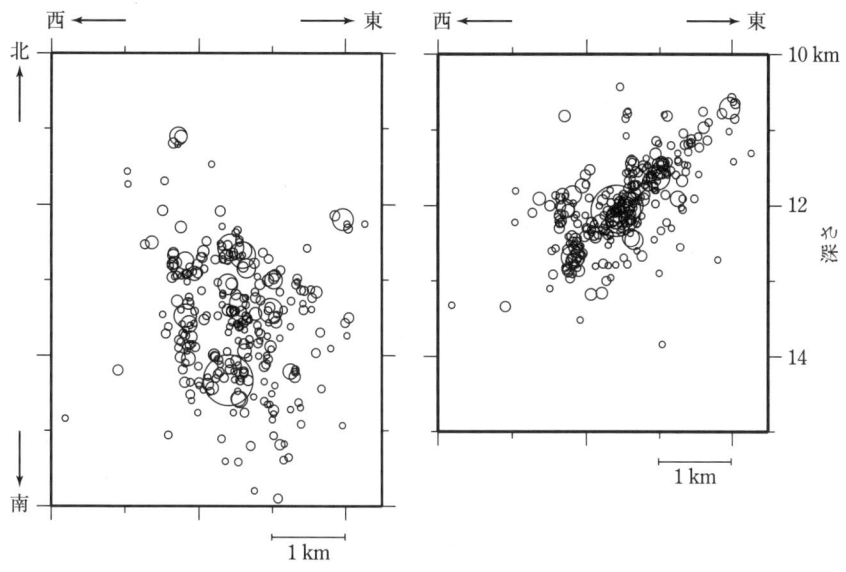

(a) 京都大阪府境地震 (**M5.0, 1987**) 後
3ヶ月間の震央分布

(b) 東西断面に投影した震源の深さ分布 [5]

図 1.18　余震の震源分布の例 (その 2)

L [km] の関係として，

$$\log L \,[\mathrm{km}] = 0.5 M_\mathrm{m} - 2.0 \tag{1.12}$$

が求められている．この式による M_m に対する L [km] の値を表 1.3 に示す．この余震域の広がりは，本震発生時の震源断層の広がりとおおむね一致する．

表 1.3　本震のマグニチュード M_m と余震域の直径 L [km] の関係

M_m	L [km]
8	100
7	32
6	10
5	3.2
4	1

1.4.4　初動の押し引き分布

P 波の最初の動き (初動) には，上下動成分をみると上向き，下向きに振れるという両方の場合がある (図 1.9 参照)．地震波形の三成分からその動きを見ると，P 波の初動は震源の方向から遠ざかるか，近づくかのどちらかの方向に動く．震源から遠ざかる方向に動くときを「押し」，近づく方向に動くことを「引き」という (図 1.19)．

図 1.20 は，1995 年兵庫県南部地震の際の初動の押し引きを示している．この図では，震央で直交する 2 本の直線によって，押しと引きの分布が四つの領域に分けられているのがわかる．これを四象限型の押し引き分布という．

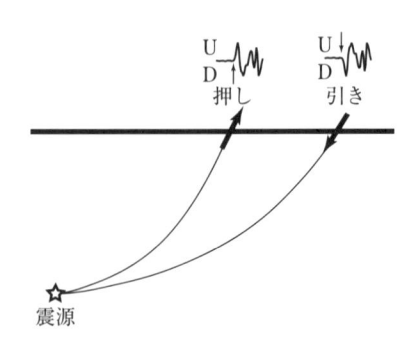

図 1.19 初動の押しと引き．地震波形の上下動成分を見ると，初動が押しのときには上向き，引きのときには下向きになる

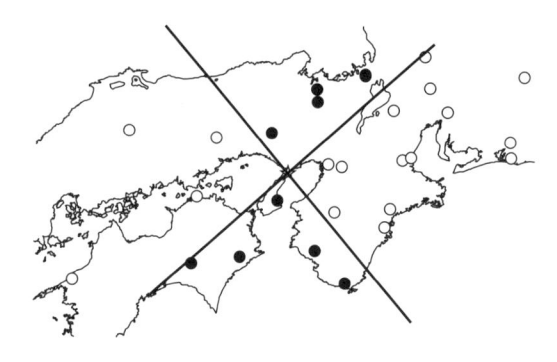

図 1.20 初動の押し引き分布の例．1995 年 1 月 17 日兵庫県南部地震（$M7.3$）（気象庁のデータより作成）．黒丸が押し，白丸が引きを表している

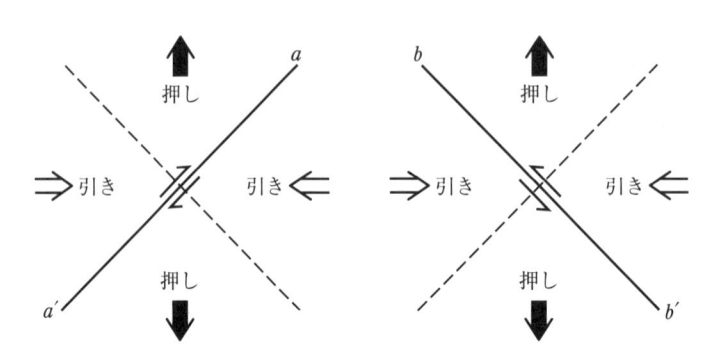

図 1.21 震源断層の動きと押し引き分布

　押しと引きの境界となっている 2 本の直線のことを節線という．余震の震源分布はこの節線のうちの一方の線上に分布することが多い．1995 年兵庫県南部地震の場合でも，北東-南西方向の節線が余震の震源分布と一致する．余震の震源分布は震源断層とおおむね一致するので，余震の震源分布と一致する節線が震源断層の方向と一致していることになる．

　初動の押し引き分布は震源断層がどのような動きをしたかによって決まる．たとえば，図 1.21 で a–a' が震源断層で右横ずれの動きを，b–b' が震源断層で左横ずれの動きをしたとき，図 1.20 のような押し引き分布になる．逆に初動の押し引き分布から節線を求め，さらに余震分布からどちらの節線が震源断層であるかがわかると，その地震の震源断層の動きを知ることができる．

　初動の押し引き分布からわかるもう一つの重要なことは，地震により解放された力の向きを推定できることである．図 1.21 に示した震源断層の動きにより，白い矢印で示される震源に対する押しの力と黒い矢印で示される引きの力が解放される．実際には，地下では岩盤の圧力によりどの方向からも押されているので，引きの力は平均的な押しの力と比べて押す力が小さいという意味である．この震源に対する押しの力の方向を P 軸，引きの力の方向を T 軸という．兵庫県南部地震では，P 軸，T 軸がそれぞれ東西方向，南北方向となっている．

1.4.5 初動発震機構解

震源のまわりでの押し引きを三次元的に考えると，押し引き分布は震源をとおり互いに直交する二つの平面によって，四つの領域に分けられる (図 1.22)．この二つの面を節面という．図 1.20 に示した押し引き分布は，震源断層がほぼ垂直の横ずれ断層であるときのものである．震源断層が傾いていたり，断層のくいちがいに縦ずれ成分があるとき，地図に示した押し引き分布は複雑なものとなる．そこで，震源球という小さな仮想的な球を震源のまわりにおき，観測点への地震波が震源球を横切る点を観測点の位置とする．震源球自体は三次元なので，これを二次元に投影する必要がある．投影する方法はいくつかあるが，一般的には震源球の下半球に対し，等積投影を行う．そして，投影された押し引き分布を四つの領域に分けるように節面を引く (図 1.23)．このようにして得られた震源断層に関する情報を初動発震機構解あるいは初動メカニズム解という．図 1.24 に代表的な断層運動に対する発震機構解を示す．

発震機構解の節面を断層面解といい，震源断層の動きに関する情報を三次元的に知ることができる．断層の動く方向は，一般的に図 1.25 に示すような走向 (ϕ_s)，傾斜 (δ) およびすべり角 (λ) を用いて表現される．走向 ϕ_s は，北から時計回りに測った角度 (方位角) であらわす．断層の方向は二つあるが，断層面が下がる方向を右手に見る方向を走向とする．水平面からの角度を傾斜 δ とする．傾斜 δ の範囲は，$0° \leq \delta \leq 90°$ である．断層面の動きは，図 1.25 に示したブロック (下盤) に対し，もう一方のブロック (上盤) がどの方向に動いたかによって表す．す

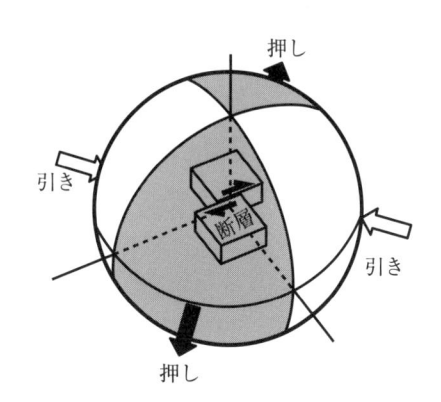

図 1.22 震源断層の動きと三次元的な押し引き分布

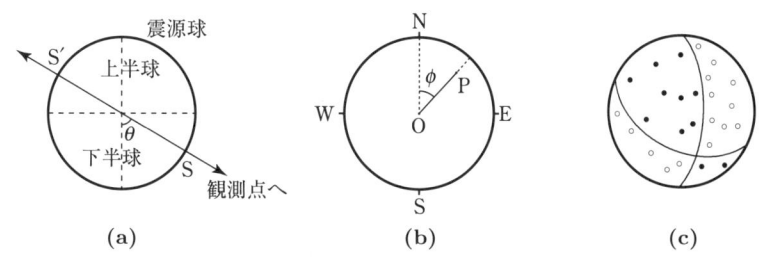

図 1.23 震源球を用いた投影．(a) 観測点への地震波の射出角 (θ) を求める．上向きの場合は，球の中心に対して対称な点を用いる．(b) 観測点の方位 (ϕ) と射出角により押し引きをプロットする．ここで，$\overline{OP} = \sqrt{2}\sin(\theta/2)$ とする．(c) いくつかの観測点に対する押し引きを分けるように節面を引く

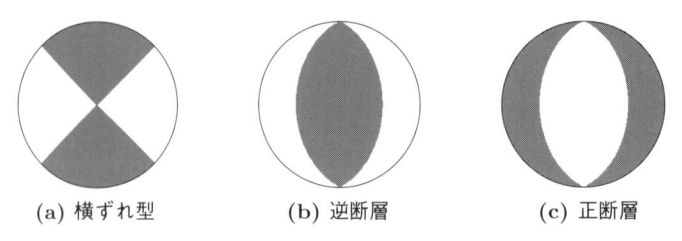

図 1.24 代表的な断層運動に対する発震機構解. 押しの領域が黒く示されている

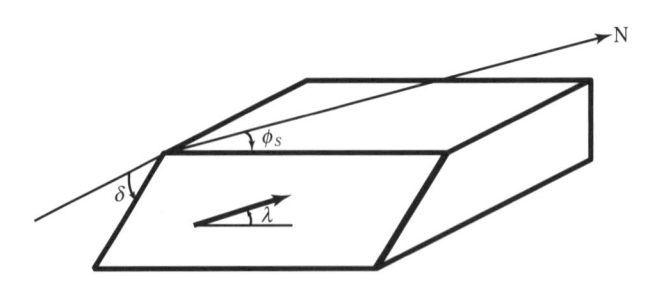

図 1.25 断層の走向 (ϕ_s), 傾斜 (δ) とすべり角 (λ)

べり角 λ は，断層面上で断層の走向から反時計回りに測った角度によってあらわす．断層の動きは，$\lambda = 0°$，$\lambda = 180°$ のとき，それぞれ左横ずれ，右横ずれに，$\lambda = -90°$，$\lambda = 90°$ のとき，それぞれ正断層，逆断層になる．

1.4.6 モーメントテンソル解

四象限型の押し引き分布を生み出す震源にはたらく押し引きの力を図 1.21 に示した．これらの力は図 1.26 に示すように二つの力対と同じであり，ダブルカップルとよばれる．震源にはたらく力対の一般的な表現として，モーメントテンソルがある．x_i 軸成分の力対が x_k 軸方向に離れて作用しているときの成分を M_{ik} と表す．軸の方向は3方向あるのでモーメントテンソルの成分は全部で9つあるが，$M_{ik} = M_{ki}(i \neq k)$ という関係が成り立つため，独立な成分は6である．図 1.27 にこのうち x_1 軸と x_2 軸にかかわる成分のみを示す．たとえば，図 1.26 に示したダブルカップルに対するモーメントテンソルの成分は，$M_{12} = M_{21} = M_0$ となり，他の成分は0である．ここで，M_0 は (1.9) 式で定義された地震モーメントである．

震源から観測点までの地下構造がわかっていれば，モーメントテンソルの各成分に対し，観測される波形を計算することができる．逆に震源を点震源であると仮定し，観測された波形からモーメントテンソルを求めることができる．

モーメントテンソル解を求めるとき，四象限型の押し引き分布，すなわちダブルカップルを仮定して求めているわけではない．しかしながら，大部分の解ではダブルカップルの成分が卓越している．モーメントテンソル解にもっともよく合うダブルカップルから断層面解が求められることになる．

初動発震機構解では，P波初動の押し引きで決定されることから，震源における破壊の出発

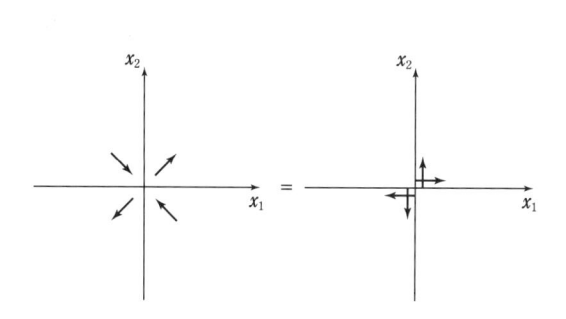

図 1.26 震源にはたらく力. x_1 軸と x_2 軸が節線となっており,原点が震源である

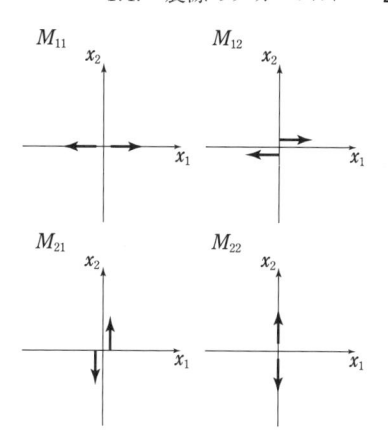

図 1.27 モーメントテンソルの成分. ここでは,x_1 軸と x_2 軸にかかわる成分のみ示している

点での断層の動きを表していることになる.一方,モーメントテンソル解が表している断層の動きは,震源断層の中で大きく動いた部分の断層の動きを反映していると考えることができる.

前節の初動発震機構解やモーメントテンソル解は,たとえば,気象庁の発震機構のページ (http://www.seisvol.kishou.go.jp/eq/mech/index.html) でみることができる.

1.4.7 震源から放射される波

震源における断層のくいちがいは時間とともに徐々に大きくなり最終的にある一定のくいちがいになる.くいちがいを時間の関数として $\Delta u(t)$ と表す.このとき,地震モーメントも時間とともに変化することになるが,小さな断層面を考えその面積を ΔS とすると,地震モーメント $M_0(t)$ は

$$M_0(t) = \mu \Delta u(t) \Delta S \tag{1.13}$$

と表される.ここで,μ は剛性率である.

図 1.28 のように原点にダブルカップルの震源をおいたとき,点 $\boldsymbol{x}(x_1, x_2, x_3)$ における変位 $\boldsymbol{u}(\boldsymbol{x}, t)$ は,

$$\begin{aligned}
\boldsymbol{u}(\boldsymbol{x}, t) = \frac{1}{4\pi\rho} &\left\{ \boldsymbol{A}_\mathrm{N} \frac{1}{r^4} \int_{r/V_\mathrm{P}}^{r/V_\mathrm{S}} t' M_0(t-t') dt' \right. \\
&+ \boldsymbol{A}_\mathrm{IP} \frac{1}{r^2 V_\mathrm{P}^2} M_0\left(t - \frac{r}{V_\mathrm{P}}\right) + \boldsymbol{A}_\mathrm{IS} \frac{1}{r^2 V_\mathrm{S}^2} M_0\left(t - \frac{r}{V_\mathrm{S}}\right) \\
&+ \left. \boldsymbol{A}_\mathrm{FP} \frac{1}{r V_\mathrm{P}^3} \dot{M}_0\left(t - \frac{r}{V_\mathrm{P}}\right) + \boldsymbol{A}_\mathrm{FS} \frac{1}{r V_\mathrm{S}^3} \dot{M}_0\left(t - \frac{r}{V_\mathrm{S}}\right) \right\}
\end{aligned} \tag{1.14}$$

と表される.ここで,r は震源からの距離,V_P, V_S はそれぞれ P 波速度および S 波速度を表す.また,$\boldsymbol{A}_\mathrm{N}$, $\boldsymbol{A}_\mathrm{IP}$, $\boldsymbol{A}_\mathrm{IS}$, $\boldsymbol{A}_\mathrm{FP}$, $\boldsymbol{A}_\mathrm{FS}$ は方位による振幅の違い (放射パターン) を表し,図 1.28 の

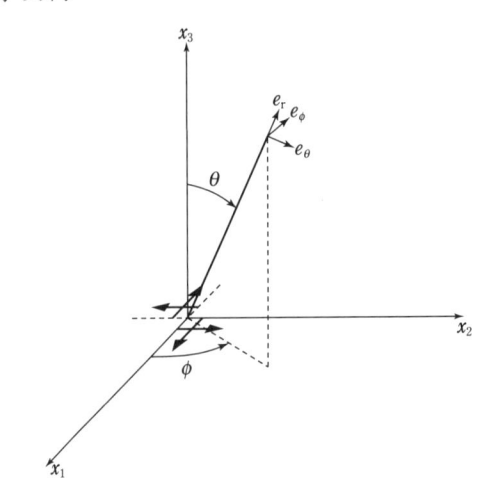

図 1.28 球座標のとりかた．x_1-x_2 面内にダブルカップルがある

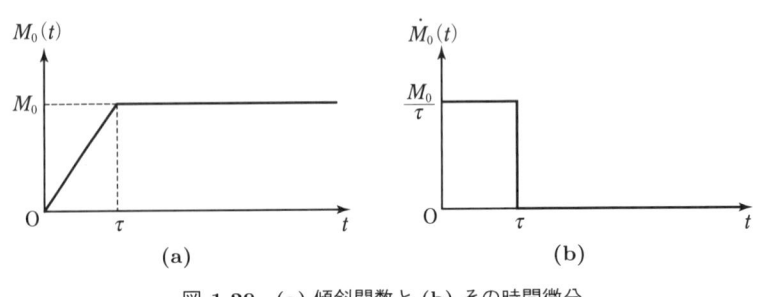

図 1.29 (a) 傾斜関数と (b) その時間微分

ような球座標を用いると，

$$\begin{aligned}
\boldsymbol{A}_\mathrm{N} &= 9\sin^2\theta\sin 2\phi\,\boldsymbol{e_r} - 3\sin 2\theta\sin 2\phi\,\boldsymbol{e_\theta} - 6\sin\theta\cos 2\phi\,\boldsymbol{e_\phi} \\
\boldsymbol{A}_\mathrm{IP} &= 4\sin^2\theta\sin 2\phi\,\boldsymbol{e_r} - \sin 2\theta\sin 2\phi\,\boldsymbol{e_\theta} - 2\sin\theta\cos 2\phi\,\boldsymbol{e_\phi} \\
\boldsymbol{A}_\mathrm{IS} &= -3\sin^2\theta\sin 2\phi\,\boldsymbol{e_r} + \frac{3}{2}\sin 2\theta\sin 2\phi\,\boldsymbol{e_\theta} + 3\sin\theta\cos 2\phi\,\boldsymbol{e_\phi} \\
\boldsymbol{A}_\mathrm{FP} &= \sin^2\theta\sin 2\phi\,\boldsymbol{e_r} \\
\boldsymbol{A}_\mathrm{FS} &= \phantom{-9\sin^2\theta\sin 2\phi\,\boldsymbol{e_r} -} \frac{1}{2}\sin 2\theta\sin 2\phi\,\boldsymbol{e_\theta} + \sin\theta\cos 2\phi\,\boldsymbol{e_\phi}
\end{aligned} \qquad (1.15)$$

となる．

(1.14) 式の第 2 項，第 3 項は，$M_0(t)$ の形がそれぞれ r/V_P, r/V_S だけ時間がかかってやっていることを表している．また，第 4 項，第 5 項は，$M_0(t)$ を時間微分した形 $\dot{M}_0(t)$ がそれぞれ r/V_P, r/V_S だけ時間がかかってやっていることを表している．距離に対して，第 2 項，第 3 項では r^{-2} に比例しているのに対して，第 4 項，第 5 項では，r^{-1} に比例しているのがわかる．したがって，遠方では第 4 項，第 5 項が観測されることになる．

たとえば，$M_0(t)$ が図 1.29 (a) に示すような傾斜関数で表されるとすると，$\dot{M}_0(t)$ は図 1.29 (b) に示すようなパルス状の形になる．ここで，τ を立ち上がり時間という．最終的な地震モーメントが同じであっても，τ が短くなるとパルスの幅がせまくなり高さが高くなる．

1.4. 震源のメカニズム　25

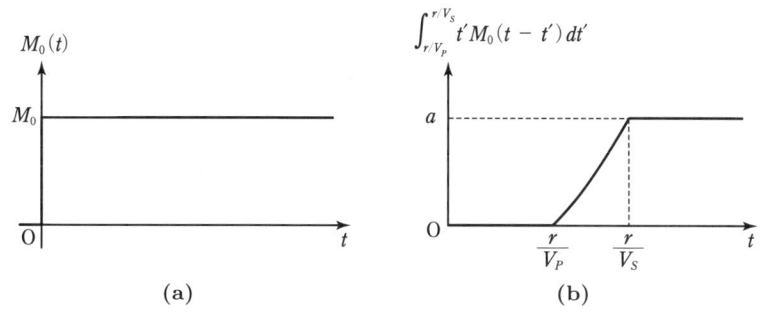

図 1.30 (a) 階段関数と (b)(1.14) 式の第 1 項に現れる積分．ここで，
$a = (1/2)\{(r/V_S)^2 - (r/V_P)^2\} M_0$ である

第 1 項は，P 波の到着時刻と S 波の到着時刻+立ち上がり時間の間で増加していく．図 1.30(b) は立ち上がり時間がゼロの場合に対する第 1 項内の積分項の形を表している．$t = r/V_P$ と $t = r/V_S$ の間は放物線で結ばれている．時間が十分にたったときの値 a は

$$a = \frac{1}{2}\{(r/V_S)^2 - (r/V_P)^2\} M_0 \tag{1.16}$$

となる．この値は τ がゼロではないときでも同じである．a の値が r^2 に比例しているので，時間が十分にたったとき第 1 項の大きさは r^{-2} に比例することになる．

放射パターンをみると，e_r，e_θ，e_ϕ とも θ，ϕ について同じ形になっているのがわかる．放射パターンのうち，$A_{\rm FP}$，$A_{\rm FS}$ は遠方で観測されるものである．$A_{\rm FP}$ は図 1.22 に示した P 波初動の押し引き分布を表している．図 1.31 に $A_{\rm FP}$，$A_{\rm FS}$ についての放射パターンを示す．P 波については，T 軸の方向 ($\phi = 45°$, $225°$) と P 軸の方向 ($\phi = 135°$, $315°$) で振幅が大きくなっている．また，S 波では，節線上で振幅が大きく，P 軸から離れて T 軸に向かう方向になっている．

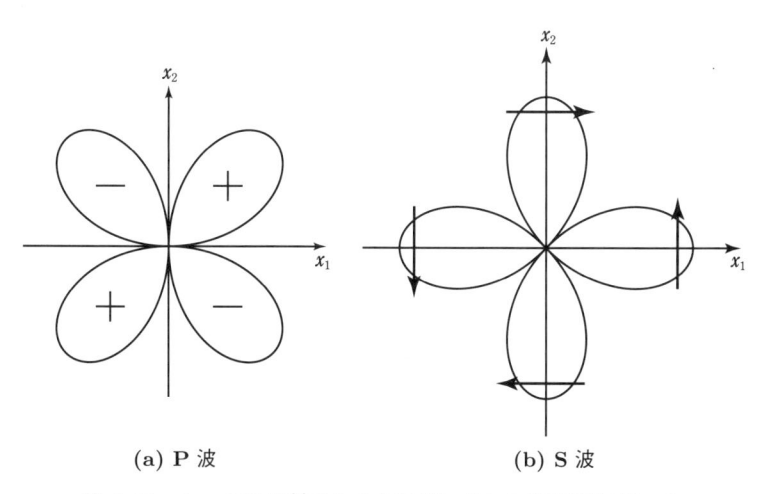

(a) P 波

(b) S 波

図 1.31 $\theta = 90°$ に対する (a) P 波，(b) S 波の放射パターン

1.5 地震波の反射・屈折

1.5.1 境界面に地震波が入射する場合

地震波が二つの異なる媒質 (地盤) に入射すると，その境界で反射したり，屈折したりする．地震波の進行方向に振動する波は P 波である．S 波はそれに直交する面内で振動する波であり，二つの成分がある．図 1.32 に示すように，$x-z$ 面に垂直に振動する波を SH 波，$x-z$ 面に平行に振動する波を SV 波という．

P 波が境界面に対して斜めに入射すると，反射 P 波，反射 SV 波，屈折 P 波，屈折 SV 波の 4 種類の波が生じる．同様に，SV 波が斜めに入射すると反射 P 波，反射 SV 波，屈折 P 波，屈折 SV 波が生じる．これらに対して，SH 波が斜めに入射した場合，境界面での入射波からの変換波 (P 波から SV 波または SV 波から P 波に変換する波) が生じないため，取り扱いが簡単であり，境界面の影響を見るのに都合がよい．

地震波が，図 1.32 (c) に示すように下層の媒質 1 (伝播速度 V_{S_1}) から上層の媒質 2 (伝播速度 V_{S_2}) に入射角 θ_1 で入射した場合を考える．$V_{S_1} > V_{S_2}$ であるから，スネル (Snell) の法則に従って次式が成り立つ．

$$\frac{\sin \theta_1}{V_{S_1}} = \frac{\sin \theta_2}{V_{S_2}} \qquad , \qquad \theta_1 = \theta_1{'} \tag{1.17}$$

地震波の伝播方向は岩盤内から地表に向かうにつれて水平方向から鉛直方向へと順次変わる．したがって，遠くで発生した地震は，鉛直方向から到来する．ただし，表面波は地表面に沿って水平方向に伝播する波である．

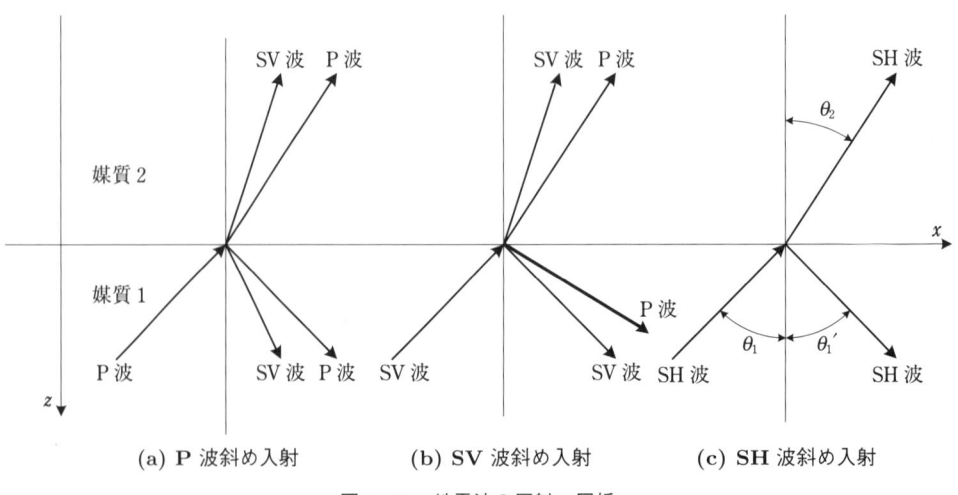

図 1.32 地震波の反射・屈折

1.5.2 水平多層地盤に鉛直下方からSH波が入射する場合

地震波には，P波，SV波，SH波とあるが，ここでは，工学分野で扱われるSH波について説明する．

図1.33に示すような水平多層構造を鉛直下方からSH波が入射する場合を考える[7]．

この場合の運動方程式は以下のようになる．

$$\rho_m \frac{\partial^2 y_m}{\partial t^2} = \left(G_m + iG_m'\right) \frac{\partial^2 y_m}{\partial z_m^2} \tag{1.18}$$

SH波が透過，反射を繰り返しながら伝播するものとすれば，その変位 y_m は，

$$y_m = A_m e^{i(\omega t + K_m z_m)} + B_m e^{i(\omega t - K_m z_m)} \tag{1.19}$$

と表すことができる．ここで，

Vs_m：第 m 層のせん断波速度

ρ_m：第 m 層の単位体積重量

H_m：第 m 層の層厚

z_m：第 m 層の上面から下方への深さ

G_m：第 m 層のせん断剛性率 $\left(\rho_m V{s_m}^2\right)$

ω：固有円振動数

さらに，

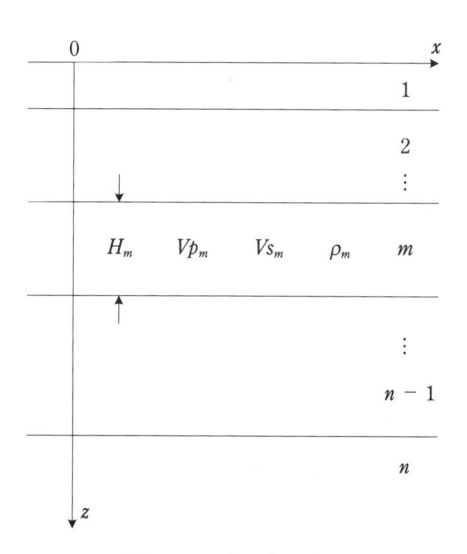

図 **1.33** 水平多層構造

$$K_m = \frac{2\pi}{Vs_m^* \cdot T} = \frac{\omega}{Vs_m^*}$$

$$Vs_m^* = \sqrt{\frac{G_m + iG_m'}{\rho_m}} = \sqrt{\frac{G_m^*}{\rho_m}}$$

$$G_m^* = G_m + iG_m' = G_m\left(1 + \frac{1}{Q_m}\right)$$

Q_m:減衰に関する定数

i:虚数 $\left(\sqrt{-1}\right)$

とおく.

(1.19) 式を以下の境界条件を利用して解く.

条件1 地表面では,せん断応力=0 である.

条件2 z_{m-1} の下面と z_m の上面ではせん断応力が等しい.

条件3 z_{m-1} の下面と z_m の上面では変位が連続である.

この条件を第1層から第n層まで繰り返せば,(1.19)式の A_m と B_m は次式で求められる.

$$A_m = \frac{1}{2}(1+\alpha_{m-1})A_{m-1}e^{iK_{m-1}z_{m-1}} + (1-\alpha_{m-1})B_{m-1}e^{-iK_{m-1}z_{m-1}} \quad (1.20)$$

同様に,

$$B_m = \frac{1}{2}(1-\alpha_{m-1})A_{m-1}e^{iK_{m-1}z_{m-1}} + (1+\alpha_{m-1})B_{m-1}e^{-iK_{m-1}z_{m-1}} \quad (1.21)$$

A_m, B_m はそれぞれ入射波,反射波の振幅係数である.ここで,

$$\alpha_m = \frac{G_{m-1}^* \cdot K_{m-1}}{G_m^* \cdot K_m}$$

であり,インピーダンス比という.最下層 n に対する第1層の周波数応答関数は,

$$\text{Amp} = \frac{(A_1+B_1)e^{i\omega t}}{(A_n+B_n)e^{i\omega t}} = \frac{A_1+B_1}{A_n+B_n} \quad (1.22)$$

この周波数応答関数は,増幅率曲線とも呼ばれ,曲線の最大ピーク値を最大増幅度,その時の周波数を卓越周波数といい,地震波が地盤によって増幅される際の重要な特性である.

最も単純な2層モデルの場合では,卓越周期は,

$$T = \frac{4H}{Vs} \quad (1.23)$$

である.一般に,地盤の層厚が厚いほど,また Vs が遅いほど卓越周期は長くなる.

1.5.3 Q 値

地震波は，震源で発生して地殻内を伝播して，地表面付近の層構造で反射・屈折を繰り返して時間の経過と共に減衰していく．地震波の場合，地球内部を伝わるときの幾何学的減衰や地殻の内部摩擦による減衰がある．

Q 値は，波が一周期する間にエネルギー E が ΔE だけ失われるとき，

$$\frac{2\pi}{Q} = \frac{\Delta E}{E} \tag{1.24}$$

で定義される．変位 $Ae^{-\varepsilon t}\sin\omega t$ で変化する振動を考える．エネルギーは振幅の 2 乗に比例するので，以下の式が成り立つ．

$$\frac{2\pi}{Q} = \frac{A^2 e^{-2\varepsilon t} - A^2 e^{-2\varepsilon(t+\frac{2\pi}{\omega})}}{A^2 e^{-2\varepsilon t}} = 1 - e^{-\frac{4\pi\varepsilon}{\omega}}$$

$$\fallingdotseq \frac{4\pi\varepsilon}{\omega} \quad (\varepsilon が小さいとき)$$

$$\therefore \quad \frac{1}{Q} = \frac{2\varepsilon}{\omega} = \frac{T\varepsilon}{\pi} \tag{1.25}$$

減衰定数 $h = \varepsilon/\omega$ であるから $Q = 1/2h$ となる．

1.5.4 表層地盤の Q 値

ある表層地盤内における減衰特性について，嶋・工藤 [6] は，東京都内における各所で板たたき法による弾性波，S 波を発生させて得られた資料を解析することによって減衰を求めている．その結果，従来用いられてきた Voigt 型 (速度 2 乗に比例する減衰)，あるいは Maxwell 型 (振動数に依存しない減衰) ではなく，ほぼ周波数に比例する傾向が認められている．嶋らは，線形弾性理論に基づき，複素弾性率を用いたモデル化を行っている．実用上は，せん断波動方程式におけるせん断弾性係数 G を複素弾性率として計算することができる．

最近では，S 波の Q 値を Q_s として，周波数に依存した値として，多くの観測記録から経験的に

$$Q_\mathrm{s} = Q_0 \cdot f^n$$

で与えられる．また，釜江・入倉・福知 [8] の，$Q_0 = 110, n = 0.5$ として用いられることが多い．

1.6 地震活動

1.6.1 日本付近の地震活動

日本周辺には，太平洋プレート，フィリピン海プレート，ユーラシアプレートおよび北アメリカプレートの4つのプレートがある (図 1.34)．日本付近の地震は，これらのプレートの相対運動に伴ってひずみが蓄積することにより発生している．図 1.35 に日本付近の地震の震央分布を示す．深さごとの震央分布をみると，太平洋側では深さが浅く，ユーラシア大陸に向かうにつれて震源の深さが深くなっているのがわかる．

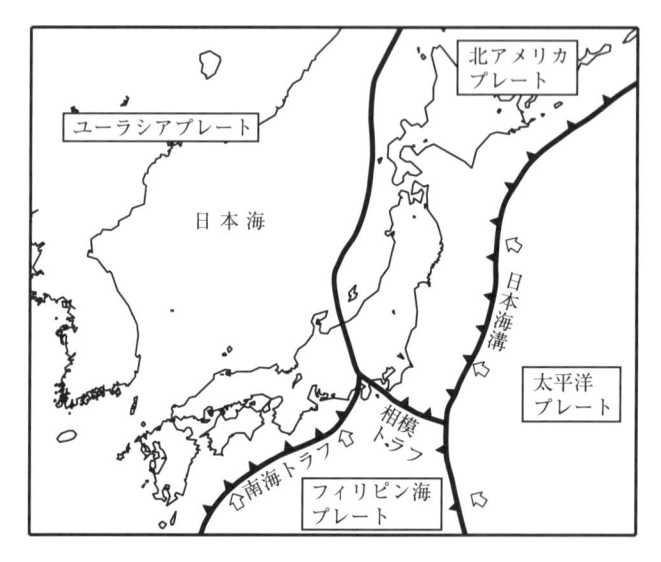

図 1.34 日本付近のプレート境界

実際に東北日本をとおる東西断面に投影した震源の分布をつくってみると (図 1.36)，太平洋プレートの沈み込みに伴い，太平洋側では浅くユーラシア大陸に向かうにつれて震源の深さが深くなっている．震源の分布は深さ 600 km まで続いている．フィリピン海プレートでも，沈み込みにともない震源が徐々に深くなっているが，その深さは 200 km くらいまでである．海溝からプレートの沈み込みにともなう震源の分布を深発地震面 (和達・ベニオフゾーン) という．

1.6.2 日本付近で発生する大きな地震

表 1.4 に，濃尾地震以降の死者・行方不明 100 人以上を出した被害地震を示す．死亡原因は，陸上の被害では崖崩れ，建造物の崩壊，火災，海域に震源をもつ地震の場合は津波によって命を落とすものも多い．地震による災害は人的被害だけではなく，建造物や施設に対する被害，土

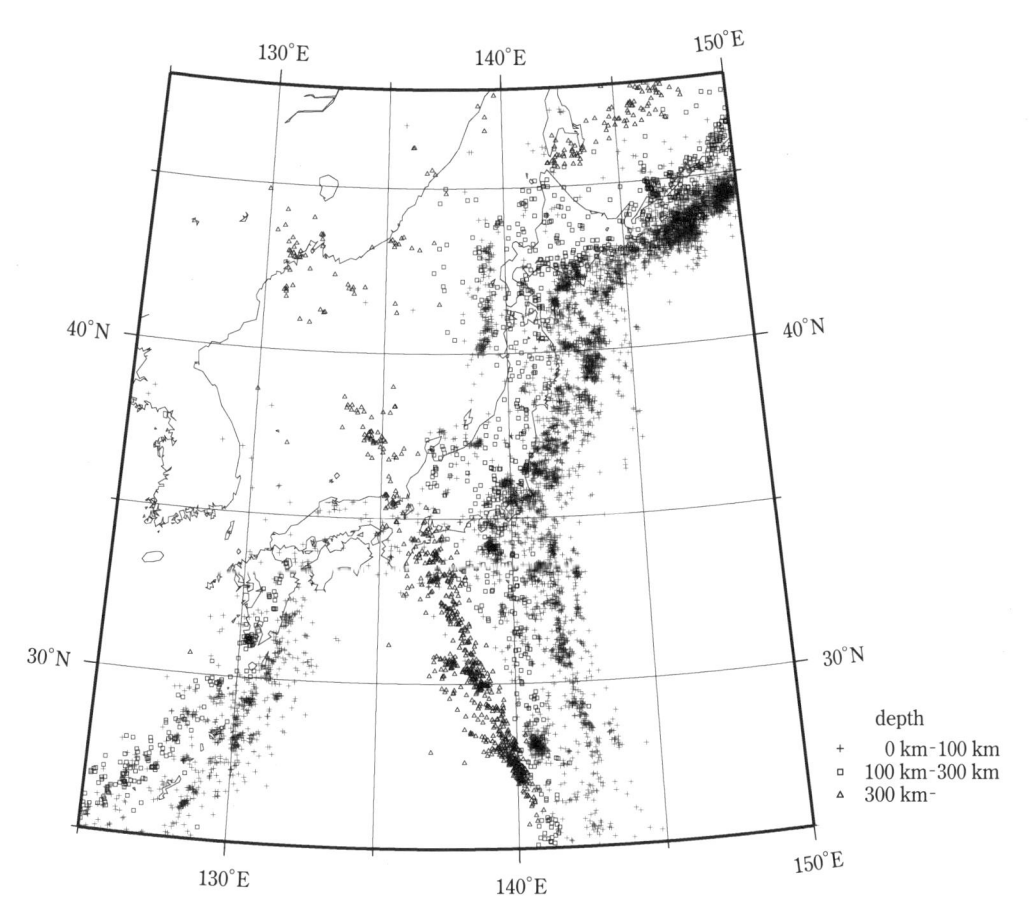

図 1.35 日本付近の地震の震央分布. アメリカ地質調査所 (USGS) の 1973 年から 2005 年のデータを使用. 震源の深さが 100 km より浅い地震では $m_b 4.8$ 以上, 100 km 以深の地震では $m_b 4.5$ 以上の地震を用いている

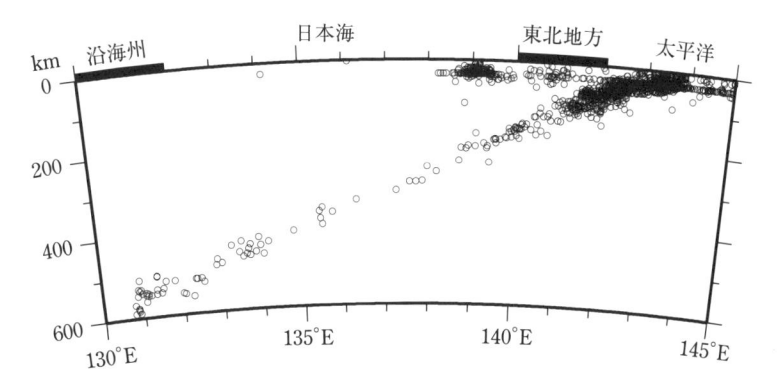

図 1.36 東北日本をとおる東西断面における震源の深さ分布. $125°E$, $43°N$ と $150°E$, $37°N$ を結ぶ大円から 1 度以内にある震源を用いている

表 1.4 濃尾地震以降の死者 100 人以上を出した被害地震 (『理科年表』をもとに作成)

年/月/日	地震	M	地域	死者・行方不明者 (人)
1891/10/28	濃尾地震	8.0	愛知県・岐阜県	7,273
1894/10/22	庄内地震	7.0	庄内平野	726
1896/ 6/15	明治三陸地震津波	$8\frac{1}{2}$	三陸沖	21,959
1896/ 8/31	陸羽地震	7.2	秋田・岩手県境	209
1923/ 9/ 1	関東地震	7.9	関東南部	142,000 余
1925/ 5/23	北但馬地震	6.8	但馬北部	428
1927/ 3/ 7	北丹後地震	7.3	京都府北西部	2,925
1930/11/26	北伊豆地震	7.3	伊豆北部	272
1933/ 3/ 3	三陸地震津波	8.1	三陸沖	3,064
1943/ 9/10	鳥取地震	7.2	鳥取付近	1,083
1944/12/ 7	東南海地震	7.9	東海道沖	1,223
1945/ 1/13	三河地震	6.8	愛知県南部	2,306
1946/12/21	南海地震	8.0	南海道沖	1,330
1948/ 6/28	福井地震	7.1	福井平野	3,769
1960/ 5/23	チリ地震津波	8.5	チリ沖	142
1983/ 5/26	日本海中部地震	7.7	秋田県沖	104
1993/ 7/12	北海道南西沖地震	7.8	北海道南西沖	230
1995/ 1/17	兵庫県南部地震	7.3	兵庫県南部地震	6,437

地や地盤の変動による被害，産業や経済活動へ及ぼす被害，交通・通信施設への被害など，種々さまざまなものがある．

　日本付近で発生する大きな地震は，大きく次のタイプに分けることができる．

(1) 海洋プレートの沈み込みにともなう地震

　日本付近では，太平洋プレート，フィリピン海プレートなどの海洋プレートの沈み込みがみられる．このような場所では，沈み込みにともない陸側の先端部が引きずり込まれてひずみが蓄積する．このひずみが限界に達したとき，海洋プレートと陸側のプレートとの境界に沿って破壊が起こり，マグニチュード 8 クラスの巨大地震が発生する (図 1.37)．海洋プレートの沈み込みが続くかぎり，大きな地震が繰り返し発生することになる．このような地震の場合，その震源断層は逆断層型になる (断層の型については，図 1.15 を参照のこと)．1944 年東南海地震，1946 年南海地震，1923 年関東地震などはこのタイプの地震である．

　一方，海洋プレートの中で破壊が起こり，大きな地震が起こる場合もある．1933 年三陸地震は，その震源断層は太平洋プレートの中で発生した正断層型の震源断層であった．

　これらのタイプの地震の震源は海域にあるので，震源断層による地殻変動により津波を引き起こすことが多い．最近でも，1983 年日本海中部地震や 1993 年北海道南西沖地震では，津波による犠牲者を出している．これらの地震の場合，震源が陸地に非常に近いところにあったため，揺れを感じてから津波が到達するまでの時間が短い．1983 年日本海中部地震の際には，津波は，地震が発生してから 7 分で深浦に，8 分で男鹿に到達した．1993 年北海道南西沖地震では，5 分程度で奥尻町に第 1 波が到達している．このような場合には，まだ揺れがおさまらないうちに高いところへ逃げる必要がある．

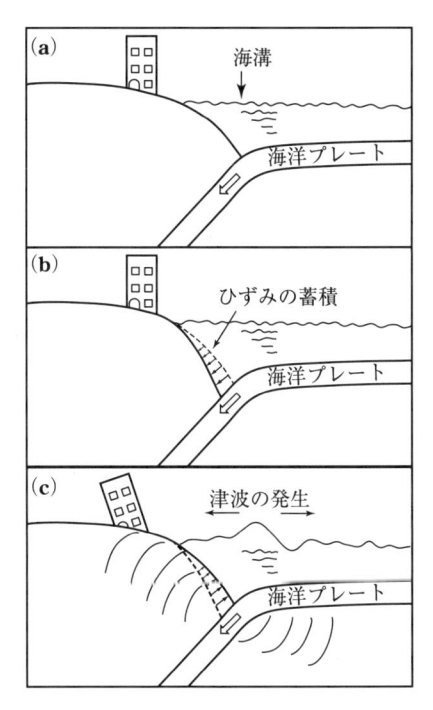

図 1.37 海洋プレートと陸側のプレートの境界で発生する地震．(a) 海洋プレートの沈み込み．(b) これにともない陸側の先端部が引きずり込まれひずみが蓄積する．(c) 海洋プレートと陸側のプレートとの境界に沿って破壊が起こる

また，地震の中には，揺れはそれほど大きくないが大きな津波を引き起こすという性質をもつ地震がある．これを津波地震という．このような場合，揺れが小さいからといって安心できない．地震波は震源断層でのくいちがいにより放射されるが，揺れの大きさはくいちがいを生ずる速さがゆっくりになると小さくなる．ふつうの $M8$ クラスの地震では，くいちがいが始まってから終わるまでの時間が 1 分程度であるが，津波地震では 10 分程度になる．海底に起こる変動がこれくらいのゆっくりしたものでも，津波を引き起こすには十分である．1896 年明治三陸地震はこの津波地震の典型的な例である．この地震による最大震度は 2～3 程度であったが，地震後約 35 分で津波が三陸沿岸に来襲した．三陸町綾里は 38.2m の波高を記録している．

(2) 陸側のプレートで発生する地震

内陸でしばしば発生するマグニチュード 7 クラスの大地震は，活断層のすべりによって発生することが多い．日本の陸地では，大部分が東西方向に押された力で地震が発生している．図 1.38 は，西日本にある活断層を示しているが，活断層の向きが北東-南西のものは右横ずれ，北西-南東のものは左横ずれをしている．このことは，活断層も東西方向に押されてできたことを表している．活断層は過去 100 万年くらいの活動 (地震の発生) が蓄積されていると考えられるが，その原因となった力は，現在発生している地震と同じであるということができる．

内陸で発生する地震は，海洋プレートの沈み込みで発生する地震に比べると規模は小さいが，直下型地震という表現があるように震源からの距離が近いため，大きな揺れを観測することが

34　第1章　地震工学入門

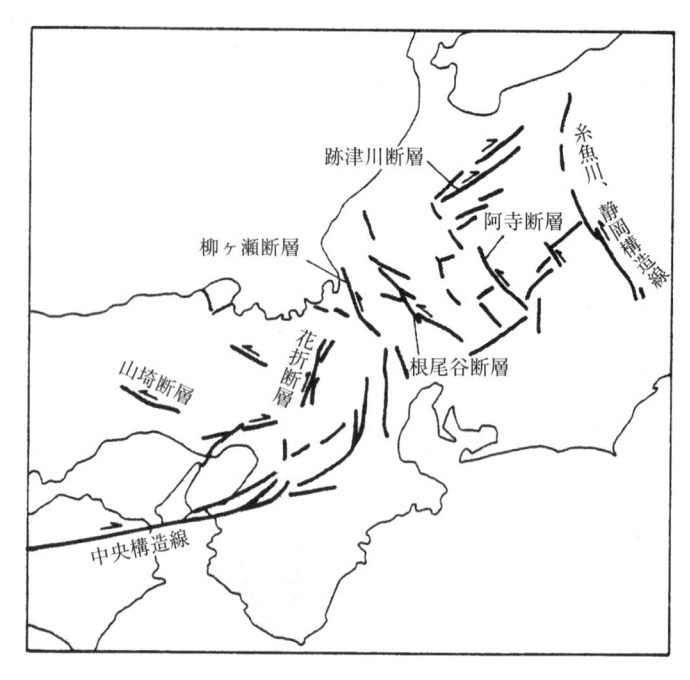

図 1.38　西日本における活断層 (文献 [3] p.105 より転載)

ある．1948年福井地震，1995年兵庫県南部地震や2004年新潟県中越地震などはこのようなタイプの地震である．

参 考 文 献

［1］ 地学団体研究会編 (著者：安藤雅孝，角田史雄，早川由紀夫，平原和朗，藤田至則)『地震と火山』(新版地学教育講座 2) 東海大学出版会，1996.
［2］ 宇津徳治『地震学 (第3版)』共立出版，2001.
［3］ 松田時彦『活断層』(岩波新書) 岩波書店，1995.
［4］ Maeda, N., Y. Nakajima, I. Matsuda, and N. Abeki:Proc. of IIIrd ESG Symposium, pp. 443–451, 2006.
［5］ 前田直樹『地震2』41, pp.323–333, 1988.
［6］ 嶋　悦三，工藤一嘉「軟弱な地層におけるS波の減衰」第3回日本地震工学シンポジウム，1970.
［7］ 田治米辰雄，望月利男，松田磐余『地盤と震害』槙書店，1977.
［8］ 釜江克弘，入倉孝次郎，福知保長「地震のスケーリング則に基づいた大地震時の強震動予測」『日本建築学会構造系論文報告集』第430号，pp.1–9, 1991.

参考となる本

［9］『地震学 (第3版)』宇津徳治著，共立出版，2001.
［10］『地震の事典 (第2版)』宇津徳治，嶋　悦三，吉井敏尅，山科健一郎編，朝倉書店，2001.

〔11〕『図解雑学 地震学』尾池和夫著，ナツメ社，2001.
〔12〕『地震の揺れを科学する』山中浩明編著，東京大学出版会，2006.
〔13〕『地震学 定量的アプローチ』安芸敬一，P.G. リチャーズ著 (上西幸司，亀 伸樹，青地秀雄訳) 古今書院，2004.

第2章　地形・地盤の捉え方

2.1　地形・地盤 (地質) の関係

2.1.1　地形・地盤とは

　地形とは地表面の形態を意味し，常に変化している．変化には目に見えるものと，見えないものがある．目に見えない変化は，緩慢な地殻変動による地表面の隆起や沈降である．地殻変動の速さは大きくても年間数 mm であるが，長期間積算されると大きな値になる．たとえば，年間 1 mm の隆起量でも，100 万年では 1,000 m になる．日本の山地を構成している岩石は数百万年から数億年前に形成されている．したがって，数千 m から数万 m の高さの山脈が形成されていても不思議ではない．一方，年間 1 mm の沈降量でも，隆起と同じ変動量になるので，標高の低い，非常に広大な平野や盆地が形成される可能性がある．しかし，日本の山地は高くても 3,000 m 級であるし，人為的な地盤沈下による場合は別として，海面高度より低い平野や盆地は存在しない．それは，地殻変動が激しい地域が数億年に及ぶ長い地質時代を通じて，常に同じ位置にあったわけではないことと，高いところから低いところに地形を形成している物質が運ばれるからである．すなわち，山地では侵食作用，低地では堆積作用が常に進行し，その結果，極端に高い山地は形成されないし，平野や盆地の堆積物も極端には厚くならない．ある地質時代には堆積地域であったところが，後の時代には侵食地域になるという変化は，普遍的に見られる．

　目に見える地形の変化は，地形を構成している物質の移動で起こる．我々が経験する斜面崩壊や地すべり，もしくは土石流はその典型である．斜面崩壊や地すべりは，高所の地形を構成している物質が，低所に移動する現象で，土石流はその移動の途中である．土石流が停止すると，土石流となって流下してきた物質が堆積し，堆積地形が形成される．斜面崩壊や地すべりの跡は侵食地形となる．河川の流水，海や湖の波や沿岸流，氷河なども常に物質を移動し続けて，河床や海岸線，氷河の末端の地形を変化させる．地震，津波，火山活動などにより短時間で地表面が大きく変化することもある．日本の太平洋岸の岬の先端地域では，通常はゆっくり沈降しているが，地震時には隆起し，浅海底が陸化する．日本の沿岸各地にある千畳敷と呼ばれる地形の多くは，浅海底であった波食台が地震時に隆起したものである．2004 年 12 月のスマトラ沖地震では，津波でタイのプーケット島の海岸線が削り取られて激変した．火山が噴火すれば新しい火山地形が生じる．噴火は火山という高まりを形成するだけでなく，ときには，カルデラを生じ山体を崩壊させる．そのうえ，最近では，人為による変化も無視できない．丘陵地は雛壇状の宅地に変化させられるし，海岸には埋立地が広がっている．河川はダムで堰き止

められてダム湖が出現する．

　現在我々が目にしている地形は，常に変化している地表面を，現在と言う時間断面で見ているに過ぎない．したがって，地形を捉えるには，地形を構成している物質にどういう営力が働いて，どのように移動したかを，時間的・空間的に理解しなければならない．地形の時系列的な形成過程を地形発達史という．

　地盤とは，地表面からある深さまでの堆積物を指す．地質学的には地表面を構成している物質を地質というが，工学的には地盤，もしくは岩盤と呼ばれる．一般に，地盤の方が岩盤よりも新しく，かつ，軟弱である．一方，地質学では一続きの堆積物を地層と呼んでいる．各地層の表面が堆積地形である．地域により異なった物質が形成される状況 (地層が堆積する状況) の違いを総称して，堆積環境という．堆積環境は，海の作用，河川の作用などの堆積作用に関わる営力と，それが関わる場所に支配される．堆積物や地層の他に岩石と言う術語も地質学では使用される．岩石と言う場合には，固結した堆積物を指し，かつ，成因を考えていることが多い．たとえば，堆積岩，火成岩，変成岩などと呼ばれる．また，岩石に含まれる鉱物に基づいて細分され，命名されるのが一般的である．

　本書で扱うのは地盤である．地盤には，地質時代の長い時間を掛けた地形発達史が反映されている．すなわち，堆積と侵食の歴史である．堆積地域となっていた時代には，堆積環境に応じたさまざまな物質が堆積する．山間部の谷底や扇状地であった時代にはいろいろな粒径の礫が，氾濫原であった時代には砂質や泥質な物質が，また，内湾や湖であった時代には細粒物質が堆積し，湿地では泥炭が形成されることもある．火山から噴出した溶岩や火山灰に覆われることもある．一方，侵食地域になっていた時代には，地層が削り取られて，侵食地形が形成される．そのため，地盤は時系列的に連続している地層からなるとは限らない．侵食地域になっていた時代があれば，その時期の地層を欠いている．二つの地層が連続して堆積しているときには両者は整合であると言う．また，下の地層が侵食された後に，上の地層が覆っている場合には不整合であると言う．写真 2.1 は伊豆大島で見られる露頭 (新鮮な地質が露出しているところ) である．下部の斜面に堆積した火山噴火に伴う堆積物が削られて，ほぼ平らになったところ (不整合面) を，新しい堆積物が覆っている．ここでは，分かり易いようにかなり形成時代の近い火山堆積物の例を示したが，非常に古い堆積物が，形成時代のまったく異なる新しい堆積物に覆われている例も多い．

　地層は堆積した当時は，水や空隙を含み固結していない．長い時間をかけて，水や空気が抜けて，固結していく．堆積した当時は堆積物と呼ばれるが，長い時間を経過し固結すると堆積岩と呼ばれる．緩い堆積物が固結した堆積岩になっていく過程を続成作用という．新しい堆積物は堆積時代や粒径 (堆積岩では岩相という) でその土質工学的性質が異なるので，2.3 節で述べるように，細分される．それは，地層の形成過程が短い時間単位で解明できることにもよる．しかし，時代が古くなると，岩相による差が小さくなるし，形成過程を詳細に吟味することは不可能であるので，分類は粗くならざるを得ない．たとえば，表 2.1 に示すように，工学的には中生代や古生代の地層は，紀のオーダーで分類することは稀であるが，新生代の地層 (堆積物) は紀や世のオーダーで分けるのが普通である．さらに，土質工学的性質からは，世のオー

斜面に積もった火山噴出物が侵食されてほぼ平坦面になった上を，新しい噴出物が覆っている．下部の地層は褶曲しているわけではない．

写真 2.1　伊豆大島の露頭 (松田磐余撮影)

表 2.1　地質年代と堆積物の細分

新生代	第四紀		完新世	1万1000年前以降
		更新世	新期更新世	1万1000年前〜12.5万年前
			中期更新世	12.5万年前〜69万年前
			前期更新世	69万年前〜170万年前
	第三紀	新第三紀	鮮新世，中新世	170万年前〜2400万年前
		古第三紀	漸新世，始新世，暁新世	2400万年前〜6500万年前
中生代	白亜紀，ジュラ紀，三畳紀			6500万年前〜2億5000万年前
古生代	二畳紀，石炭紀，デボン紀，シルル紀，オルドビス紀，カンブリア紀			2億5000万年前〜5億9000万年前
先カンブリア紀				5億9000万年以前

ダーをさらに細分して，前期・中期・後期と言うように分け，数万もしくは数千年の単位で，堆積物を区分する必要が出てくる．

なお，地質時代の区分では，第三紀以前は，生物種が絶滅して，交代する時期を境とし，その変化の大きさにより，世や紀の境界としている．古生代と中生代ならびに中生代と新生代の境界では，生物種が激変していることはよく知られている．しかし，新生代の第四紀の更新世と完新世の境界は，最終亜氷期 (後述) とされている．また，更新世の前期・中期・後期の区分は，前期と中期の境界は地磁気の磁極の変化 (逆磁極から正磁極期への変化)，中期と後期の境界は最終間氷期から最終氷期への気候の変化が指標とされている．

2.1.2 地形・地盤・基盤

　前述したように山地は隆起地域に形成されるし，盆地や平野は沈降地域に形成される．山地を形成している地層もかつては，平野や盆地，もしくは海底や湖底，さらには，海溝のような深い海に堆積した物質が隆起したものである．したがって，山地を形成している地層は古い．新しくても第三紀層で，第四紀層からなる山地はほとんど存在しない．一方，平野を構成する堆積物は新しく，台地は後期更新世，低地は完新世の堆積物から構成されている．丘陵地は台地と山地の中間的なところで，中期更新世の堆積物や第三紀層からなる．

　建築物や土木構造物の重量に耐えられる地層を支持地盤と呼んでいる．中層以下の建築物や一般の土木構造物では，N値50程度の地層が支持地盤となる．このような地層は，地下のかなり浅いところに存在する．一般には，更新世の堆積物が支持地盤になることが多いが，沖積世の堆積物でもN値50を越すこともある．しかし，耐震設計や地震の被害想定などでは，地震動の増幅特性や卓越周期などが問題になる．このような場合にはより深いところの地層を基盤として，その上の地層を地盤(表層地盤と呼ばれることが多い)とみなして，各種計算が行われる．基盤では工学的基盤と地震基盤という術語が使い分けられる．工学的基盤とは，地震動の伝播中にそれに著しい影響を与え，振幅や卓越周期を変化させる表層地盤の基底となる地層を意味する．一般には，S波速度が500〜700 m/sの地層を指すことが多く，前期更新世(69万年以前)や第三紀(170万年以前)の地層が相当する．建築学や土木工学で一般に扱われる設計や地震被害想定では工学的基盤上の表層地盤をモデル化して，増幅特性など地震動への影響が計算される．

　工学的基盤より上の表層地盤を対象とする地震動の卓越周期は，数秒以内のことが多いが，長大な構造物や超高層ビルではより長い，たとえば，10秒と言うような長周期の地震動を扱わなければならない．また，工学的基盤より深いところでも，S波速度が一定と言うわけではなく，伝播中に地震動は影響を受ける．地震動の伝播に影響を与えない岩石(ここでは，火成岩の場合もあるので岩石と言う術語を使う)が広く分布していると，震源からほぼ等距離の地域では，同じような地震波が伝播してくるはずである．このような考えから導入された概念が，地震基盤である．非常に固結し，地下深いところで広範囲にわたって一様に分布する岩石が対象になり，一般には，S波の伝播速度が数km/s以上の中生代(6500万年以前)の岩石を指すことが多い．地形・地質と地震基盤・工学的基盤の関係を模式的に示したのが図2.1である．しかし，地震学と工学では，学問の発展過程や考え方が異なるので，両者の考え方が完全に一致している訳ではないので，文献を参考にする場合には，筆者の考え方を読み取ることが重要である．

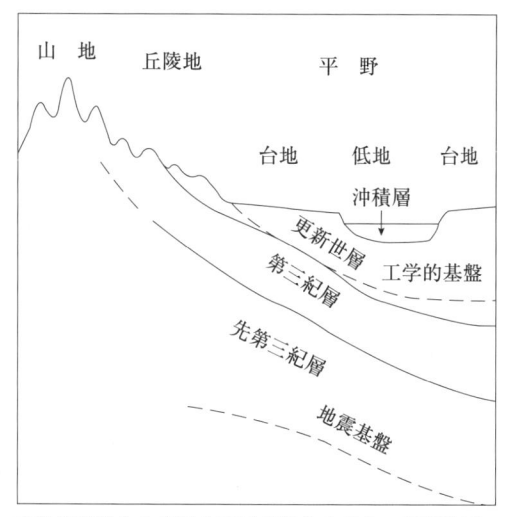

工学的基盤上の地盤を表層地盤とも言う．更新世層の
一部は丘陵地を，第三紀層の一部は山地を形成．先第
三紀層とは，第三紀よりも古い地層を指す

図 2.1　地震基盤・工学的基盤と地形・地質の模式図

2.2　地形形成作用

2.2.1　内的地形形成作用

　地形形成作用には内的地形形成作用と外的地形形成作用がある．内的地形形成作用は地球内部に由来する地熱エネルギーによる作用で，地殻変動と火成活動 (火山活動，火成岩の貫入) がある．本書で扱われる平野では，地殻変動が関わる事象が多いし，ページ数の関係からすべてを網羅することは出来ないので，ここでは地殻変動のみを説明する．

　地殻変動は地表面の隆起や沈降となって現れる．日本列島では地殻変動が活発で，かつブロック状に沈降地域と隆起地域が配列する．たとえば，東北地方では，海岸部に北上山地と阿武隈山地があり，中央部に奥羽山脈がある．そのさらに西側には出羽山地や朝日山地がある．奥羽山脈と北上山地の間には北上盆地があり，その南部は仙台平野に続く．また，阿武隈山地との間には福島盆地や郡山盆地が位置し，中通りと呼ばれている．奥羽山脈と西側の出羽山地などの間には大館盆地，横手盆地，新庄盆地，山形盆地などが飛び飛びに位置する．日本海沿岸には，能代平野，秋田平野，などが見られる．これらの山脈・山地と平野・盆地の配列は，プレートの動きに起因する隆起と沈降によって決められてきた．地殻変動は大きな地形の配列を決めており，日本列島の地形の骨格を与えてきた．

　隆起や沈降は，恒常的にゆっくりと動いている場合と地震時に急激に動く場合がある．たとえば，西日本の太平洋岸に位置する岬では，フィリピン海プレートとユーラシアプレート間に発生する大地震時には数 m 隆起する．このような大地震は，百数十年程度の間隔で発生するの

で，隆起が積算され，海岸段丘が発達している．一方，岬の背後は沈降し，低地となっている．海岸部が隆起地域である場合には，海岸段丘が発達し，沈降地域では海岸段丘は見られず，リアス式海岸となっている．

2.2.2 外的地形形成作用

主要な外的地形形成作用には，風化作用と水・氷・風による侵食・運搬・堆積作用がある．

風化作用は化学的風化作用と物理的風化作用に大別される．化学的風化作用は，おもに水に含まれる各種酸の影響により，岩石に化学変化が生じて発生する．著しい化学的風化作用を受けた場合には，水に溶かされた物質は流れ去ってしまい，粘土鉱物が残され，陶芸品の材料になる．化学的風化作用の一種に溶食作用がある．岩石が溶かされる現象で，石灰岩地域に見られるカルスト地形がその典型である．物理的風化作用には，氷結作用と剥離がある．岩石の割れ目から入った水が夜間に凍って膨張して割れ目を拡大し，日中には融解して水に戻る．これが繰り返されて岩石が破砕されていくのが氷結作用である．日中と夜間の温度差が大きい場合には，岩石の表面は膨張・収縮を繰り返す．その影響で岩石が破砕されるのが剥離である．したがって，氷結作用は寒冷な気候下で，剥離は砂漠など気温の日変化の大きいところで活発に行われる．新鮮な岩石は，風化作用により，割れ目を入れられたり，岩屑にされたり，粘土化されるなどして，崩壊し易くなる．

水・氷・風の作用は言うまでもなく，侵食・運搬・堆積作用である．流水の侵食作用は斜面から供給された風化物質を運び去る際に，流送される物質が河床を削ることで行われる．氷の場合は重力の影響で流下する際に，氷河氷の底面や側面にある岩片が谷壁や谷底を削る．氷河から流下する河川の水が白濁しているのは，削られた非常に細かい物質が混じっているからである．吹き飛ばされた砂粒などがぶつかって削剥するのが，風による侵食作用である．水は，細粒物質は水中に浮かし，粗粒物質は川底を滑らしたり，転がしたりして運搬する．砂ぐらいの粒径のものは，川底をジャンプしながら運ばれていく．氷河氷は岩片を氷の上面に乗せたり，底面にくっつけて運んでいく．風は，物質を吹き飛ばす．堆積作用とは運搬している途中で，エネルギーが低下し，運搬できなくなって置いていく作用である．水は水流のエネルギーの低下に伴い，粒径の大きな物質から順番に堆積していく．それを淘汰という．その結果，氾濫原の地形は，扇状地地帯，自然堤防地帯，三角州地帯に分かれる．氷は融解することにより運搬能力を失う．モレーン (氷堆石) は氷河氷に運ばれてきて，氷が融解したために置いていかれた堆積物である．そのため，淘汰が悪い．

谷壁斜面を構成している岩石が風化し，地震時や降雨時に谷底に落下し堆積する．堆積した物質を渓床堆積物という．渓床堆積物の粒径は様々である．豪雨時に斜面崩壊などが上流で発生すると，崩壊した物質は渓床堆積物を巻き込みながら，流下していく．これが土石流である．土石流には粒径が様々なものが含まれており，時には2mにも達する岩塊も運ばれていく．したがって，その破壊力は非常に大きい (写真 2.2)．「河川が山を削って谷を造った」，とよく言われるが，これはほとんど間違いである．大きな谷壁を持つ谷が出来るのは，斜面が風化して崩

1999年12月のカリブ海沿岸地域を襲った土石流．アパートの1階部分を突き抜けている．手前には木造家屋があったが，跡形もない．前方はカリブ海．
写真 2.2　ベネズエラの土石流 (松田磐余撮影)

壊し，後退した結果である．河川は，崩落してきた渓床堆積物を運んでいるに過ぎない．その際，河床を削り込むことはあるが，谷幅を大きくするわけではない．

2.2.3　氷河性海面変動

地球上には約 14 億 km^3 の水がある (楓根 [3])．水は，液体としてばかりでなく，固体の氷や気体の水蒸気として存在する．総水量の 97.5％を占める海水が最大であるのは，常識的に知られている．次に多いのは氷で，1.75％もある．南極大陸とグリーンランドを覆っている氷床 (氷河の規模の大きいもの) が氷のほとんどを占め，ヒマラヤやヨーロッパアルプスなどの高地では山岳氷河となって，美しい景観を呈している．

地球表面の約 71％を占める海からは多量の水が蒸発し，水蒸気となって大気中に供給される．大気中の水蒸気は上昇し，高緯度地方に運ばれて，冷却されて雲，雨，雪などとなる．陸上に降った雨は地下に浸透して地下水を涵養したり，河川水となって海に戻ってくる．気温の低い場合には雪となるが，翌春や夏には溶けて，河川を通じて海に戻ってくる．このように，地球上の水は，海水・水蒸気・雲・雨・雪・地下水・表流水などと姿を変えながら循環している．しかし，夏季に低温になると冬季に積もった雪の全部が融解するとは限らず，冬を迎える．冬には再び降雪に見舞われる．春になっても，雪に覆われている地域が広がっていると，太陽からの放射の内，反射される量が増え，地球の表面が暖まりにくくなる．その結果，夏はさらに低温になり，夏を越える積雪量が増える．これが何万年も繰り返されると，気候は寒冷化し，氷期を迎え，地表面は厚い氷床に閉ざされる．氷期には，アメリカ大陸ではカナダのほとんどだけでなく，五大湖の南まで氷床に覆われていた．北ヨーロッパでも，スカンディナヴィア半島

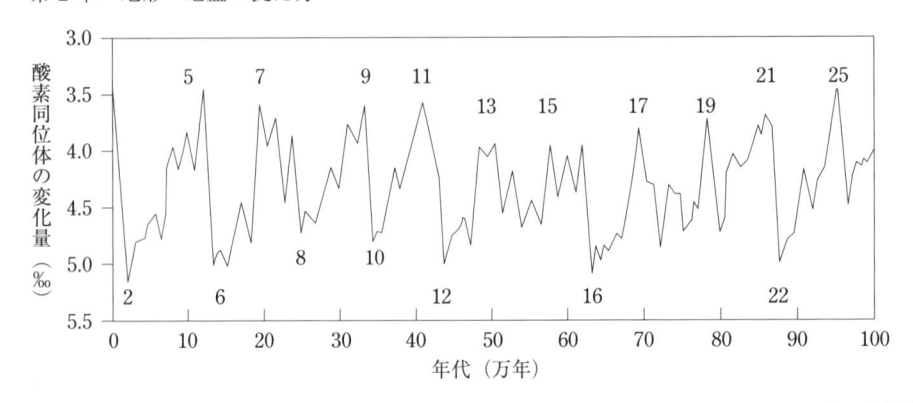

図 2.2 過去 100 万年間の酸素同位体の変化量 (米倉他編 [1] の図から分かりやすく 100 万年間を編集)

やバルト海からイギリスに至る範囲が氷床に覆われていた．日本でも，日本アルプスや日高山脈などに，山岳氷河があったことが知られている．

氷床や氷河を構成している氷は，海水が蒸発したものである．したがって，氷期に厚い氷床や氷河が広い範囲に発達すると，海水が減少し，海面高度が低下する．逆に，間氷期になると，氷床や氷河が融解し，表流水となって海に戻り，海面高度が上昇する．このように，氷床や氷河の拡大縮小に伴って海面高度が変動する現象を氷河性海面変動という．この現象に伴う海面高度の変動は百数十 m に及ぶし，ここ 70 万年ほどの期間では，氷期と間氷期は 8〜10 万年の周期で繰り返されてきた．最後の間氷期 (最終間氷期) は，約 12〜13 万年前にあった．その後，気候は寒冷になり，最後の氷期 (最終氷期) に入った．最終氷期で気温が最も低下したのは，1 万 8000 年前頃で，最終氷期の極相期もしくは最盛期と呼ばれている．最終氷期は約 1 万 1000 年前の亜氷期で終わり，それ以降を後氷期と言う．現在は間氷期と似た気候であるが，次の氷期が来ていないので，後氷期と呼ばれている．後氷期では，約 6000 年前にもっとも海面高度は高くなり，+2 m 程度になったと考えられている．

図 2.2 に過去 100 万年間の海水中の酸素同位体 (^{18}O) の変化量を示した．^{18}O は海水の水の分子や海水中の炭酸イオン (CO_3^{--}) として存在する．また，^{18}O の海水の水の分子に含まれる割合と，炭酸イオン (CO_3^{--}) として存在する割合は，温度により変化するが，平衡状態が保たれている．^{18}O の変化量は，炭酸カルシウム ($CaCO_3$) で出来ている有孔虫の殻を利用して測定される．酸素同位体の変化量が，気候変動を示す理由は 2 つある．ごく簡単に説明すると，一つは海水温が低下すると水中の炭酸イオン (CO_3^{--}) として存在する ^{18}O の量が増え，水の分子として存在する量が減ることである．もう一つは，^{18}O は ^{16}O に較べて重いので，蒸発しにくいことである．陸上で氷河が拡大すると，海水の総量が減少し，海水の分子には ^{18}O を含むものが相対的に多くなる．そのうえ，前述した平衡状態があるので，炭酸イオンとして存在する ^{18}O の量も増える．すなわち，有孔虫の殻に含まれる ^{18}O の量の増加は，海水温の低下と氷河の拡大を意味し，気候が寒冷化していることを示している．^{18}O の増加は気候の寒冷化を意味するので，図では ^{18}O の変化量の数値は上下が逆にとってある．

また，図からは間氷期を過ぎて氷期に入るが，気候は急速に寒冷化する訳ではなく，寒冷化

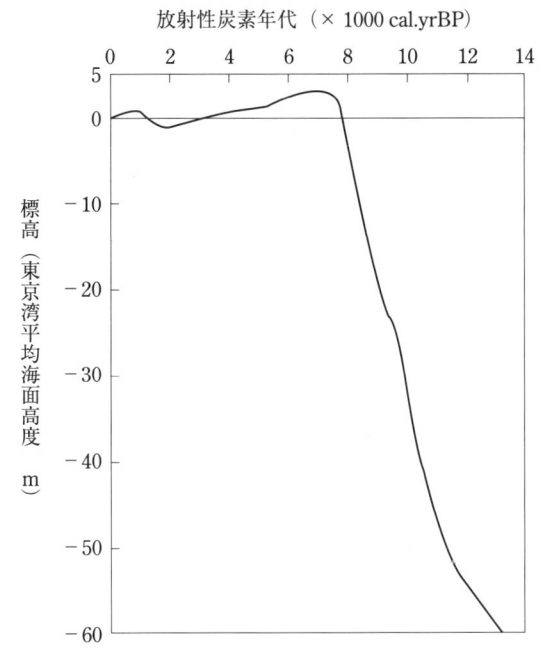

図 2.3 過去 1 万 4000 年間の海面変動 (木村他 [2] の図より編集)

と温暖化を繰り返しながら，次第に極相期に向かっていくことが読み取れる．一方，氷期の極相期を過ぎると，気候は急激に温暖化する．要するに気候は，鋸歯状に変化している．したがって，海面変動も鋸歯状に変化するはずである．一つの氷期・間氷期の中での，小さな気候変化を亜氷期，亜間氷期と呼ぶ．図中の数字は酸素同位体ステージと呼ばれているもので，^{18}O の変化量の極大値・極小値の出現する時期を示している．5 より数字が大きいステージでは，奇数が間氷期，偶数が氷期を示す．最終間氷期がステージ 5 で，ステージ 2 が最終氷期の極相期である．なお，後氷期の海面高度の上昇期がステージ 1 である．

氷河性海面変動は，平野の地形形成に重要な意味を持っている．それは，上流の侵食域である山地から下流の堆積域である平野，さらには河口までの河川の縦断面曲線 (河口から源流までの河床の高度を示す曲線) は，海面高度を基準として形成されるからである．そのため，海面高度は侵食基準面と呼ばれる．侵食基準面 (海面高度) が低下すると，下流部の堆積域は侵食域となり，谷が形成される．侵食基準面が上昇すると，形成されていた谷は入り江 (溺れ谷) になり，堆積域になる．臨海部に形成されている平野は，過去から現在まで，氷期と間氷期で変化する海面高度の影響を受け続けてきた．間氷期には海，氷期には陸になるという歴史を繰り返してきた．また，一つの氷期の中での亜氷期や亜間氷期に反応することによっても，侵食，堆積を繰り返し，河岸段丘や海岸段丘を発達させた．

図 2.3 に最近の 1 万 4000 年間の海面の上昇過程を示した．図には示していないが，約 1 万 8000 年前の最終氷期の極相期の頃の海面高度は −130 m 程度であった．したがって，約 1 万 1000 年間で，130 m 上昇するので，年平均 11 mm 程度になる．とくに，1 万 1000 年以降の後氷期には，3400 年で 53 m 程度上昇している．年平均では，15 mm 以上になる．このように急

激に海面高度が上昇したのは，氷河が急速に溶融したためである．

2.2.4 河岸段丘と海岸段丘の形成

間氷期に谷底に低地が形成されていたとする．その後，気候が寒冷化し，海面高度が低下すると，低地は侵食域になり，谷が形成される．前の低地は一段高い地形になる．これが河岸段丘である (写真 2.3)．海面高度が低下しなくても，地盤が隆起すれば同じ結果になる．また，少し難しいが，斜面から供給された物質の量が河川の土砂運搬能力より大きい場合には堆積地形が出来る．そのような地域で気候が変化して，河川の土砂運搬能力の方が大きくなると，侵食地域に変わり，河岸段丘が出来る．なお，以前には河川の影響を受けて，堆積作用もしくは侵食作用を受けていたところが，段丘化して河川の影響を受けなくなることを離水するという．同様に，海の影響を受けなくなった場合にも離水という術語が使用される．段丘と同じ意味で台地と言う術語も使用される．分布が広いと台地，狭いと (たとえば，河川沿いに分布) 段丘と呼ばれることが多い．

亜間氷期には侵食が止まり，低くなった海面高度を侵食基準面とする低地が形成される．さらに気候が寒冷化して海面高度が低下していくと，前の低地はまた一段高くなり，離水して河岸段丘は 2 段になる．これが繰り返されて，氷期の極相期までには数段の河岸段丘が形成される．低地が海岸に面していて，そこが段丘化すると海岸段丘になる (写真 2.4)．

海岸段丘の形成は海面高度の変動と地殻変動の両方との関係を理解するのに便利なので，具体的に説明しておきたい．図 2.4 に，14 万年前以降の海面高度の変遷を模式的に示した．最終間氷期は 12～13 万年前にあり，海面高度は現在より 3 m 程度高かった．ここでは計算上 12 万年前とする．その後気候は寒冷になるが，亜間氷期が 10 万年前，8 万年前にあり，当時の海面

現在の河床は礫からなるため，網状流となっている．

写真 2.3 ニュージーランドの河岸段丘 (松田磐余撮影)

最終間氷期の海底が隆起して段丘となっている．段丘崖の下の低地は，後氷期の高海面期に形成された波食台が隆起したもの．

写真 2.4 ニュージーランドの海岸段丘 (宮内崇弘撮影)

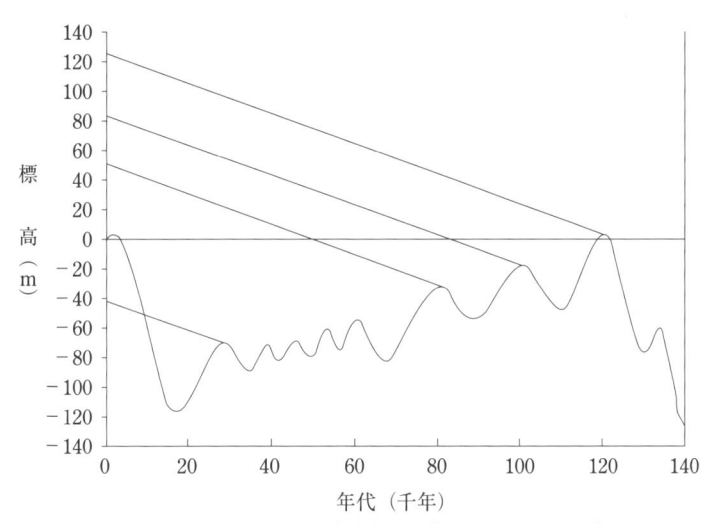

(海面変動は米倉他編 [1] の図を模式化．地殻変動は，1 mm/年とした)

図 2.4 海面変動・地殻変動・海岸段丘の関係

高度はそれぞれ，−18 m，−30 m と仮定する (6 万年前以降は省略)．すなわち，間氷期の高海面期や亜間氷期には海面高度の変化が止まり，海面高度が安定する．すると海岸付近には低地や波食台が形成される．その結果，海面高度の低下につれて，+3 m，−18 m，−30 m の標高の3段の海岸段丘が形成される (海岸段丘は傾斜しているので，実際には高度は一様でなく，幅がある)．最終氷期の極相期を過ぎて，海面高度は上昇し，約 6000 年前に +2 m 程度になり，その後，現在の海面高度まで，低下したとする．もし，この地域で地殻変動がなければ，12 万年前の海岸段丘が海面よりも高い位置に存在するだけである．しかし，地殻変動があると話は変

わってくる．地殻変動の速さを 1 mm/年とすると，12 万年では 120 m，10 万年では 100 m，8 万年では 80 m 隆起することになる．すなわち，12 万年前の海岸段丘の標高は +123 m になっているはずである．10 万年前，8 万年前の海岸段丘の標高は，それぞれ，+82 m，+50 m となる．12 万年前，10 万年前，8 万年前に形成された海岸段丘は，海岸段丘として存在する．大きな量の地殻変動により隆起していなければ，海岸段丘は陸上には存在しない．沈降地域には海岸段丘は存在しないと前述したのは，このような理由による．

　最終間氷期よりももっと以前の間氷期に形成された地形は，隆起地域ではより一層上昇しているはずである．前述した例の地域でも，20 万年前，30 万年前の海岸段丘は，それぞれ 200 m，300 m 隆起している．隆起すれば谷が形成され，平坦面が開析されて分断され，狭い尾根を持つ丘陵地へと変わっていく．日本では，最終間氷期の海岸段丘は段丘や台地となっている場合が多いが，より古い海岸段丘は，丘陵地となっている場合が多い．また，河岸段丘も同様で，丘陵地化されていく．たとえば，三浦丘陵や房総丘陵は海岸段丘が丘陵化した地域が広いし，多摩丘陵は河岸段丘が丘陵地化している．したがって，図 2.1 の模式図では，更新世層の一部が丘陵地になっているように示してある．

2.2.5　平野の地形

　平野の地形は低地と台地とから構成される．台地は，一般には最終氷期以前に形成された河岸段丘や海岸段丘からなり，洪積台地と呼ばれる．一方，低地は最終氷期の極相期までに形成されていた谷が，後氷期の海面高度の上昇により溺れ谷になった後に，河川に埋積されて陸地になったもので，沖積低地と呼ばれている．中には，九十九里平野のように，浅い海底が隆起して低地になっているところもある．

　図 2.5 は濃尾平野の地形分類図である．濃尾平野は，南北約 50 km，東西約 40 km の日本有数の平野である．台地は，木曽川沿いの東部で広いだけで，長良川や揖斐川沿いでは分布が狭い．それは，濃尾平野とその西縁を限る養老山地の間には養老断層と呼ばれる断層が存在し，断層付近では，西の養老山地側が隆起し，東の濃尾平野側が沈降しているためと，濃尾平野全体では西側が沈降し，東側が隆起すると言う地殻変動を続けているからである．このような地殻変動があるため，濃尾平野を形成してきた木曽川，長良川，揖斐川の 3 つの河川は，流路が下流部に行くにしたがって西に寄って行き，河口付近では 3 つの河川が集まっている．

　濃尾平野の沖積低地，とくに，木曽川沿いの地域には，沖積低地の基本的な地形が分布している．それらは，上流部より扇状地地帯，自然堤防地帯，三角州地帯と呼ばれている．扇状地地帯は河川が山地から低地に出る付近を頂部とする半円錐状の地形である．上流部を扇頂部，下流部を扇端部と言う．厚い砂礫から構成され，扇頂部では 1000 分の 10，扇端部では 1000 分の 1〜2 の勾配を持つ．扇状地を流れる河川は網状流をなすが，河道をしばしば変えるために，旧流路が残される．また，扇状地は砂礫からなるので，透水性が良く，表流水は地下に浸透し，扇端部で湧きだす．このような湧泉を谷頭にして，下流部に河川が形成されることが多い．

　扇状地地帯より下流部に形成される自然堤防地帯の地形は，自然堤防・後背湿地・旧河道な

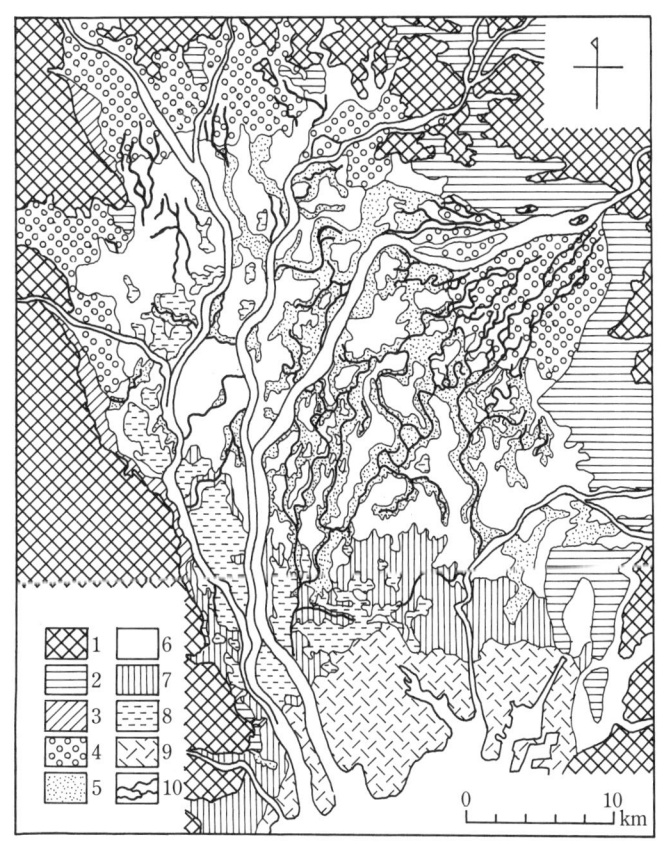

松田 [5] の図を一部改変．1：山地・丘陵地，2：台地，3：沖積錐，4：扇状地，5：自然堤防，6：後背湿地・現河道，7：三角州，8：湿地の発達する低位三角州，9：干拓地・埋立地，10：旧河道

図 2.5 濃尾平野の地形分類図

どからなる．自然堤防は扇状地より続く流路沿いに形成された微高地で，洪水の際に河道から溢れた水に含まれていた砂やシルトからなる．農業的な土地利用が展開されていた時代には，集落が立地したり，畑地として利用されていた．後背湿地は，溢れた洪水が滞留するところで，粘土やシルトが堆積し，水田や蓮田に利用される．扇状地地帯で流路の移動が起こると，自然堤防地帯の流路は水量が激減し，旧河道となる．自然堤防地帯では河川は蛇行するので，この地域を蛇行帯と呼ぶこともある．河川が蛇行すると，蛇行の外側は侵食され，内側では堆積が進む．その結果，河道は次第に移動していく．河道が移動した跡の地形をポイントバーと呼んでいる．蛇行していた河道が切り離されたものが三日月湖で，そこには湖沼が残されるが，同じ旧河道でもポイントバーでは河道が移動してしまい，湖沼とはなっておらず，自然堤防に似た地形となっている．

　三角州地帯と自然堤防地帯の境界はあまり明瞭ではないが，自然堤防の分布が悪くなり，河道が分流するようになるあたりにある．三角州は砂泥質な堆積物からなる．標高は低く，地盤沈下の影響を受けたところではゼロメートル地帯も存在する．三角州の前面には，人工的に陸化

表 2.2 沖積低地の地形の特徴

区分		扇状地地帯	自然堤防地帯	三角州地帯
氾濫原	形成環境	山麓, 谷底	谷底, 平地	河口, 浅海
	勾配	大	中	小
	微地形	河道, 網状流跡, 砂礫堆	河道, 旧河道 (ポイントバー, 三日月湖), 後背湿地, 自然堤防	河道, 自然堤防, 後背湿地, 河口州
	透水性	大	中	小
河道	河床物質	礫, 砂	砂 (礫)	砂, シルト
	流路形態	網状流	蛇行	分流 (蛇行)
	河道幅	大	中	中〜小
	水深	小	中	大

貝塚他 [4] を簡略化

された干拓地や埋立地が広がる．平野の地形にはこれらの人工的に形成された地形も含まれる．

濃尾平野の地形を見ると，扇状地地帯と自然堤防地帯は木曽川沿いに比べて，長良川や揖斐川沿いでは発達が悪い．これは，平野の西側が沈降地帯であると同時に，木曽川が運搬してきた土砂量が多いことが主な原因である．そのため，濃尾平野の西部は水害を非常に受け易く，輪中地帯であることはよく知られている．

表 2.2 に，沖積低地の地形の特徴を，氾濫原と河道に分けて示した．また，濃尾平野の例で説明したように，扇状地地帯，自然堤防地帯，三角州地帯に 3 区分した．氾濫原欄の形成環境は，3 区分された地帯が，どのような位置に形成されるかを意味する．微地形は，氾濫原を構成している地形で，濃尾平野の地形分類図の沖積低地の分類単位にほぼ相当する．なお，図 2.5 では，ポイントバーは自然堤防に，三日月湖は旧河道に含めている．

2.3 沖積低地の地形・地盤の形成

2.1，2.2 節で概説してきた地形・地盤の形成史を理解するために，形成過程が単純である横浜市東部の帷子川低地と大岡川低地ならびにその周辺部を例としてとりあげて解説する．

横浜市東部の地形は，台地，低地，およびこの両者の境界となる斜面に大別できる (図 2.6)．台地は，そのほとんどが最終間氷期の浅海底を起源とする下末吉面で，一部に武蔵野面が分布するが，図では一括して示してある．台地の頂面は，ほぼ 40〜50 m を示し，東へ緩く傾斜している．台地を構成している下末吉層は，一般に，鮮新統の三浦層群を基盤とするが，一部では，前期更新統の屏風が浦層を基盤としている．また，下末吉層の層厚は，3〜8 m で，砂泥質な堆積物からなる．当時，波食台が形成されていたところでは，砂質な堆積物からなり，層厚は薄い．海底が幾分深かったところでは，泥質な堆積物を含み，層厚は厚くなる．これらの堆積物は，厚さ 15〜20 m の関東ローム層に覆われている．すなわち，台地は，最終間氷期に浅海底であったところが海面高度の低下により離水し，その後，関東ローム層に覆われた地形である．最終間氷期の海面高度を現在より 3 m 程度高いとすると，ほぼこの高度にあった堆積物の表面が，20〜30 m 隆起し，さらに，15〜20 m の関東ローム層の厚さが加わり，現在の標高

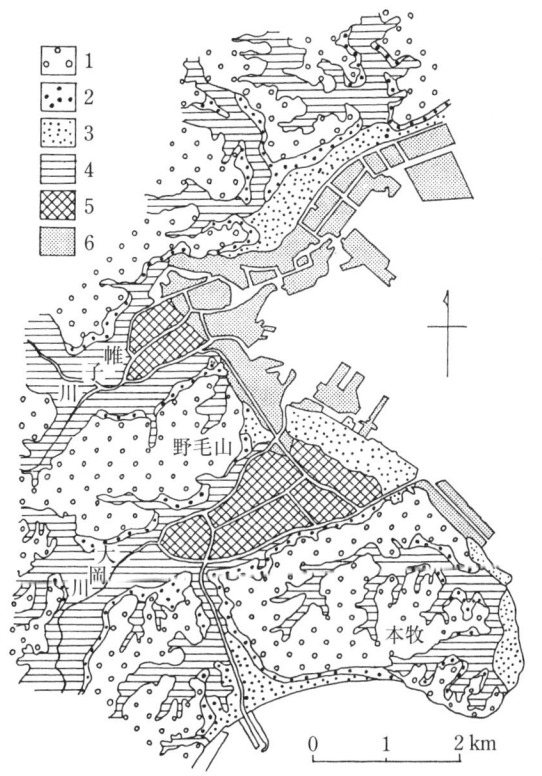

松田他 [6] による．1：台地，2：低位台地，3：砂州，4：谷底低地，5：干拓地，6：埋立地

図 2.6　横浜市東部の関東地震当時の地形分類図

まで高くなっている．現在では，コンクリートなどにより覆われているため，下末吉層の堆積物が確認できる露頭はほとんどなくなったが，下末吉層の名前の由来は，横浜市鶴見区下末吉の露頭が，最終間氷期の堆積物とそれを覆う関東ローム層 (下末吉ローム層と呼ばれている) の模式地とされていたことによる．そのため，最終間氷期の海進を下末吉海進と呼んでいる．

低地は，沖積低地と海岸低地とからなる．沖積低地では，大岡川と帷子川の谷底低地が広く，どちらの低地も，最下流部は，干拓により陸化されている．この他にも，規模の小さな谷底低地がみられるが，その形成過程は大岡川や帷子川の低地と同じである．海岸低地には，砂州と埋立地が分布する．砂州は台地直下に分布したり，大岡川など，台地を開析している谷の出口を閉塞するように分布している．帷子川と大岡川の下流部には干拓地がある．なお，台地と低地の境界をなす斜面の直下には，かつての波食台が離水したと思われる低位台地が分布する．低位台地の標高は，数 m 以下で，台地を縁取るように細長く分布し，薄い砂層に覆われている．低地は，台地と同様に氷河性海面変動の影響を受け，最終氷期の極相期までに形成されていた谷が，その後の海進により埋積されたものである．この海進は縄文時代にもっとも海面高度が高くなったので，縄文海進と呼ばれた．縄文海進は，一般には，後氷期の海進を意味するが，最終氷期の極相期以降の海進を一連のものとして取り扱う方が合理的である．したがって，ここ

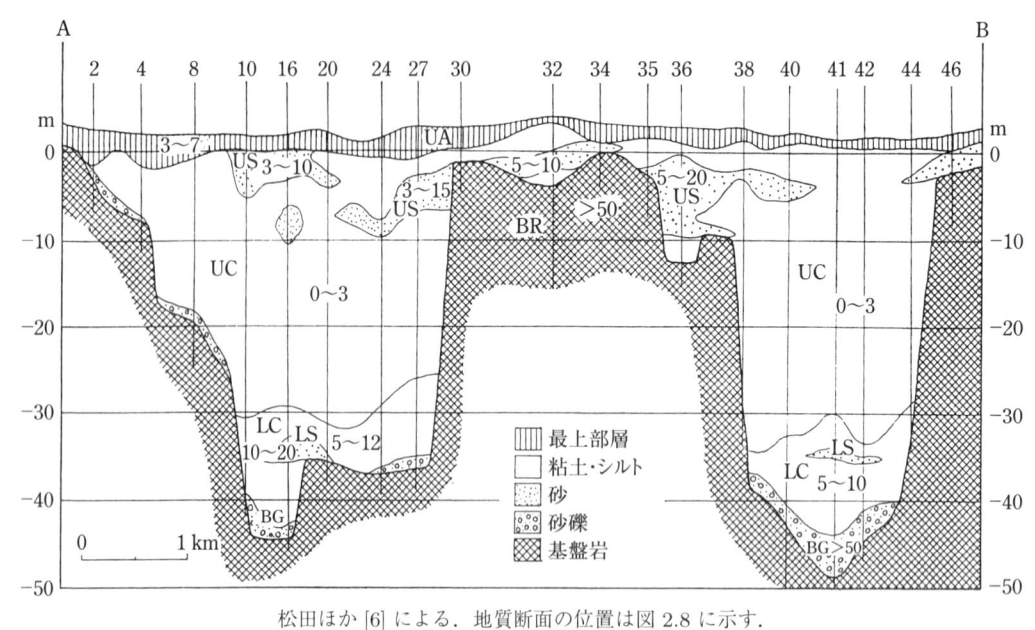

松田ほか [6] による．地質断面の位置は図 2.8 に示す．

図 2.7 横浜東部の海岸付近の地質断面 (A-B)

では，最終氷期の極相期以降から海面高度がもっとも高くなった時期まで (約 1 万 8000 年前〜約 6000 年前) の海進を縄文海進と呼ぶことにする．

　低地の堆積物 (地盤) の検討はボーリング資料に頼らざるを得ない．図 2.7 に大岡川から帷子川の河口付近にかけての地質断面を示した．縦線はボーリング位置を示し，それに番号を付した．番号が飛んでいるのは，すべての資料を記入すると図が煩雑になるからである．また，垂直方向の縮尺は水平方向の縮尺の 60 倍になっているので，斜面の傾斜は誇張されていることに注意して欲しい．図には深い谷が現れ，基盤岩の深さは，大岡川の谷ではボーリング番号 16 (以下では No. と省略する) では約 45 m，帷子川の谷では No.41 で約 48 m に達している．また，No.30〜35 にかけては基盤岩の深さは数 m で非常に浅い．深い谷は，最終氷期の極相期までに形成された谷である．この谷を埋めている沖積層は，東京湾沿岸地域全域をまとめた Kaizuka, et al.[12] に従えば，基底礫層 (BG)，下部層 (下部砂層 LS，下部泥層 LC)，上部層 (上部泥層 UC，上部砂層 US)，最上部層 (UA) に分類できる．BG は最終氷期の極相期までに形成された深い谷の谷底に堆積した砂礫層である．BG の層厚は 5 m 以下のことが多く，ところによっては分布しない．それは，大岡川，帷子川とも小河川で，そのうえ，流域は砂岩や泥岩から構成されているからである．この深い谷を大岡川低地では古大岡谷，帷子川低地では古帷子谷と呼んだ (松田ほか [6])．LS と LC は，最終氷期の極相期以降に海面高度が上昇し (縄文海進)，この地域が氾濫原もしくは湿地の状況になった時の堆積物で，しばしば互層状をなす．N 値は LS では 10〜20，LC では 5〜12 のことが多い．層厚は LS と LC を合わせても 15 m 以下である．

　縄文海進が進んで，海面高度が上昇すると，古大岡谷や古帷子谷は溺れ谷となり，東京湾から続く小さな入り江となった．松島 [7] は，これらの入り江を古大岡湾，古帷子湾と呼んでい

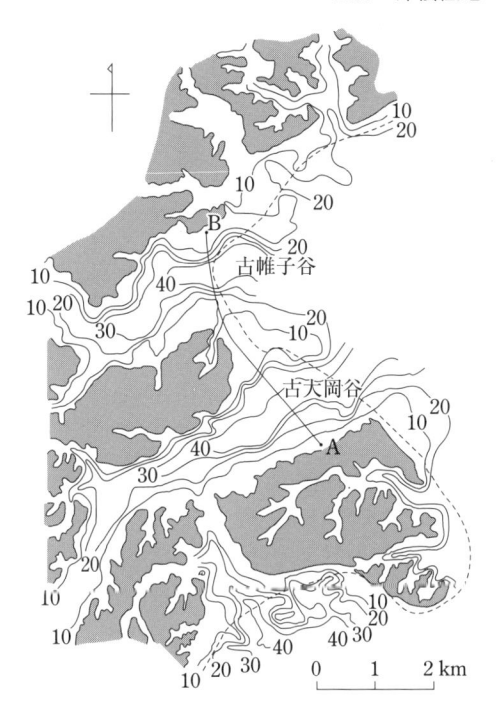

図 2.8 沖積層基底等深線 (松田ほか [6] による)

る．UC は，これらの入り江に堆積した粘土・シルト層で，N 値は 0〜5，とくに，0〜2 を示すことが多く，非常に軟弱である．US は，大岡川や帷子川の河口付近に形成された三角州堆積物や砂州堆積物からなる．一般に，三角州堆積物は砂泥質で薄いのに対して，砂州堆積物は砂質もしくは砂礫質で厚いことが多い．とくに，古大岡湾の湾口を塞ぐように形成された砂州は，砂や砂礫層からなり，層厚は最大 15 m に達し，地盤が比較的良好なために，古くから官庁街や商業地が立地してきた．UA は縄文海進のときに形成された入り江が陸化された後に堆積した陸成層を指すが，大岡川や帷子川の谷では，埋土や盛土が占める割合が高い．

図 2.8 に沖積層基底の等深線を示した．数多くのボーリング柱状図から沖積層の基底 (基盤岩) の深さを読み取り，地図上に記入して等値線を描いたものである．古大岡谷と古帷子谷が復元され，これらの谷は横浜港内で合流しているように見える．古大岡谷と古帷子谷の間には，台地の先端から 10 m の等深線が横浜港内に伸びている．この部分は，図 2.7 の No.30〜35 に見られた基盤岩が浅いところで，縄文海進の高海面期に，両者の谷の間に尾根状に伸びていた台地の先端が侵食されて，波食台となったところである．低地内では地盤条件がよいので，ランドマークタワーなどの高層建物が建設されている．同様な基盤岩の浅い地域は，台地の端を取り巻くように分布している．

以上から横浜市東部の地形・地盤の形成史は以下のようにまとめられる．

約 12〜13 万年前の最終間氷期には，関東平野の広い範囲には浅海が広がっていた．この浅海は古東京湾と呼ばれている．横浜市東部は，古東京湾の西のはずれに位置していた．その後，最終氷期に入り，海面高度が低下すると，古東京湾は離水し，そこに利根川や多摩川などが流

路を延長してきた．横浜市東部では，離水した浅海底を大岡川や帷子川が開析して谷 (古大岡谷，古帷子谷) を形成し，浅海底は台地 (下末吉台地) となった．最終氷期の極相期には，海面高度は約 130 m 低下し，東京湾は陸地となった．陸化した東京湾を流れていた大きな川は，古東京川と呼ばれている (中条 [8])．古大岡谷と古帷子谷を流れていた川は，横浜港内で合流し，その先は古東京川へと続いていた．古大岡谷と古帷子谷は，深く刻まれ，その谷底には基底礫層 (BG) が堆積した．最終氷期の極相期を過ぎて，海面高度が上昇するにつれ (縄文海進の開始)，古東京川の谷沿いに海が進入し，陸であった東京湾は再び湾となった．約 6000 年前の海面高度の高かった時代には，東京低地から埼玉県の荒川低地や中川低地の一帯は，東京湾から続く入り江となった．この入り江を奥東京湾と呼んでいる (大山ほか [9])．古大岡谷や古帷子谷も溺れ谷となり，東京湾に続く狭長な入り江となり，古大岡湾や古帷子湾が出現した．縄文海進の初期には，氾濫原や湿地性堆積物からなる沖積層下部層 (LS, LC)，さらに，入り江となった古大岡湾や古帷子湾には，沖積層上部泥層 (UC) が堆積した．約 6000 年前の海面高度が高かった時期の前後には，古大岡谷と古帷子谷の間のように，谷の間に尾根状に伸びていた台地の先端や，入り江の岸の谷壁が侵食されて波食台が形成され，台地が後退した．また，台地の先端が侵食されることによって供給された砂や砂礫 (US) が，海岸部に砂州を形成し，狭長な入り江を塞いだ．狭長な入り江は，河口に形成された三角州 (US) の前進に伴い次第に埋積されたが，入り江を塞ぐ砂州の背後には潟湖が残された．一方，その間に，台地は隆起と関東ローム層の堆積により，現在の高さになった．低地も隆起しているが，その量は数 m 以内である．潟湖は，干拓により人工的に陸化された．大岡川の潟湖は，17 世紀後半以降に干拓され，新田が開発された．現在では伊勢佐木町の繁華街となっている．帷子川下流部の干拓地は，平沼と呼ばれる潟湖であったが，大正時代の初期までに干拓された．現在は，横浜駅西口のバスターミナルなどとなっており，地下には地下街が建設されている．埋立地の造成は，砂州や干拓地の前線から，沖へと明治期以降に活発に行われてきた．最近では，横浜港の充実や臨海部の開発に伴い拡大し，みなとみらい地区として発展しつつある．

2.4 変化に富む平野の地形・地盤

　平野の地形・地盤が，内的地形形成作用・外的地形形成作用・氷河性海面変動の影響により形成されて来たことは，これまでの説明で理解できたと考えられるが，説明に使った横浜市東部の地域は，理解し易いようにかなり単純な例なので取り上げている．ここでは，いろいろなタイプの低地の地形が見られる静岡県遠江地域を例に取り，説明を付け加えたい．
　図 2.9 は遠江地域の地形・地盤と 1944 年の東南海地震の住家被害率を示したものである．住家被害率は宮村 [10] による資料から市町村別に求めた．図からは，被害率の高い地域と低い地域が明瞭に分離していることが読み取れる．それは，遠江地域は東南海地震の震央からは 90〜150 km 離れており，住家被害率には地盤条件が明瞭に反映されているからである．
　図の台地から説明する．台地は浜名湖の周辺部，浜名湖と天竜川の間 (三方原台地)，天竜川

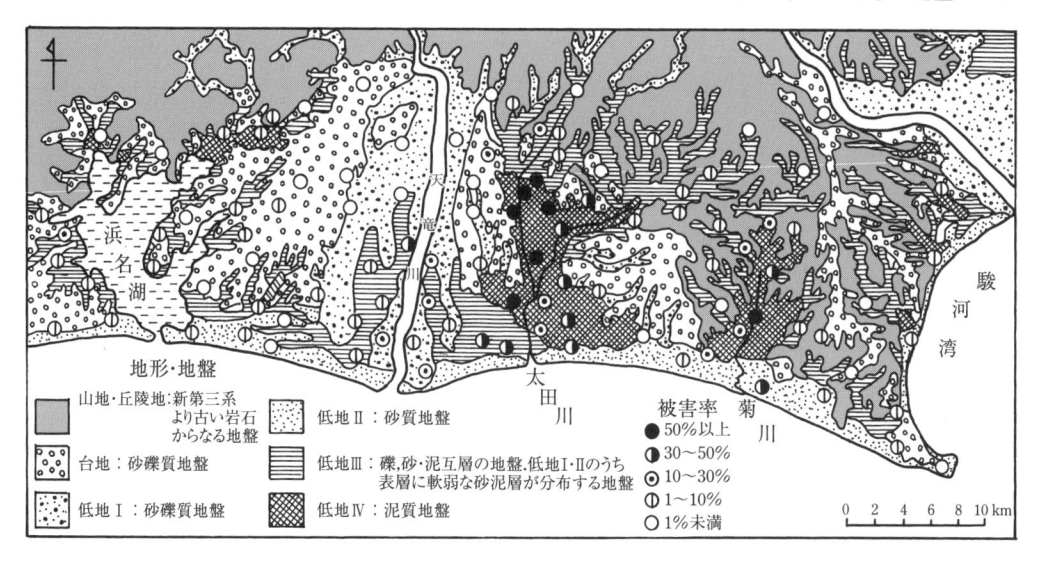

図 2.9　静岡県遠江地域の地形・地質 (地盤) と東南海地震 (1944 年) の住家被害率 (松田 [11] による)

と太田川の間 (磐田原台地)，太田川と菊川の間 (小笠山丘陵)，菊川と大井川の間 (牧ノ原台地) に発達する．これらは河岸段丘である．すなわち，台地の間を開析して沖積低地が発達している．そのほかに，御前崎付近に台地 (御前崎台地) があるが，ここは海岸段丘である．三方原台地，磐田原台地は平坦部がよく残されているが，小笠山丘陵はその名の通り，河岸段丘が隆起して丘陵地となり，かなり開析が進んでいる．また，牧ノ原台地は侵食が進み，かつての河岸段丘は，谷に分断されて痩せた尾根となり，周辺部の斜面には基盤岩が現れている．かつては，牧ノ原台地は扇状地性の砂礫が堆積していた谷底であったが，現在では尾根となり周辺より高くなっている．このよう現象を地形の逆転と言う．台地上は地盤条件がよいため，被害率は低い．

これらの台地を分離するように，最終氷期の極相期までに深い谷が形成された．谷は外洋に面しているため深い．この谷が，後氷期の急激な海面高度の上昇に伴い入り江となった後に，埋積されて低地となっている．海面高度の上昇の影響は同じであったが，低地を埋積してきた河川の土砂運搬能力が異なるので，低地の地形・地盤条件は非常に異なっている．遠江地域は遠州灘に面しており，海岸には砂州が形成され，一部には砂丘 (浜岡砂丘) が発達することはよく知られている．図では低地 II の砂質地盤となっているところである．この砂州の発達も低地の形成史に大きな影響を与えている．

被害率のもっとも大きい低地は太田川と菊川の低地である．菊川は新第三系の丘陵地に谷頭を持つ小河川である．太田川も流域の一部には中生界が分布するが，谷頭部のほとんどは新第三系から構成される丘陵地である．したがって，河川の土砂運搬能力が小さいので，入り江には厚い海成の泥層が形成された．また，入り江が埋積されないうちに，入口の部分を砂州で塞がれたために，潟湖が残された．潟湖は埋積が進まず，湿地として残され，そこには泥炭や有機質粘土が形成され，典型的な軟弱地盤地域となった．

浜名湖は入口を砂州で塞がれていたが，1498 年の明応地震の際に，砂州が今切で切断されて

外洋とつながった．太田川低地も菊川低地も，同様な潟湖であったが，現在では潟湖は残されていない．しかし，浜名湖を埋積している主要な河川である都田川は，これらの河川より小さく，土砂運搬能力は非常に小さいので埋積が進まず，現在も潟湖が残されている．

それに対して，土砂運搬能力が非常に大きいのが大井川である．上流部の山地では氷期には氷結作用が卓越し，多量の岩屑が供給された．後氷期でも，上流部には地すべり地などが分布し，岩屑の供給量が多い．また，流域には大きな盆地がなく，岩屑は礫となって，下流まで運ばれた．最終氷期の極相期までに形成された深い谷底には厚い砂礫が堆積した．後氷期の急激な海面上昇期には，一時入り江になったが，海面の上昇速度が弱まると，入り江はすぐに砂礫で埋積され，扇状地性の低地となった．現在では，扇状地が海岸まで達しており，濃尾平野に見られたような自然堤防地帯や三角州は発達していない．したがって，低地Ⅰの砂礫質地盤が海岸まで達している．

天竜川は大井川よりもさらに大きな河川であるので，砂礫の供給量も多い．しかし，上流部では谷底低地が広く，砂礫は堆積してしまい，扇状地性低地や河岸段丘がよく発達している．そのため，扇状地の発達は大井川ほどではなく，下流部の流路沿いには砂礫堆が形成されているが，砂礫堆の間は相対的な低地となり，砂泥質な物質が堆積している．したがって，山地に近く，扇状地となっているところでは，砂礫質地盤からなり，被害率は小さいが，下流部の泥質な物質が分布する地域では，被害率はやや大きくなる．

東南海地震による住家被害率には，地形・地盤の形成過程，それを形成した河川の土砂運搬能力の違いが明瞭に現れている．氷河性海面変動により，最終氷期の極相期までに深い谷が形成されているのは，谷の大小はあるが，どの河川でも同じである．しかし，そこが縄文海進により入り江となっていくと，海面上昇の早さ，谷を流下する河川の土砂運搬能力，沿岸流の影響などが絡み合って，様々な性質(地形や地盤の差)の低地が形成されている．埋積されない場合には，浜名湖のように潟湖が残されている．

平野の地形・地盤は，それぞれの平野で異なっている．しかし，内的地形形成営力・外的地形形成営力・氷河性海面変動が絡み合って形成されたという地形発達史は共通である．したがって，個々の平野の地形から形成史が読み取れ，地盤構造も推測できる．

参考文献

[1] 米倉伸之，貝塚爽平，野上道男，鎮西清高編『日本の地形1　総説』東京大学出版会，349p., 2001.
[2] 木村克己，石原与四郎，宮地良典，中島　礼，中西利典，中山俊雄，八戸昭一「東京低地から中川低地に分布する沖積層のシーケンス層序と層序の再検討」『地質学論集』59号，pp.1-18, 2006.
[3] 榧根　勇「水の循環」『水文学講座3』共立出版，230p., 1974.
[4] 貝塚爽平，太田陽子，小疇　尚，小池一之，野上道男，町田　洋，米倉伸之『写真と図でみる地形学』東京大学出版会，241p., 1985.
[5] 松田磐余「濃尾平野における空中写真による土質判読」『地理学評論』41巻，pp.285-290, 1968.

〔6〕松田磐余, 和田 諭, 宮野道男「関東地震による旧横浜市内の木造家屋全壊率と地盤の関係」『地学雑誌』87 巻, pp.250–259, 1978.

〔7〕松島義章「横浜市内の沖積層の貝化石群集 (予報)」『神奈川県立博物館研究報告』6 号, pp.7–19, 1973.

〔8〕中条純輔「古東京川について—音波探査による—」『地球科学』59 巻, pp.30–39, 1962.

〔9〕大山 柏, 宮坂光次, 池上啓介「東京湾に注ぐ主要渓谷の貝塚に於ける縄文式石器時代の編年学的研究豫報 (第 1 編)」『史前学雑誌』3 巻 6 号代冊, pp.1–84, 1931.

〔10〕宮村攝三「東海道地震の震度分布 (その 1)」『地震研究所彙報』24 巻, pp.99–134, 1946.

〔11〕松田磐余「地震災害を生じやすい地形・地質」土質工学会編『建設計画と地形・地質』(土質基礎工学ライブラリー 26) 土質工学会, pp.123–133, 1974.

〔12〕Kaizuka, S., Naruse, Y. and Matsuda, I. "Recent Formations and Their Basal Topography in and around Tokyo Bay, Central Japan," *Quater. Research*, Vol.8, No.1, pp.32–50, 1977.

第3章　地盤工学入門

3.1 地盤の定義と役割

3.1.1 構造物の基礎としての重要性，多様性

　ものを建てるとき，構造物を造るとき，それらは必ず大地の上に構築される．たとえ杭や柱で支えられていたとしても，その杭や柱の反力はどこかで地盤が受け持たなくてはならない．大地 (地盤) を構成する主たる材料である土が変形したり，破壊したりすれば，構造物を構築できないばかりか，設計すら成り立たないであろう．

　一方で地盤は生き物である．鋼やコンクリートのような規格品ではない．(注：勿論「地盤に比べれば」という前置きしたうえで「規格品」という言葉を敢えて用いている．ご容赦いただきたい.) 場所が 100 m 離れれば全く違う地盤が存在するのである．材料として同じ土であっても，締まり具合や水分量，周囲の環境によっても力学的な特徴を異にする．ましてや地震時の挙動についてはさらに複雑である．単品受注生産，つまり建築物や土木構造物には一つとして同じものが存在しないという理由は，地盤の不均質さ，ローカル性に負う面も見逃してはならない．

　設計技術者はこうした土の不確定さ，不均質さを正しく吟味し，評価しなければならないし，施工技術者は，計画者から渡された図面どおりに構造物を造ることだけに傾注するのでなく，施工中に時々刻々と変化する地盤の物性に目を尖らせて，設計上の仮定が正しいかバックチェックを行い，次の施工ステップが安全かどうかのフロントチェックを行わねばならない．それは構造物を完璧に構築するという最低限の要求事項のためだけではなく，限られた資源で，限られた時間内に，かつ安全に工事を行うということでもある．

　人為的なミスや不注意を除けば，建設工事における突発災害の大半が土と水に関わるものである．鉄やコンクリートの固まりは重たいから下敷きになれば危険だと誰もが予想する．高所で作業をすれば誰でも落下しないよう気をつけるであろう．しかし，土や水はある瞬間に突然，性状が変化し，或いは突然姿を現し，人間や都市を襲う．ひとたび性状が変化すればもはや自然に任せるしかない．しかし，そうした性状変化には必ず前兆・予兆がある．設計段階で予想できるものもあれば，施工中に予兆が顕れるものもある．そして多くの建設プロジェクトでその予兆を捉えて，安全で確実な工事が行われてきていることも無視してはならない．

　さて，この書は主として耐震設計をこれから学ぼうとする初学者，耐震設計に携わっている若手技術者を対象としている．読者がこの書を手にする時期を想像するに，大学で土木工学を学んでいる方，社会人技術者の方は，すでに地盤工学，あるいは土質力学の講義を経験してい

ると思う．一方，建築系の学生の方は，地盤や土に関する講義をまだ受けていないかもしれない．そこでまず，土という材料の全般的な解説を行なった後に，本書の目的である耐震設計に必要な地盤工学の知識について詳述することにする．

3.1.2 材料としての土

地盤を構成する土は，単一で均質な物質ではなく，造岩鉱物と生成過程が異なる種々の土粒子で構成されている．それぞれの土粒子が持つ性質は，主として粒子の大きさによって決定づけられ，図 3.1 に示すように，粒度分析によって粒径の小さなものから粘土 ($5\,\mu m$ 未満)，シルト ($5\sim75\,\mu m$)，砂 ($75\,\mu m\sim2\,mm$)，礫 ($2\sim75\,mm$) のように分類される．そして，それぞれの粒子の混ざり具合によって，土としての力学的性質が決まるのである．

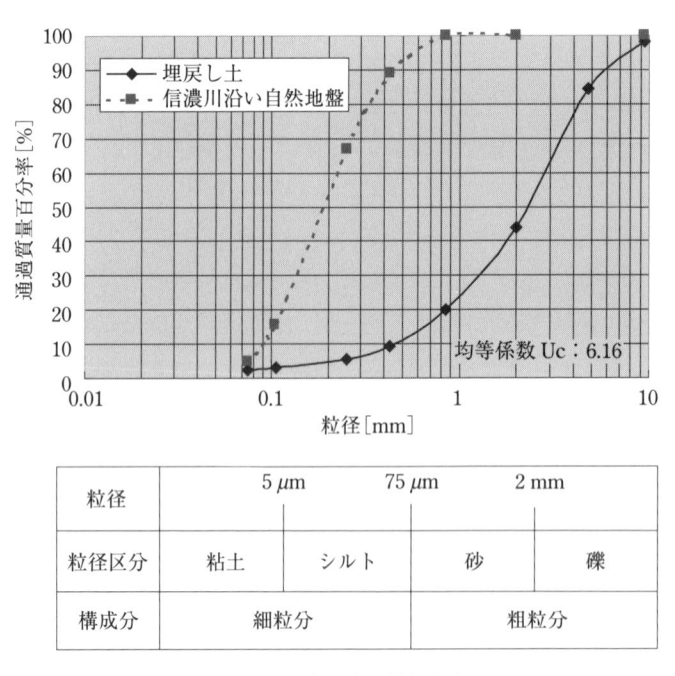

粒径		$5\,\mu m$		$75\,\mu m$		$2\,mm$	
粒径区分		粘土		シルト		砂	礫
構成分			細粒分			粗粒分	

図 3.1 粒度分布と粒径区分

また，土粒子の周囲には空隙 (間隙) が存在し，その空隙を水か空気のどちらかが，或いは両方が満たしている．地下水位以深の飽和した地盤では空気は存在せず，土粒子と間隙水とで構成されている．この場合の間隙水はその多くが自由水 (重力水) である．一方，地下水面より上部に存在する地盤は不飽和状態で，土粒子と間隙水，空気が混ざり合っている．不飽和地盤における間隙水はその多くが表面水と吸着水である．地盤内の間隙水のうち自由水は，土粒子とともに滞留しているのではなく，水位ポテンシャル (圧力水頭，位置水頭) の高い方から低いほうに向かって移動している．この地盤内の水の流れやすさのことを土の透水性と呼び，透水係数という指標で表す．一般に粒径の大きな礫や砂は透水性が高く，粒径の小さなシルトや粘土は透水性が低い．

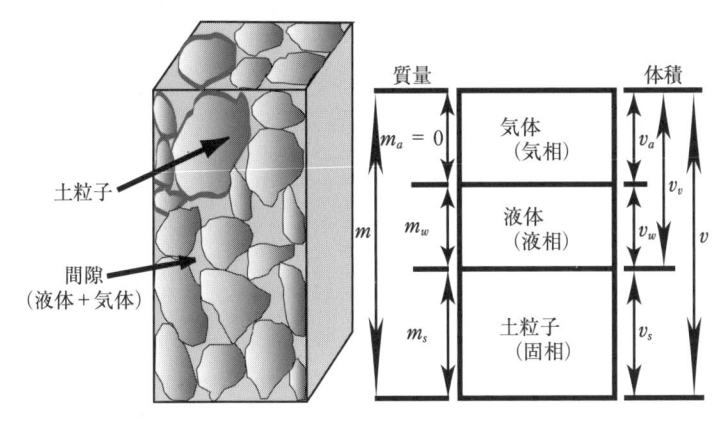

図 3.2 土の三相モデル

土粒子と間隙水，空気の割合 (体積比) によっても土の強度や挙動は大きく異なってくる．そこで，土を一つの要素として考えるときには，固体 (固相)，液体 (液相)，気体 (気相) の三相から構成されているとして，図 3.2 のようにモデル化されることが多く，そのうえで以下に示すような，土の特性を表す物理量が定義されている．

含 水 比：地盤中の土粒子と間隙水の質量比で，地盤内における水分量の多さを表す．含水比は (3.1) 式のように定義される．

$$w = \frac{m_w}{m_s} \times 100 \, [\%] \tag{3.1}$$

ある地盤の含水比は常に一定の値を示すとは限らず，周辺環境の変化や天候等によっても変化する．また，材料としての土を考えると，それぞれの土には最も締固めやすい (密度が高くなる) 含水比が存在し，それを最適含水比と呼んでいる．

間 隙 比：土粒子部分と間隙部分の体積の比で，(3.2) 式で定義される．

$$e = \frac{V_v}{V_s} \tag{3.2}$$

間隙比が大きな地盤は一般に圧縮性が大きく，強度も低いとされている．

飽 和 度：間隙の体積のうちで間隙水の体積が占める割合を百分率で表したもので，(3.3) 式で定義される．

$$S_r = \frac{V_w}{V_v} \times 100 \, [\%] \tag{3.3}$$

間隙が完全に間隙水で満たされている場合は，完全飽和と呼んで，$S_r = 100\%$ となる．また，間隙に水が全くない場合には $S_r = 0\%$ となり絶乾状態 (乾燥状態) と呼ばれる．

土の密度：一般の固体の密度とは取り扱いが異なり，土粒子と間隙水，空気 (質量は無視できる) の質量の合計を土塊の体積で除したものである．従って，前述した土の飽和度によっても土の密度は異なる．土全体の質量を土全体の体積で除したものは湿潤密度と呼んで，(3.4) 式で定義される．

$$\rho_t = \frac{m}{V} \tag{3.4}$$

ここで，土の質量 m は土粒子の質量 (m_s) と間隙水の質量 (m_w) の和である．一般に，地盤内から採取した試料の質量と体積を，そのままの状態で測定して求めた密度が湿潤密度である．また，飽和している土の密度は，飽和密度 (ρ_{sat}) と区別して呼ばれることが一般的である．乾燥状態における土の密度は，乾燥密度と呼ばれ，(3.5) 式のように定義される．

$$\rho_d = \frac{m_s}{V} \tag{3.5}$$

乾燥密度は，湿潤密度を求めるために用いた試料を炉乾燥させ，水分を蒸発させた後に測定した質量を，もとの試料の体積で除すことで求めることができる．

土粒子密度：土 (土粒子 + 間隙水) の密度とは異なり，土粒子単体の密度は (3.6) 式のように定義され，土粒子密度と呼ばれる．

$$\rho_s = \frac{m_s}{V_s} \tag{3.6}$$

この値は，土粒子を構成する鉱物の密度に大きく依存し，一般の砂では，その造岩鉱物の中心である石英の密度に近い $2.65\,[\mathrm{g/cm^3}]$ 前後の値を示す．土粒子密度試験によって求められる密度は，種々の粒子の混ざり合った平均値であるため，腐食物の多く混じった土では土粒子密度は小さくなるし，砂鉄などが含まれた土の土粒子密度は大きな値を示すことになる．

これらの物理量は，地盤の強度や変形特性に関る値であり，地盤の現在の状態や過去の履歴を判断するための重要な指標でもある．これらの値については，直接的に測定可能なものもあれば，他の物理量から間接的に求めなくてはならないものもある．物理量に関する試験法や，物理量相互の関係については他書を参照していただきたい．

3.1.3 構造物の基礎としての地盤

構造物にとって地盤の最も大きな役割は，基礎として荷重を支えることである．従って，構造物の安定を保つためには，地盤そのものが安定した状態でなくてはならない．地盤の安定性について詳述することは本書のテーマから外れるので，ここでは，構造物を構築するうえで考慮しなければならない地盤工学的諸問題について，その概要を紹介する．

沈下：構造物の荷重が地盤に加わると変形が生じる．この変形は，地盤を構成する土の要素で弾性変形や塑性変形が生じるために起こるもので，主として沈下という形で表われる．荷

3.1. 地盤の定義と役割

重が比較的小さな場合は，弾性変形で構造物の直下とその周辺に生じるが，荷重が大きく地盤が塑性変形するようになると，周辺の地盤が持ち上がったり，側方に流動するようになり，構造物に被害を与える．

即時沈下： 構造物による荷重で地盤が沈下する現象のうち，荷重の載荷にともなって土粒子の骨格構造の変化によって生じる沈下は即時沈下と呼ばれる．半無限地盤上の矩形や円形の基礎を例にとると，弾性変形の範囲内では (3.7) 式のような理論解が求まっている．

$$S_e = I_s \frac{1-\nu^2}{E} p \cdot B \tag{3.7}$$

ここに，S_e は弾性沈下量 [m]，I_s は沈下係数 (弾性理論解で得られる鉛直ひずみを積分したもの)，E は地盤の弾性係数 [N/m^2]，B は基礎の短辺長さ [m]，p は基礎の荷重強度 [kN/m^2]，ν は地盤のポアソン比である．このうち地盤の弾性係数は，後述する地盤の N 値や非排水強度 (C_u) との関係が明らかになっている．

圧密沈下： 地盤に荷重が作用すると，砂質土地盤では瞬間的に間隙水が押し出され (排水され)，即時沈下が生じる．地盤の骨格構造が変化して沈下が生じるには，間隙中の水の移動が不可欠であるが，透水性の低い粘性土地盤の場合には，間隙水の急激な移動は難しいため，時間をかけて徐々に排水が起こる．従って，沈下も時間をかけてゆっくりと生じてゆくことになる．このように時間遅れを生じながら，排水に伴って地盤が密実化 (体積減少) してゆく過程を圧密と呼び，圧縮と区別している．この圧密によって生じる沈下を圧密沈下と呼んでいる．圧密沈下に関しては，その沈下量の大きさだけでなく，沈下が終了するまでの時間も問題になる．十分に沈下が収束していない地盤で構造物を構築しても，その後の沈下によって構造物が沈下したり，基礎や上部工に過剰な力が作用してしまうことになる．沈下量は，荷重の大きさと圧密対象層の厚さに比例し，圧密に要する時間は層の厚さに比例し，地盤の透水性に反比例する．若令の埋立地で長期にわたって沈下が続くのは，この圧密沈下が原因である．構造物を構築しようとする地盤で圧密沈下が予想される場合に，積極的に排水を促して圧密促進させる対策工法も数多く実施されている．

ネガティブフリクション： 直接基礎 (べた基礎) では十分に構造物の荷重が支えられないとき，基礎形式として杭基礎が用いられる．杭は地盤内の支持層 (強度が大きく，対象とする荷重を支えることができる地層を指す用語で，支持層は決して岩盤とは限らない) まで打設され，構造物の荷重を支える．圧密沈下が生じるような地盤で杭基礎を用いた場合，図 3.3 に示すように，地盤の沈下によって杭の周面には杭を下向きに押し下げるような摩擦力が働く．これをネガティブフリクション (負の周面摩擦) と呼んでいる．ネガティブフリクションは，支持している構造物の荷重以上の力を杭に負荷することになり，杭体の破壊にも繋がりかねない．また，周辺地盤の沈下によって構造物が浮上がったように見えることもある．構造物の周囲にはさまざまな配管等があるが，周辺地盤と構造物の相対変位によってこうしたユーティリティ設備に

64   第 3 章　地盤工学入門

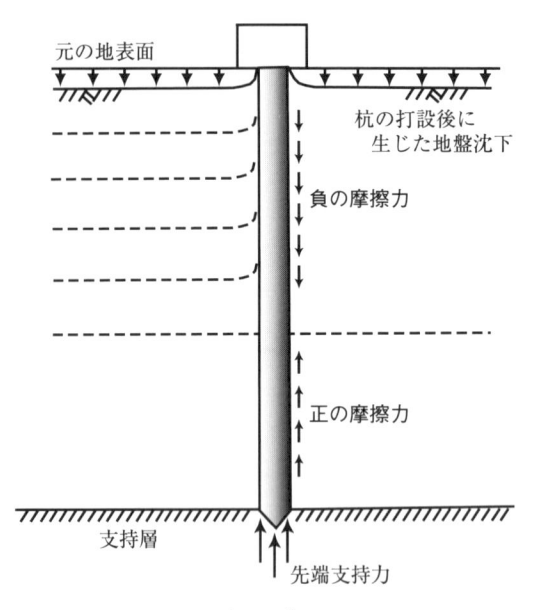

図 3.3　ネガティブフリクション

被害が生じることもある．

地盤の支持力：地盤に荷重が加わると，その地盤は沈下することは述べた．しかし，更に大きな荷重が作用すると，地盤はそれに耐えられなくなって破壊が生じる．地盤の破壊は，地盤を構成している土粒子が摩滅することではなく，地盤内部に図 3.4 に示すようなすべり面が形成されて，その面に作用するせん断応力が，地盤が有するせん断強度を上回ったときに破壊が生じるのである．地盤が破壊に至る限界の荷重の大きさは極限支持力と呼ばれ，設計では地盤の N 値や基礎の形状によって支持力公式を用いて求められる．

土　圧：地盤は粒状体であるので，常に不安定な存在である．水平な地盤では，安定して堆積していても，地盤を掘削するとその側面は一気に不安定になる．砂場でトンネル遊びを経験

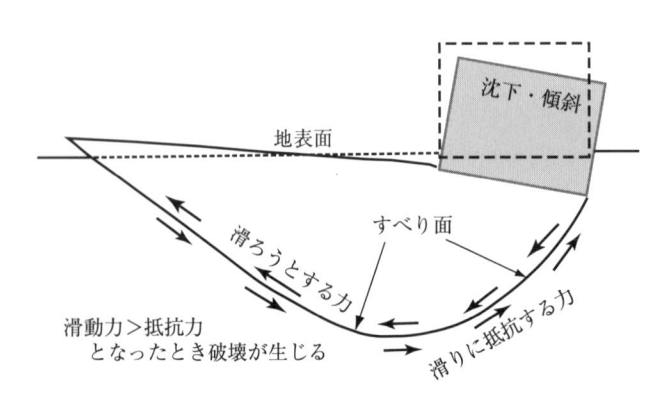

図 3.4　地盤の支持力問題

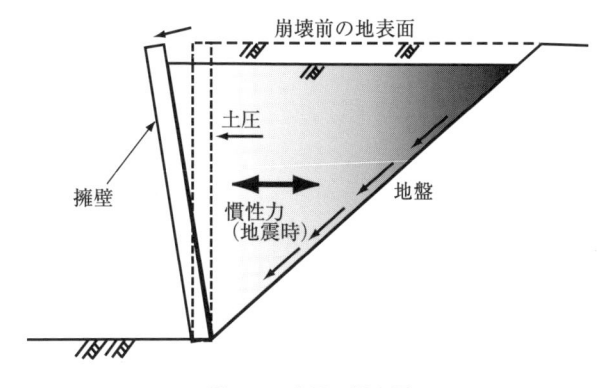

図 3.5　土圧の概念図

した読者も多いかと思われるが，乾燥した砂ではトンネルを掘ったり，垂直な壁を作ったりすることは難しい．粘性土のように粒子同士が緩やかに結合している場合には，ある程度の自立が期待できるが，それでも壁面が不安定であることに変わりはない．地盤掘削を行なう際には，壁を作って地盤を支えなくては安全な掘削は不可能である．このとき壁体は，地盤から水平方向の力を受けることになる．地盤工学ではこのような力を土圧と称している．勿論，土圧には鉛直方向の鉛直土圧も存在する．図 3.5 に示すように，土圧の大きさは，支えている土塊の重さ (工学的にはある深さの鉛直応力) に比例し，さらに壁体と土塊の相対変位の向きと大きさによって異なる．さらに地震時には，土塊に生じる慣性力が壁体に作用する．

3.2　地盤調査と土質試験

地盤の強度や変形性，材料としての物理特性を知るためには，原位置で地盤調査を行ない，地盤試料を採取し，試験を行なう必要がある．日頃，私たちが目にしている地盤は地表面のごく限られた部分だけである．しかし構造物を構築する際には，構造物の荷重を支持する支持層から上部に位置するすべての地盤について，その性状を把握しておかなければならない．また，耐震問題を論じるためには，地震の発生源 (震源) から対象としているサイトまでの全ての区間における地盤状態が明らかになっていることが理想である．しかしながら，数十キロの深さの震源位置から地表面までの全ての地盤を採取し，試験を実施することは非現実的である．そのため，地盤調査はその目的と対象によって，どの程度まで精緻に調査を実施するのか，そのグレードが異なってくる．

耐震問題を例にとると，工学的基盤面より上部において，地震動の増幅特性を知るための情報が必要である．さらに地表面に近づくにつれて，液状化の発生の有無や地盤の破壊や変形，構造物との相互作用を求めるための情報が必要になってくる．これらの情報は実際に地盤内から試料 (サンプル) を採取して，室内試験によって求められることも多い．室内試験には材料としての土の物性値を求める物理試験と土の強度を求める力学試験がある．また，常時や地震時の変形特性を求める試験や液状化強度試験なども含まれる．

3.2.1 地盤調査

地盤の性状を調べるためには，地盤に細い孔を掘って，その孔を通してさまざまな調査を行なうボーリングと，地盤を掘削して調べる方法，地表面から直接または間接的に調べる方法とがある．それぞれ目的に応じて具体的な手法が選択されるが，どの程度の深さまでの調査を対象としているのか，どの程度の面的な広がりを考えているのかでも採るべき方法は異なる．

ボーリング：ボーリングは地盤調査において最も広く普及している方法である．ただし，ボーリングはあくまで地盤に細い孔を掘って，その内部の地盤を観察したり，試料を採取したりするものであって，土の硬さや原位置での性状を調べるには，このボーリング孔を利用した試験が行われる．ボーリングの目的は大きく別けて，1) 地下水調査，2) サウンディング，3) 検層，4) サンプリングである．そのいずれか，または複数の目的でボーリングが実施される．また，掘削地盤の硬さによってボーリング機械 (ロータリー式，パーカッション式など) が，地盤採取等の目的によってボーリング方法 (コアボーリング，ノンコアボーリング，ワイヤーライン式など) が選択される．コアボーリングの場合，ボーリングロッドの先端にコアバーレルと呼ばれるものが装着されている．掘削底の地盤がコアバーレルの中に入ると，いったんロッドとコアバーレルを引き上げて，コアの部分の土を取り出す．これによって地盤の各深度の土を採取することができ，土質判定 (砂質土か粘性土かなど) や物理試験 (粒度試験や土粒子密度試験など) に用いる試料が得られる．一方，ノンコアボーリングの場合には，孔壁の保持と切削された土や岩屑を運び出すために用いられる流体 (通常はベントナイト泥水) を回収する際に，その泥水が運んできた掘削土を観察して土質判定を行なうため，正確な地層構成を把握するにはオペレーターの経験が重要である．

地下水調査：地盤の強度や変形，動的問題を検討する際に地下水位の有無，地下水面の深さは非常に重要である．また，建設工事の安全性の確保や建設工事に伴う周辺環境への影響を考慮するためにも，地下水面がどこに存在しているかは，必ず把握しておかなければならない．そのため，ボーリング孔を利用して，その孔内に電気式水位計を投入したり，水位検知センサーを挿入して，地下水面を計測する．また，複数のボーリング孔を利用して現場透水試験 (原位置における透水係数を求める) を実施したり，トレーサー試験などで汚染物質の拡散速度と方向を調べることもある．水位計測は非常に重要な調査項目であるが，この目的のためだけにボーリングが実施されることは少なく，普段は後述するサウンディングやサンプリング等の目的と同時に行なわれることが多い．

サウンディング：地盤の強度や変形特性を調べるにはサンプリングを行なって乱れのない地盤試料を採取し，室内試験を行なう方法と，原位置の地盤に対して直接試験を行なう方法がある．このうちボーリング孔を利用して，最も一般的に行われるのは標準貫入試験と呼ばれる試験

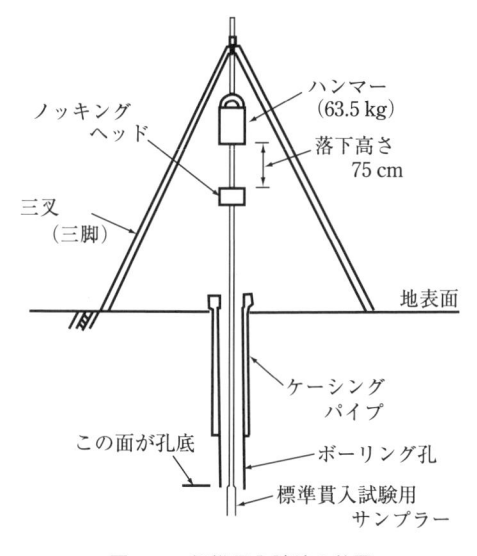

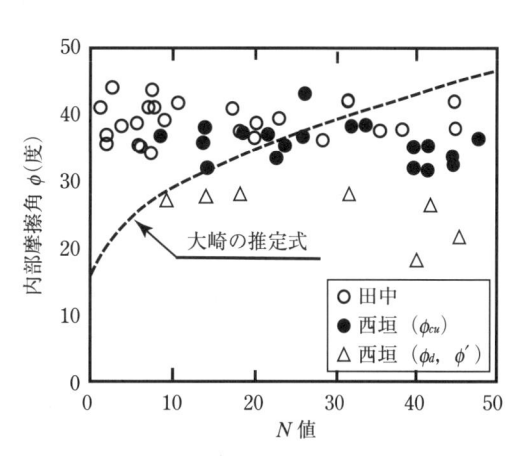

図 3.6　標準貫入試験の装置　　　　　図 3.7　砂の N 値と内部摩擦角 [1]

である (図 3.6). これは孔底のボーリングロッド先端に標準貫入試験用サンプラーを取付けておき, ロッドに所定の打撃力 (63.5 kg のハンマーを 75 cm の高さからノッキングヘッドに落下させる) を与えることで, サンプラーを地盤内に貫入させる. その時, サンプラーが何回の打撃回数で 30 cm 貫入するかを測定するものである. 30 cm の貫入に要する回数が多いほど地盤は硬く, この数値は地盤の N 値と呼ばれる. 標準貫入試験で得られる N 値は地盤や杭の支持力設計や液状化判定に用いられるほか, 各種室内試験結果との相関性も数多く求められており, 強度定数の推定に用いられている. 例えば図 3.7 は N 値と内部摩擦角 ϕ の関係である. N 値が得られることで, かなりの地盤物性は推定可能である. ただし, あくまで標準貫入試験はインデックス試験であり, 試験方法も精密なものではない. 従って, N 値から推定される強度定数には, 相応の誤差が含まれていることを十分認識して活用すべきである. 一方で, 室内試験の実施が困難な地盤に対しても, その強度特性を予測することが可能であり, 適用範囲を誤らなければ非常に有益な指標である. 例えば硬質粘性土では, 乱さない試料を採取することは難しいが, (3.8) 式に示すテルツァーギ・ペックの提案式を用いることで, サンプリングを行なうことなく一軸圧縮強度を推定することができる.

$$q_u = 12.5N \; [\text{kN/m}^2] \tag{3.8}$$

標準貫入試験以外に, ボーリング孔を利用しないサウンディング試験としては, コーン貫入試験とスウェーデン式サウンディング試験がある. コーン貫入試験は円錐状の先端コーンを地盤内に圧入していく際の貫入抵抗を測定して地盤の強度を求める試験法で, 貫入抵抗だけでなく, 発生間隙水圧や先端コーンの周面摩擦を測定することで土質判別も可能にした電気式 3 成分コーンなどが普及しはじめている. スウェーデン式サウンディング試験は, 先端がスクリュー状のロッドを地盤内に回転貫入させ, 25 cm 貫入するのに要した半回転数 (N_{SW}) を測定することで地盤の硬さを求める試験である. この N_{SW} と回転貫入時に加える鉛直荷重の大きさ (W_{SW})

から，例えば (3.9) 式のような経験式を用いて標準貫入試験における N 値を推定することが行われている．

$$N = 0.0030W_{SW} + 0.050N_{SW} \tag{3.9}$$

装置もそれほど大がかりでなく，試験法も比較的簡便なことから，戸建住宅の宅盤調査などに規準化されて，広く用いられている．ただし，スウェーデン式サウンディング試験は，地盤内の転石や玉石に先端ロッドが触れると，それ以上の貫入は困難で，宅盤における支持地盤の把握には十分な注意が必要である．

なお，第 1 章地震工学入門において説明されている地盤の P 波速度，S 波速度も標準貫入試験の N 値から推定されることが多い．このことについては次節以降で述べる．

3.2.2 土質柱状図と地層断面図

ボーリングによって得られた土層境界面の位置 (深度) や各土層の厚さ，土質判定の結果，コア観察の記録などは土質柱状図にまとめられる．標準貫入試験で得られた N 値やサンプリング試料の採取深度，試料を用いて行われた粒度試験や液性・塑性試験の結果などもまとめて記載される．この土質柱状図は，ある地点の深度方向の地盤のプロフィールを表すものである．第 2 章で触れたように，地盤は決して水平方向に連続しているものではない．地盤は面的な広がりを持っているから，ある地点の深度方向の堆積状態が判ったからといって，それがその地盤を代表するものではないことに注意を払わなくてはならない．大規模な構造物を建設する際には，何本ものボーリングを実施して，地層構成の把握に努める．図 3.8 に例示したように，複数の地盤調査結果から得られた情報を面的に集約したものが地層断面図である．地層断面図を描くことで，地層の傾きや各層の厚さの変化を捉えることができるのである．

極端な例であるが，構造物の隅角部に位置する地点で実施した地盤調査で得られた土質柱状図から基礎地盤に 5 m の厚さの粘性土層が読み取れたとしよう．この粘性土層に構造物相当の荷重が加わると 50 cm の圧密沈下量が予想されていたとする．一方，この地点から 30 m 離れた反対側の隅角部では，粘性土層が 7 m であったとする．圧密沈下量は層厚に比例するので，この位置での沈下量は 70 cm となる．僅か 30 m 離れただけの構造物の両端において相対沈下量が 20 cm の不同沈下が生じるのである．地層構成，特に地層の傾きを把握していれば，設計

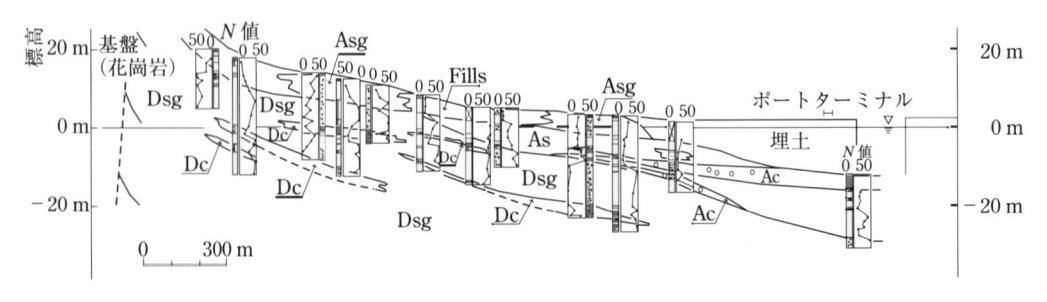

図 3.8 地層断面図

段階で対処が可能であろう．しかし，この地盤で一つの土質柱状図しか存在しなかったら，この地層は水平成層地盤だとして設計されてしまうだろう．1ヶ所での調査結果はあくまでその地点の鉛直方向の情報しか与えてくれないのである．これは，構造物の規模が小さければ無視してよいという問題ではない．ところで，複数の土質柱状図から地層構成を把握して地層断面図を作成するのは初学者には難しく，地質学・地形学的な知識と経験が必要とされる．

3.2.3 土質試験

前述したように，土に関する試験には材料としての土の基本的な特性を求める物理試験 (土粒子密度試験，粒度試験，液性試験，塑性試験，収縮限界試験など) と土の強度や変形性を調べる力学試験 (一面せん断試験，一軸圧縮試験，三軸圧縮試験など) とがある．物理試験については参考文献に詳しい．その他にも，土の透水試験や圧密試験などがあり，それぞれ土の透水係数や圧密特性を求めることができる．

力学試験を行なう目的は明らかで，構造物や地盤そのものによって加わる外力に対して，土の強度が十分かどうかを判断することにある．従って，材料や想定している荷重条件などによって試験方法が異なってくる．土の強度は大きくは圧縮強度，引張り強度，せん断強度に分けられるが，このうち引張り強度は粒状体という土の特徴からそれほど期待できない．また，土は純粋圧縮に対して十分な強度を有している．土の強度で問題になるのはせん断強度である．前述した支持力の問題で土が破壊するのは，構造物の荷重による圧縮破壊ではなく，すべり面に沿ったせん断破壊である．土は粒状体材料であるから，そのせん断強度は粒子間の摩擦と粘着力によって決まる．摩擦力は粒子同士の拘束を大きくすれば増大するので，せん断強度は (3.10) 式のように表現できる．

$$\tau_f = c' + \sigma' \tan \phi' \tag{3.10}$$

ここに，τ_f は土のせん断強度，c' は土の粘着力，$\tan\phi'$ は摩擦に関する比例定数 (ϕ' を土の内部摩擦角と呼ぶ) である．砂や礫には粘着力がなく，摩擦のみによって強度が規定される摩擦性材料である．(ϕ 材と称されることがある) 一方，シルトや粘土は粒子が細かく電気的な結合力によって粘着力が存在するが，その粒子形状と堆積構造から非摩擦性の材料 (c 材と称されることがある) である．ただし，現実の地盤では，海成粘土による超軟弱地盤や風成の砂丘などを除けば，粘土のみ，砂のみといった単一の材料で構成されていることはなく，細粒土も粗粒土もどちらもが混ざり合っていることがほとんどである．そのため，自然地盤では粘着力も摩擦角もともに存在する．一般に，土の強度を求めるということは，強度定数である c, ϕ を求めることを意味する．

頻繁に行われる土のせん断試験は一軸圧縮試験と三軸圧縮試験である．一面せん断試験も比較的簡易な試験で，かつては多用されたが，現在ではやや特殊な目的で行われることが多い．いずれの力学試験もその供試体 (この分野では試験体のことを供試体と呼ぶ) としては，地盤内のある深度からサンプリングされた不撹乱の試料が用いられる．これは地盤内に堆積している環境のまま試料を採取し，乱すことなく試験を行なうためである．サンプリングとは，地盤調

図 3.9　一軸圧縮試験

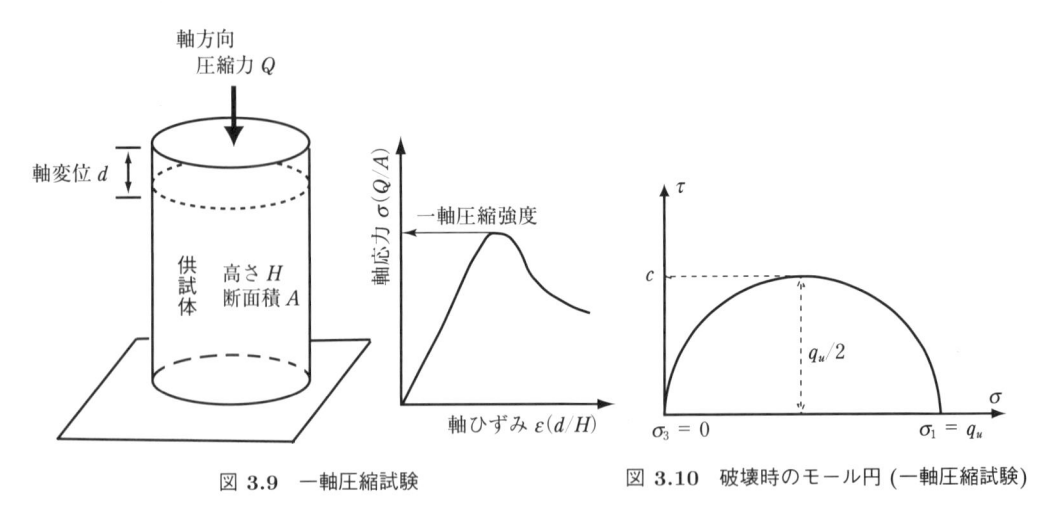

図 3.10　破壊時のモール円 (一軸圧縮試験)

査の項で述べたボーリング孔を利用して，サンプラー (標準貫入試験のサンプラーとは同名だが異なる) によって，土の構造を乱すことなく採取することである．勿論，大きな拘束を受けている地盤内部から，大気圧下に取り出すのであるから，当然一定の乱れは生じるが，サンプラーを用いて採取した比較的乱れのない試料のことを不攪乱試料と呼んでいる．

一軸圧縮試験は，図 3.9 に示すように一方向 (Z 軸方向) に圧縮を行なって土の強度を求める試験である．圧縮試験と称しているが求めるのは土の破壊面に沿ったせん断強度である．一軸圧縮試験は，円柱形に成形した供試体を試験機にセットし，鉛直 (Z 軸) 方向に圧縮するだけの試験であるため供試体は自立する必要がある．従って一軸圧縮試験に供されるのは粘着力を有する粘性土である．コンクリートの一軸圧縮試験が可能である理由を想像していただければよい．このとき圧縮される面 (供試体の上下面) が最大主応力面となり，この最大主応力面と直交する側面が最小主応力面となる．側面は拘束されておらず力が加わらないので，この面に生じる最小主応力 σ_3 は $\sigma_3 = 0$ である．ある圧縮力で供試体が破壊したときの応力状態をモール円で表すと図 3.10 のようになる．この試験では，一つの材料に対して一つのモール円しか描けないが，粘性土のように内部摩擦角が存在しないと仮定すれば土の強度は拘束圧に依存しないので，モール円に接する破壊線は水平になり，モール円の半径，つまり一軸圧縮強度 q_u (σ_1 に相当) の 1/2 が粘着力となり，材料定数が容易に求まる．一方，供試体がそのままでは自立しない砂のような材料では，一軸圧縮試験を実施することはできない．また，拘束圧依存性のある材料も同じく一軸圧縮試験には適さない．こうした材料に対しては図 3.11 に示すような三軸圧縮試験が行われる．三軸圧縮試験は，供試体をゴム膜 (メンブレン) で包んで，三軸セル内にセットし，軸方向と側方方向 (円柱なので x 軸，y 軸は同じ) から載荷を行なうものである．側方方向はセル内に満たした水を介して空気圧で載荷し，試験中一定の応力 (σ_3 一定) とされることが多い．軸方向，側方方向ともに所定の応力を与えられた状態から，軸力だけを増加させて圧縮してゆくと，ある応力状態に達したところで供試体に破壊面 (すべり面) が生じ，せん断破壊に至る．拘束圧を何段階かに変えた実験を行なうことによって，図 3.12 のようなモール円と破壊線を描くことができ，土の粘着力と内部摩擦角を求めることができる．またこのとき破

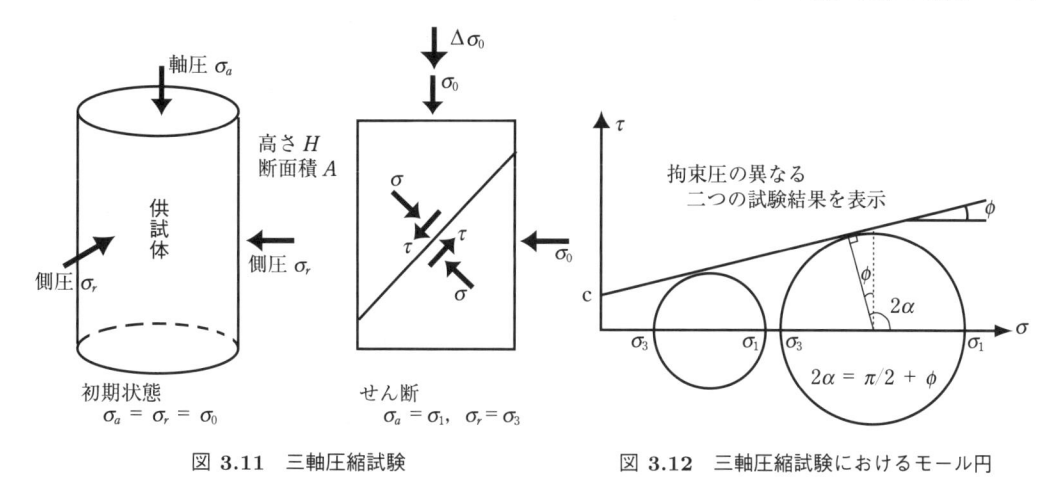

図 3.11 三軸圧縮試験

図 3.12 三軸圧縮試験におけるモール円

壊面の角度はモール円の特徴から，

$$\theta = 45° + \frac{\phi}{2} \tag{3.11}$$

となっていることがわかる．なお，三軸試験を行なう際には，メンブレンと上下の載荷ペデスタルで包まれた供試体内部の水 (間隙水) の，外部との出入りを許す場合と許さない場合がある．水の出入りを許さない非排水試験は，透水係数の低い地盤や排水時間を十分に取れない比較的短い事象を対象に，土の強度を求める際に行われる．一方，水の出入りを許す排水試験は，透水係数の高い砂質土や排水時間を十分に見込める長期にわたる事象を対象に，土の強度を求める際に行われる．同じ土であっても，その排水強度と非排水強度は一致しない．地震時の地盤の強度を調べる動的な三軸試験 (繰返し三軸試験) については後述する．

3.3 地盤の変形と強度

3.3.1 有効応力

先に述べたように，飽和している土の要素は土粒子の隙間を間隙水が満たしている．この要素に外部からある大きさの外力が加わっていると考える．この土に作用している応力は，土粒子に作用する応力と水に作用する応力に分けることが出来る．このうち土粒子に作用する応力を有効応力 (Effective Stress)，間隙水に作用する応力を間隙水圧 (Pore Water Pressure) と呼んでいる．要素ではなく現実の地盤では間隙水は自由水であるので，被圧されている場合を除けば，その値は静水圧に等しい．別の見方をしてみる．地盤内には地下水が存在し，その中に土粒子が堆積している．土粒子には浮力が働いているので，土粒子の重さは粒子間の接触力 (接点力) と静水圧の大きさを有する間隙水圧によって支えられている．この粒子間接点力が有効応力である．すなわち有効応力とは土の骨格構造を支えている力と考えることができる．有効

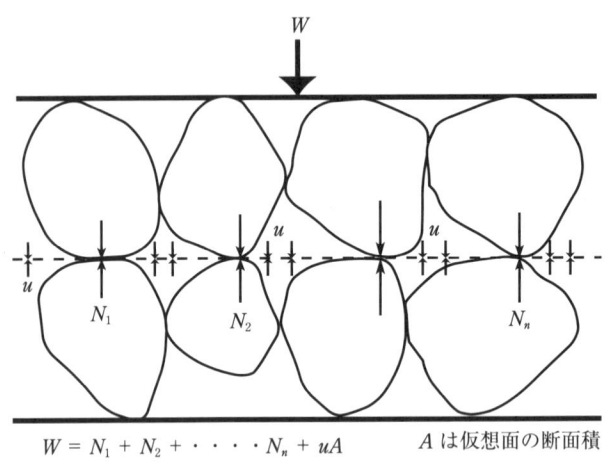

$$W = N_1 + N_2 + \cdots N_n + uA$$
A は仮想面の断面積
(荷重 W を n 個の接点と水圧 u で支えている)

図 3.13 有効応力の概念

応力は土の挙動，特に圧縮性と強度を支配する．有効応力に対し，要素全体に作用している応力は全応力と呼ばれる．有効応力は全応力から間隙水圧を差し引いたもので，

$$\sigma' = \sigma - u \tag{3.12}$$

という関係になる．ここに σ' は有効応力，σ は全応力，u は間隙水圧である．図 3.13 のように，間隙水圧は要素内部から要素の周囲の面に対して垂直に加わる圧力であるから，圧縮，引張り方向の応力は有効応力と全応力では異なった値を示す．一方，せん断応力に関しては，全応力も有効応力もその値は同じである．有効応力という概念は，鋼やコンクリートなどの構造用材料には用いられない．(浮力は存在する) 鋼やコンクリートの場合，ヤング係数や引っ張り強度，圧縮強度などは材料が決まれば定数として扱うことができる．しかし地盤材料ではこのような力学特性が有効応力の値によって変化する．この理由は，有効応力の定義を考えてみれば分かる．土の変形はほとんどが土骨格の変形であり，土粒子そのものの形状の変化ではない．このような土骨格の変形 (粒子の再配置) は土粒子同士の間に作用している力 (粒子間力) に左右されることは想像に難くない．ただし，実際には有効応力の各成分に依存しているわけではなく，(3.13) 式

$$\sigma_m' = \frac{1}{3}(\sigma_x' + \sigma_y' + \sigma_z') \tag{3.13}$$

として定義される平均有効拘束圧に依存しているとして定式化されるのが普通である．また，実地盤では直応力の 3 成分の値を求めること自体も困難なことが多い．そのため，実験式では単に有効上載圧 (有効土被り圧，対象位置の上部の土の浮力を考慮した重さ) に依存すると仮定しているものもある．特に，一次元的な検討ではこの仮定が一般的に用いられている．

3.3.2 ダイレタンシー

鋼やコンクリート材料にはない，粒状体特有の性質としてダイレタンシーという現象がある．図 3.14 に模式で示すような土の微小要素がせん断変形することを考える．前述したように，土粒子は摩滅することはないのでせん断に対しても変形しない．とすると，せん断による変形は土粒子の配列構造が変化することによって生じると考えるのが自然である．図 3.15 は変形前後の粒子の配列状態を示したものである．土粒子が緩く詰った (a) のような構造では，変形によって土粒子が間隙に落ちこもうとする．その結果として体積の減少が生じることになる．一方，比較的密に詰った (b) のような構造の場合には，せん断によって土粒子が乗り上がるような変形が生じ，結果として体積が増加する．このようにせん断に伴って体積が変化する現象をダイレタンシー (Dilatancy) と呼んでいる．ダイレタンシーは元々，体積膨張を意味する言葉である．従って，せん断変形によって体積が減少することを負のダイレタンシー，体積が膨張することを正のダイレタンシーと区別して呼んでいる．負のダイレタンシーは後述する液状化のメカニズムを考えるにあたって重要な概念である．

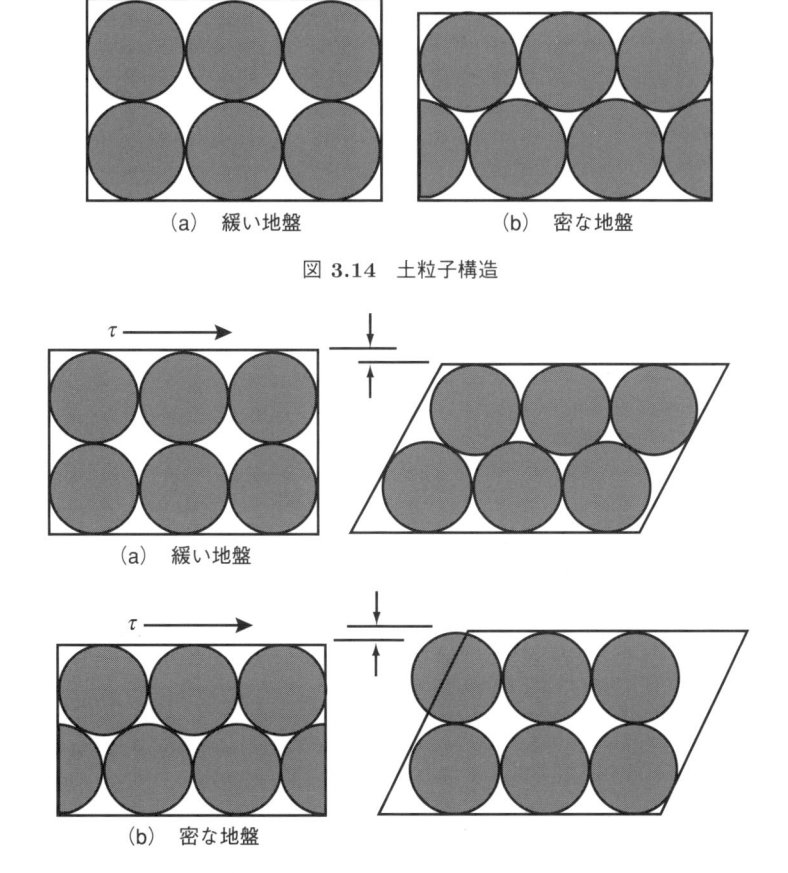

(a) 緩い地盤　　(b) 密な地盤

図 3.14　土粒子構造

(a) 緩い地盤

(b) 密な地盤

図 3.15　ダイレタンシーの概念図

さて，乾燥砂であればこのような変形と体積変化は瞬時に生じる．しかし，一般の地盤では，間隙は間隙水で満たされている．(a) に示したような地盤で，粒子が間隙に落ち込むためには，間隙水を押しのける必要がある．すなわち排水される必要がある．地盤の透水係数が高く，間隙水の移動が自由であれば，排水は容易である．しかし，透水係数が低い地盤では，間隙水は自由に移動できない．粒子はせん断を受けて，まさに間隙水を押し出さんとしているのに対し，間隙水の排水が追いつかないことになり，その結果，間隙の水圧が上昇することになる．この現象は以下のように考えると理解していただけるであろうか．大きな孔のあいたビーチボールは圧縮するとすぐに縮んでしまうが，小さな孔のあいたビーチボールでは，圧縮しようとしてもすぐには空気が抜けないで，逆に押し返されてしまう．ビーチボール内の空気が間隙水，その圧力が間隙水圧，孔の大きさが地盤の透水係数に相当する．このようにして上昇した間隙水圧のことを過剰間隙水圧と呼んでいる．過剰間隙水圧が発生するかどうかは，地盤の透水係数の大きさに依存するが，単に絶対値の大小ではなく，せん断速度と排水時間との関係による．すなわち，透水係数が低いとされる粘性土でも，長い時間をかけてせん断する場合には過剰水圧はほとんど発生しない．逆に，透水係数が高い粒径の大きな砂地盤でも，せん断に要する時間が短ければ過剰水圧が発生するのである．一般に緩い地盤では，負のダイレタンシーによって正の過剰間隙水圧が生じることが多いが，(b) のような密な地盤では正のダイレタンシーによって負の過剰間隙水圧 (負圧) が生じることになる．間隙水圧が増加するということは，有効応力が減少することである．言い替えれば，土粒子同士を引き離そうとする力が生じるので，土粒子間の接触力が低下することになる．従って，過剰間隙水圧が生じることによって，地盤の強度が低下することになる．逆に，正のダイレタンシーによって負の間隙水圧が生じると，見かけ上の地盤強度は増加する．

3.3.3 土の応力–ひずみ関係と非線形性

通常の構造材料の挙動は，軸方向の伸縮とせん断に分けるのがわかりやすく，それぞれの変形に対して応力–ひずみ関係の比例定数としてヤング係数とせん断弾性係数が割り当てられている．これに対し，土骨格の変形挙動は，せん断変形，体積変化，ダイレタンシーに分けて考えるのが一般的である．間隙に水があるときには，その挙動，特に水が土の中を流れるのか (排水条件)，流れないのか (非排水条件) ということも問題となる．

図 3.16 は排水条件および非排水条件下における土のせん断挙動の例である．これを見ても明らかなように，土の応力–ひずみ関係は非常に非線形性が強い．詳細な実験を行っても，応力–ひずみ関係に直線部分はほとんど見受けられない．応力–ひずみ関係の立ち上がり部分の勾配は弾性剛性と捉えることもできるが，土にはほとんど弾性領域が見られない．そのような理由もあって，土の場合には弾性剛性と呼ばず，微小ひずみ時のせん断弾性係数 ($G_{\max}$) と呼ばれることが多い．添字 max は計測したせん断剛性のなかで最大という意味で，初期せん断弾性係数 (G_0) と表現されることもある．応力–ひずみ関係はせん断ひずみが増加するに応じて，勾配が緩やかになる．非排水条件下では，過剰間隙水圧が発生することもあって，さらに非線形性は

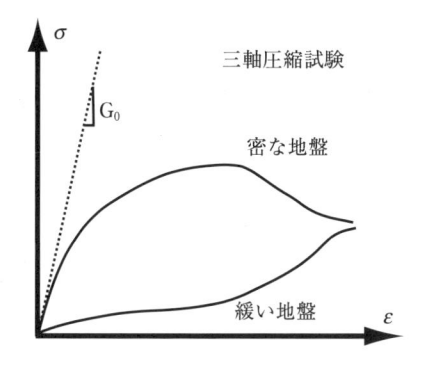

図 3.16 土の応力–ひずみ関係

強くなる．ただし，ひずみの大きさに依存する非線形性と水圧上昇による剛性低下では当然メカニズムが異なる．非排水条件下では，いったん剛性が低下した後，さらにひずみが大きくなると剛性が回復してくることが図から読み取れる．ダイレタンシーの項で示した図 3.15 (a) のように，緩く堆積した土がせん断を受けると土粒子が間隙に落ち込み，負のダイレタンシーが生じるが，さらにせん断を続けると隣の土粒子に乗り上げようとして，今度は図 3.15 (b) のように体積が膨張する．その結果として負の間隙水圧が発生して，強度が回復してくる．このような現象をサイクリックモビリティと呼んでいる．

3.4 地盤の動的性質

土に加わる外力を考えるとき，静的に対する動的という言葉からは，外力の作用が急速である，あるいは作用時間が短いという印象を持ちやすい．しかし，地盤工学の分野で用いられる「動的」という意味は，載荷速度や時間の長短を直接的に表すのではなく，「載荷と除荷が繰返し作用する」という意味で用いられている．したがって，その外力が加わる時間と周期，繰返し回数は，その発生源と対象事象によって異なっている．地震力はまさに動的な外力であるが，図 3.17 に示すように，例えば自動車や鉄道の走行にともなう交通荷重や，繰返し寄せる波による波浪荷重，機械振動などで生じる力もまた動的な外力 (荷重) となるのである．こうした動的荷重に対する土の挙動のことを土の動的挙動と呼び，地盤や土構造物に生じるさまざまな問題を地盤の動的問題と呼んでいる．

地盤の動的問題には，地震時の地盤災害，交通荷重による盛土の沈下や振動被害，波力による洗掘など，さまざまな問題が含まれている．とはいえ，地盤の動的問題のなかで，日常生活に最も深刻な影響を与えるのはやはり地震時の地盤災害である．地震時の地盤災害には，地盤の沈下や亀裂，振動被害，斜面崩壊や土石流，液状化の発生などが挙げられる．特に，飽和した砂地盤で生じる液状化現象は，これまでの大きな地震で度々発生し，地盤や構造物に甚大な被害をもたらしてきている．

前述したように，土は粒状体としての性質と，土粒子と間隙水，空気との混合体としての性

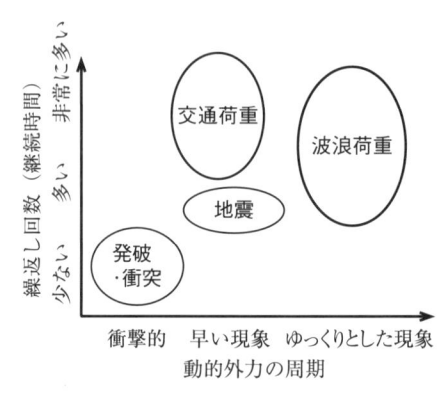

図 3.17 さまざまな動的問題

質を持ちあわせており，その動的性質もひずみの大きさや載荷振動数によって変化する．特にひずみレベル (せん断ひずみ) の影響は顕著で，ひずみレベルが 10^{-4} 以下の領域では，波動伝播に関連する弾性的性質が表われる．$10^{-4} \sim 10^{-2}$ の中ひずみ領域では，土の非線形性が顕れ，変形係数や減衰定数が変化してくる．さらに，ダイレタンシーによる体積変化や過剰間隙水圧の発生など，弾塑性的な性質が顕れ始める．10^{-2} より大きなひずみレベルでは，すべりや沈下など破壊現象が顕れる．後述する液状化もこのひずみレベルの破壊現象に該当する．

土の動的性質を全て挙げれば紙面が足らないが，ここでは構造物の耐震設計と耐震解析 (動的解析) に関連する地盤工学的問題に限定し，地盤の振動問題と液状化の問題について取り扱うことにする．

3.4.1 土の動力学特性の表現法

材料の動力学特性，つまり動的変形特性の線形的表現については他章に譲るが，土は粘弾性体として取り扱われる．図 3.18 は粘弾性体に正弦波的な繰返し力を与えたときの応力-ひずみ関係 (ヒステリシスループ) を描いたもので，弾性エネルギー W と 1 サイクルの載荷で消費されるエネルギー ΔW を定義したものである．このうち，ループの頂点を結んだ直線がこの材料のスケルトンとなり，その傾きが剛性すなわちせん断弾性係数 (G) となる．せん断ひずみ (γ) とせん断応力 (τ) の関係は，(3.14) 式のように表される．

$$\tau = G\gamma \tag{3.14}$$

また，減衰は弾性エネルギーに対する 1 サイクルあたりのエネルギー損失の比から (3.15) 式のように表現される．

$$h = \frac{1}{2\pi} \cdot \frac{\Delta W}{W} \tag{3.15}$$

線形が仮定できる小さなひずみレベルでは，せん断弾性係数と減衰は不変で，減衰もほとんどない．ひずみレベルが大きくなると，非線形挙動を示すようになり弾性的取り扱いでは土の応答を表現することが難しくなる．すなわち土の応力-ひずみ関係 (履歴曲線) がひずみ振幅の大

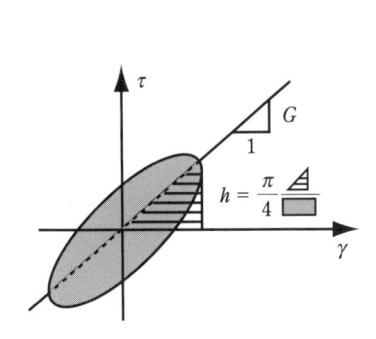

図 3.18 ヒステリシスループの模式図

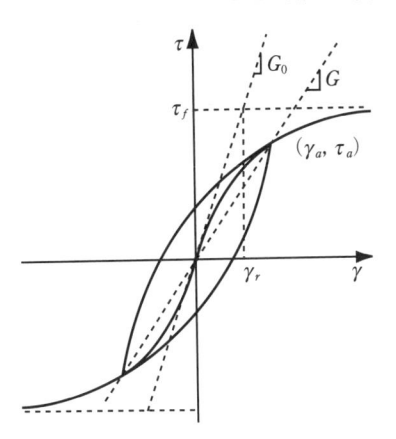

図 3.19 H-D モデル

きさに応じて変化してくる. 等価線形化法に基づく地盤の地震応答解析を実施するためには, 任意のひずみレベルにおけるせん断弾性係数 (絶対値または剛性比) と減衰定数が必要となる. すなわち動的変形特性が明らかにされていなければならない.

等価線形解析や非線形動的解析に多用される代表的な非線形モデルとしては, ① Hardin-Drnevich モデルと ② Ramberg-Osgood モデルが挙げられる.

Hardin-Drnevich モデル：このモデルは図 3.19 に示すように, せん断応力 τ とせん断ひずみ γ を (3.16) 式のような双曲線モデルで表現するものである.

$$\tau = \frac{G_0}{1+\dfrac{\gamma}{\gamma_y}} \tag{3.16}$$

ここに, G_0 は初期せん断 (最大せん断) 弾性係数, γ_y はこの材料のせん断強度 (τ_f) を G_0 で除した基準ひずみと呼ばれるものである. この式に $G = \tau/\gamma$ を代入すると, あるひずみレベルにおける剛性比 (せん断弾性係数比) は (3.17) 式のように得られる.

$$\frac{G}{G_0} = \frac{1}{1+\dfrac{\gamma}{\gamma_y}} \tag{3.17}$$

なお, このモデルでは除荷, 再載荷に対する履歴曲線は定義されておらず, ひずみが無限大の際の減衰定数 $h_{\max}$ を規定し, (3.18) 式によって減衰を求めている.

$$\frac{h}{h_{\max}} = 1 - \frac{G}{G_0} \tag{3.18}$$

このように Hardin-Drnevich モデルでは, G_0, $h_{\max}$, γ_y の 3 つのパラメータで非線形モデルが表現される.

一方, 履歴ループについては Masing 則を用いて定義する方法もあり, この場合には図 3.20 (b) に示すようにひずみが大きな領域では (3.18) 式よりも大きな減衰定数を示す.

(a) せん弾性係数比

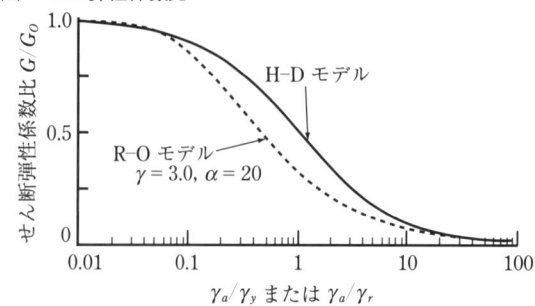

(b) 減衰定数

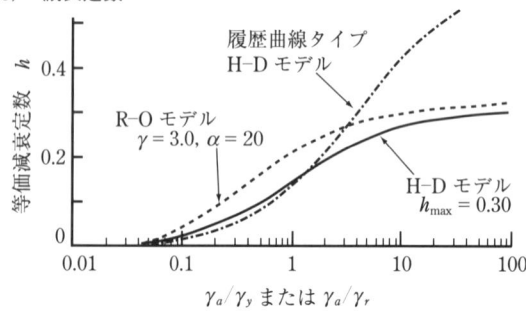

図 3.20 H-D モデル，R-O モデルの試計算結果 [2]

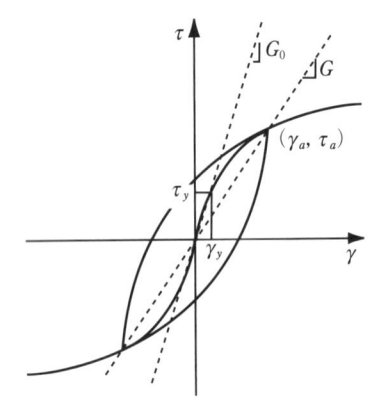

図 3.21 R-O モデルの図

Ramberg-Osgood モデル：このモデルは図 3.21 に示す降伏ひずみ γ_y，降伏応力 τ_y と定数 α, r を用いて (3.19) 式のように骨格曲線を表現する．

$$G_0 \gamma = \tau + \frac{\alpha |\tau|^r}{(G_0 \gamma_y)^{r-1}} \tag{3.19}$$

この関係と Masing 則によって減衰定数は (3.20) 式のように表される．

$$h = \frac{2r-1}{\pi r + 1}\left(1 - \frac{G}{G_0}\right) \tag{3.20}$$

また，図 3.21 の割線せん断弾性係数 $G = \tau_a/\gamma_a$ を (3.20) 式に代入すると (3.21) 式となり，これはあるひずみ振幅 γ_a に対するせん断弾性係数比となる．

$$\frac{G}{G_0} = \frac{1}{1 + \alpha \left(\dfrac{\tau_a}{\tau_y}\right)^{r-1}} \tag{3.21}$$

このモデルでは4つのパラメータを用いて非線形特性を表現している．なお，等価線形 (地震応答) 解析では，こうした非線形モデルを用いずに，任意のひずみレベルのせん断弾性係数比と減衰定数を直接指定する方法も選択される (表形式と呼ばれることもある)．その場合には，室内試験によってひずみレベルに応じたせん断弾性係数と減衰定数を求めることになり，そうした目的で実施される試験のことを動的変形特性試験と呼んでいる．この試験法については後述する．

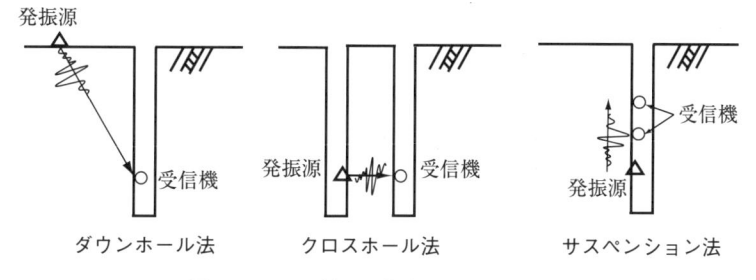

図 3.22 PS 検層の代表的な 3 つの方法

3.4.2 弾性定数

土の振動問題を解くためには，微小ひずみレベルでのせん断弾性係数，つまり弾性定数が必要である．等価線形解析を実施するにしても，(3.17) 式や (3.21) 式から明らかなように，初期せん断弾性係数の値は必要である．

土は非常に小さいひずみ領域から非線形性を示すので，弾性の状態が実際にあるのかは不明であるが，上述したように地震応答解析のための力学特性としての弾性定数は存在すると考えた方が合理的であろう．地震応答解析に用いるための弾性定数を室内試験から求めることは非常に困難で，実務では原位置で計測されることのほうが多い．原位置で弾性定数を求める方法としては PS 検層がある．PS 検層の原理については他章で詳述しているが，ボーリング孔を使って P 波や S 波の伝播速度を計測する方法である．測定された伝播速度から，(3.22) 式を用いて地盤の弾性定数 (初期せん断弾性係数) が求められる．

$$G_0 = \rho_t V_S{}^2 \tag{3.22}$$

ここに ρ_t は地盤の湿潤密度，V_S はせん断波速度である．この PS 検層には図 3.22 に示す代表的な 3 つの方法がある．ダウンホール法は地表を水平，鉛直方向に振動させ，その振動を地中で計測するもので，受信機の位置を順番に変え，波動の伝達時間の差から波動の速度を決める．クロスホール法は同じ地層の伝播速度を計測するのに最も良い方法であるが，ボーリング孔が二つ必要なことなどから，あまり採用されない．サスペンション法は発信源と二つの受信機が一つにまとまった計測装置を用いて，発信源からの波動の伝播を二つの受信機で受け取り，その差から伝播時間を計測するものである．精度が高いので最近は数多く用いられるようになってきている．

図 3.23 はダウンホール法とサスペンション法の精度の差について，同一地点で比較計測された結果 [3] を示したものである．ダウンホール法ではせん断波速度 V_S は深度方向にかなりの厚さにわたって一定値をとっているが，サスペンション法では V_S の値は大きくばらついている．しかしこのばらつきは図中左側に示した地盤の N 値の分布とよく対応しており，地層間の細かな違いが反映されているとも捉えられる．このような見方をすると，せん断波速度の測定にはサスペンション法の方が優れているように考えがちである．しかし，このことで「地震応答解析に用いる弾性特性はサスペンション法による値を用いるべきである」という結論には至らない．一般に地盤は，水平成層であることは少なく，また，同じ層であっても場所によって材料

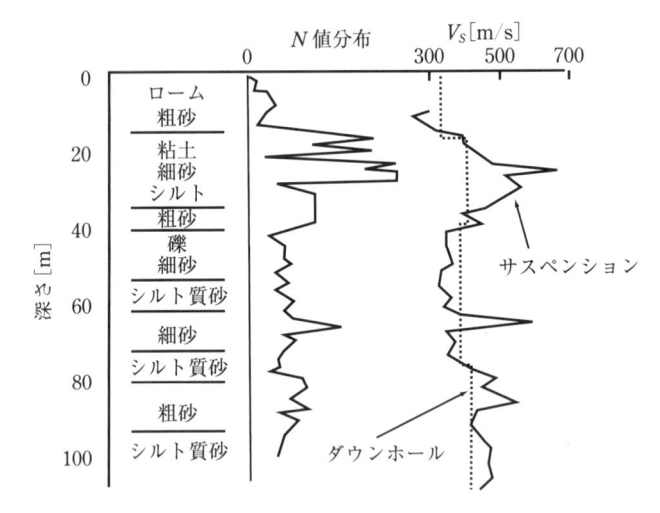

図 3.23　PS 検層におけるダウンホール法とサスペンション法による速度の違い (文献 [3] に加筆修正)

特性がばらついているのが普通である．したがって，あるボーリング孔の位置で仮に正しく情報が入手できたとしても，それが水平方向に一様に連続しているという保証はない．むしろ通常は，水平方向にもある程度のばらつきがあるものである．従って，あるボーリング孔で得られた結果が周辺地層を代表しているとは限らないのである．実務では，ダウンホール法で PS 検層を行った場合には，N 値の深度方向分布なども参照して補正を行なうことが行われており，結果として良好な答えを得ることに結びつけている．また逆に，サスペンション法で PS 検層を行ったときには，他とはずれたデータがあるとき，それが地盤全体を表すのに適切なデータであるかを吟味することが重要である．

　PS 検層に代わる方法としては，標準貫入試験の N 値から経験式によってせん断波速度を推定する方法がある．数多くの PS 検層の結果と標準貫入試験の結果から経験式，推定式が導かれており，構造物ごと，事業者ごとにもさまざまな式が提案されている．代表的なものとして (3.23)〜(3.26) 式に今井ら [4] の経験式を示しておく．

$$沖積砂質土 (As) \quad V_S = 80.6 N^{0.331} \quad (3.23)$$

$$沖積粘性土 (Ac) \quad V_S = 102 N^{0.292} \quad (3.24)$$

$$洪積砂質土 (Ds) \quad V_S = 97.2 N^{0.323} \quad (3.25)$$

$$洪積粘性土 (Dc) \quad V_S = 114 N^{0.292} \quad (3.26)$$

　道路橋示方書をはじめとする多くの基準類で，この関係を参考に V_S の簡易推定式が提案されている．ただしこの式から得られる V_S にはある程度のばらつきが含まれていることを認識しておかなければならない．図 3.24 はこの経験式を導くもとになったデータであるが，この式が，およそ倍半分の範囲に分布するデータの平均線であることが分かる．

　なお，上記の経験式では N 値から一意的に V_S が求まるので，地盤の弾性定数は N 値のみによって規定される．しかし実際には地盤の拘束圧や N 値に反映されにくい範囲での密度の違

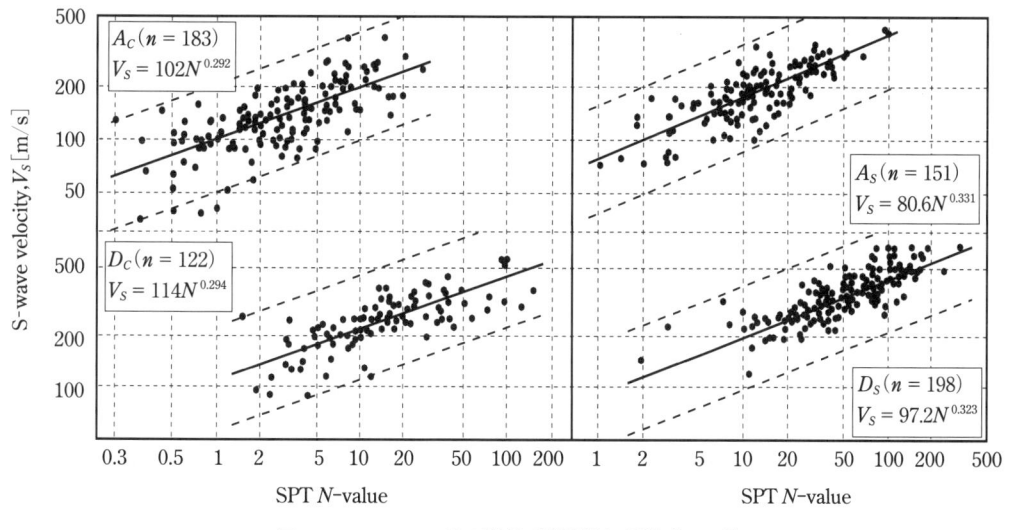

図 3.24　V_S–N 値の関係 (計測値と経験式) の例

いによっても大きく異なる．また，砂質土地盤では粒度によっても異なるはずである．しかし，これらの影響因子をある程度無視したうえでも，なおかつ有益な経験式であることに変わりはない．

なお，拘束圧に対して地盤のせん断弾性係数は，その 0.5 乗に比例するとして補正が行なわれることもある．ある有効拘束圧のもとで求められた $G_{0,i}$ に対して，任意の有効拘束圧 σ_m' における G_0 は (3.27) 式のように補正することができる．

$$G_0 = \left(\frac{\sigma_m'}{\sigma_{m,0}'}\right)^{0.5} G_{0,i} \tag{3.27}$$

ここに，$\sigma_{m,0}'$ は基準拘束圧である．

3.4.3　動的変形特性試験

地盤の動的特性を求める室内試験法として動的変形特性試験がある．動的変形特性試験は，振動三軸試験機 (繰返し三軸試験機) や繰返し中空ねじりせん断試験機を用いて，試料に繰返しせん断応力を加え，得られた応力–ひずみ関係のヒステリシスループの形状から，ひずみレベルに応じたせん断定数 G と等価減衰定数 h を求めるもので，試験方法については地盤工学会で基準化されている．この試験法を模式的に図 3.25 に示す．所定の応力条件で圧密された供試体に対して，一定振幅のひずみで 11 サイクルの繰返し載荷を行い，10 サイクル目の履歴曲線からせん断定数 G と減衰定数 h を計算する．ひずみ振幅を段階的に増加させるステージテストを実施して，ひずみ振幅の関数として，G–γ 関係と h–γ 関係を整理する．この結果から読み取った G ならびに h が前述した表形式の値となるのである．

例えば，鋼では材料の応力–ひずみ関係を表現するのに，弾性定数の他に，降伏応力とひずみ，ひずみ硬化ひずみ，終局強度，破断伸びなどの特徴的なポイントの値が用いられ，かつ通

82　第3章　地盤工学入門

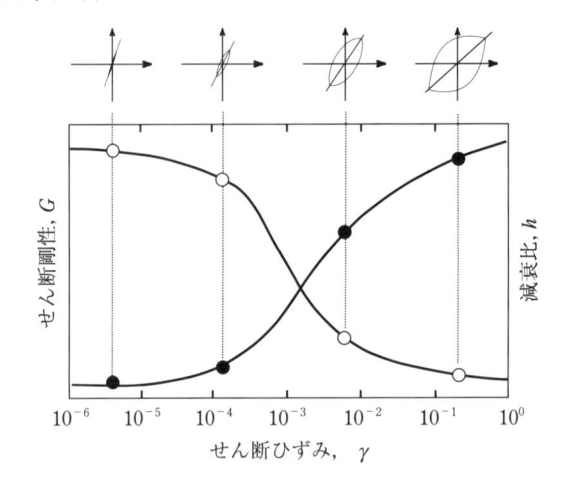

図 3.25　動的変形特性試験の模式図

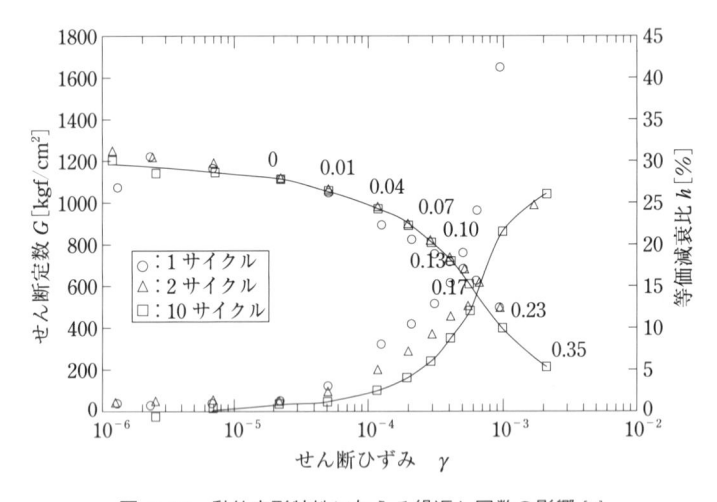

図 3.26　動的変形特性に与える繰返し回数の影響 [5]

常それで十分である．しかし，土にはこの様な簡便な表現法はなく，実験データを G–γ 関係と h–γ 関係という形で整理してそのまま用いている．土の挙動の複雑さを端的に表している事例である．

しかしこのように直接的に求めた動的変形特性も土の挙動を忠実に表しているかといえば，必ずしもそうとは限らない．動的変形特性試験では，10サイクル目の履歴曲線，すなわち，応力–ひずみ関係が定常化したときの履歴曲線から材料特性を求めると規定されている．この方法が採用された経緯は，試験装置の問題，試験技術の問題，解析との相性の問題等によるものであるが，こうして得られた特性値が土の本来の動特性を表しているとは言い難い．また，非線形の地震応答解析を行う際にも必ずしも適切ではない．

図 3.26 は，動的変形特性試験で，各繰返しサイクルごとの動的変形特性を示したものである．1, 2サイクル目の動的変形特性と10サイクル目の動的変形特性には明らかな差が見られる．設計上重要な，最大加速度などの最大応答値はひずみが最大となったときに発生する．つ

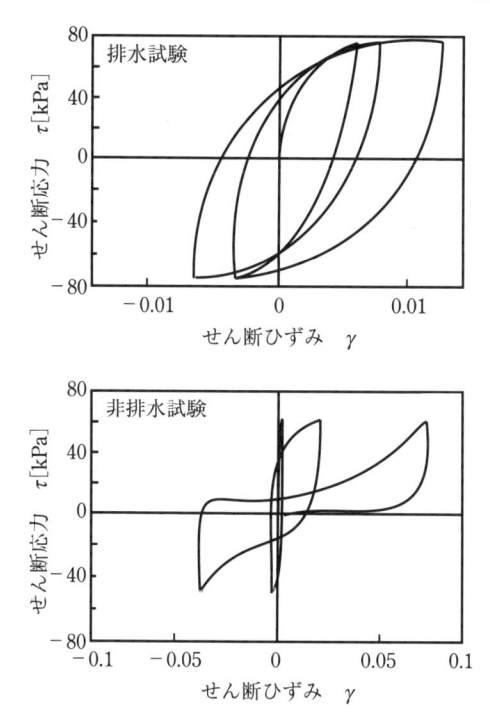

図 3.27 排水条件の異なる試験における応力–ひずみ関係

まり,最大応答を支配するのは,定常状態の応力–ひずみ関係ではなく,最初にそのひずみレベルに達した所である.この意味からは,1 サイクル目の履歴挙動が重要である.また,動的変形特性は,せん断変形に対する特性を表していると考えられている.実際の試験では,せん断と体積変化の両方の挙動を表している.つまり,動的変形特性を求めるために繰り返しせん断を加えると,土はダイレタンシーによって体積変化をしようとするわけである.ひずみが大きくなると,ダイレタンシーにより,砂が体積変化しようとする傾向は強くなり,排水条件の違いによっても結果が大きく異なる.

3.4.4 液状化特性

液状化現象が認識される契機となったのは,1964 年の新潟地震である.日本海を震源として新潟市を襲ったこの地震では,砂を含んだ泥が,人の腰の高さまでも吹き上げ,空港ビルやアパートが大きく沈下したり,傾いて転倒したりする被害が生じた.建物の転倒は,地震動の動きに合わせて転倒したのではなく,大きな揺れが収まった後も,ゆっくりと時間を掛けて沈下・転倒していったことが報告されている.また,市内を流れる信濃川沿いの地域では,噴砂,噴水と同時に護岸が崩壊して,護岸背面の地盤が大きく川に向かって流れだした.その後も大きな地震が発生するたびに,液状化による被害の発生が報告されている.

1995 年の阪神・淡路大震災では,埋立地の大規模な液状化によって甚大な被害が生じたことで,一般の人々にも液状化現象という言葉が認知されるようになった.

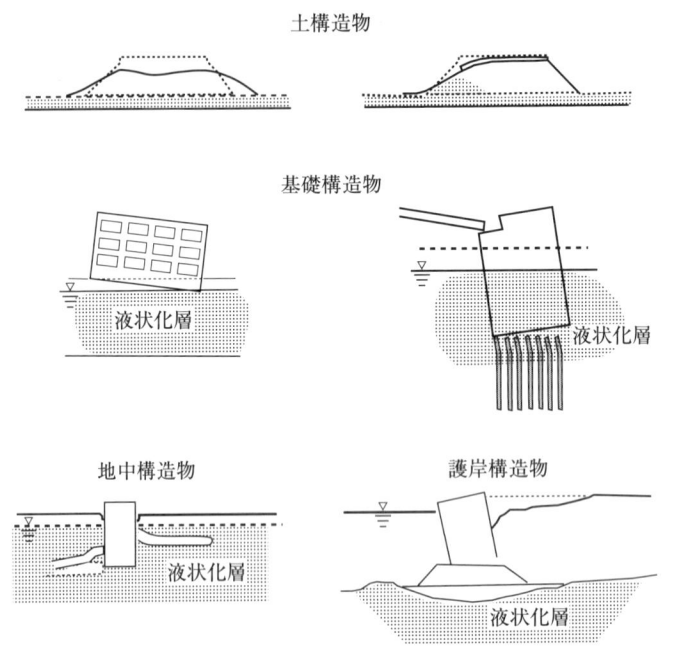

図 3.28 液状化にともなう構造物被害

　液状化現象とはその言葉どおり，地震時に地盤があたかも液体のようになってしまう現象である．地盤が液状化すると，その強度や剛性が失われてしまい，盛土などの土構造物は容易に崩壊・流出する．また，地盤が構造物を支持することが出来なくなり，石油タンクや住宅などが沈下して傾いたり，転倒が生じたりする．一方で，液状化した地盤は比重の大きな泥水と同じような性状を示すので，内部の大部分が空洞で占められているマンホールや地下タンクなどのみかけ比重の小さな構造物は浮き上がる．図 3.28 は液状化による構造物被害を模式的に表したものである．

　液状化のメカニズム：液状化が発生するメカニズムを考えるにあたって，砂の非排水繰返しせん断特性について考えてみる．ある有効応力状態における土のせん断強さは (3.10) 式に既に示している．これを (3.28) 式として再掲する．

$$\tau_f = c' + \sigma' \tan \phi' \tag{3.28}$$

ここで，τ_f は土のせん断強さ，σ' は有効応力，c' は土の粘着力，ϕ' は内部摩擦角 (非排水せん断抵抗角) である．緩く堆積した地盤は非排水せん断されると，負のダイレタンシーによって過剰間隙水圧が発生する．土のせん断強さを支配する有効応力は，過剰間隙水圧が発生すれば減少するので，緩い砂地盤がせん断を受けると，(3.28) 式の右辺第 2 項の σ' の値が小さくなり，土のせん断強さは低下する．このことはダイレタンシーの項で，静的な一方向のせん断の例として説明した．地震時にはせん断方向が反転するたびに，過剰間隙水圧は少しずつ蓄積されていく．

　図 3.29 に示した模式図をもとに，液状化発生のメカニズムを考えてみる．いま，飽和した砂

(a) 地震前　　　　　　　　(b) 地震中（液状化前）

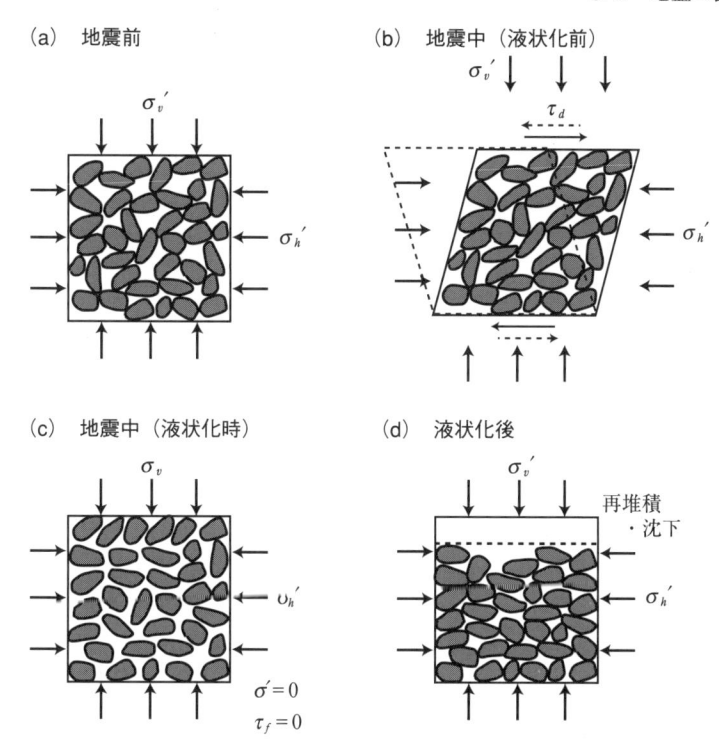

(c) 地震中（液状化時）　　　(d) 液状化後

図 3.29　液状化発生のメカニズム

要素に (a) のような応力が作用している．そこに (b) のように地震力によるせん断力が加わると，緩く詰った砂は体積収縮しようとする．ところが，地震動は非常に短い時間に作用するので，砂要素は非排水せん断を受けることになり，過剰間隙水圧が増加して，有効応力が減少する．繰返しせん断を受けることによって土粒子の噛み合わせは徐々にはずされてゆき，粒子同士の噛み合わせが完全に外れ，ついには有効応力が消失する．その結果，水中に砂粒が浮いた状態になる．(3.28) 式に当てはめて考えると，過剰間隙水圧が増加し，有効応力が消失すれば，右辺第二項の σ' がゼロとなるので，(3.29) 式のようになる．

$$\tau_f = c' \tag{3.29}$$

さらに砂質土の粘着力 c' はゼロであるから，結局この値はゼロとなり，地盤強度は完全に失われるのである．このように地盤強度がゼロとなり，泥水 (液体) 状となる現象が液状化現象である．

図 3.29 (c) は地震の揺れがおさまっても，有効応力がゼロのままの状態を示している．この間に地盤に関連する構造物にさまざまな被害が生じる．図 3.29 (d) は時間とともに徐々に過剰間隙水圧が減少し，有効応力が回復していく状況を示したものである．土粒子の噛み合わせは地震前とは異なる構造に変化しながら，やがて安定した状態に収束してゆくが，間隙水が排水されるため，体積収縮が生じて地盤は沈下する．

液状化の発生要因： 密度が低く，飽和した緩い地盤または有効拘束圧が小さい地盤が液状化

表 3.1 液状化が発生しやすい要因

	液状化しやすい	液状化しにくい
地震動の大きさ	大きな地震力	小さな地震力
地震の継続時間	長い	短い
土質	砂質土	粘性土, 礫質土
粒度分布	粒径分布が狭い	粒径分布が広い
透水性	低い	高い
密度	小さい	大きい
地下水位	高い	低い
有効拘束圧	低い	高い
飽和度	高い	低い

の発生しやすい条件である．地盤材料 (土質) の条件としては，粘性土のように細粒分を多く含む土には粘着力があるので，せん断抵抗力が完全に失われることはない．一方，礫のような透水性の高い材料では，過剰間隙水圧がすぐに消散するので有効応力が低下しにくい．

表 3.1 には液状化発生に関わる要因を列挙している．これらの条件のなかには，外力に関する要因，地盤材料 (土質) に関する要因，地盤の堆積環境に関する要因が混在している．例えば，密度が多少高い砂地盤でも大きな地震力が加われば液状化が発生する．一方，小さな地震力でも非常に緩い砂地盤では，液状化が生じることもある．粘土地盤は透水性が低くても液状化はしないが，排水が抑制された条件下では，透水性の良い礫質土であっても液状化が発生した事例もある．液状化の発生は地形的要因によっても左右される．一般に液状化が発生しやすい地形として，沖積平野や海岸の埋立地，干拓地，河川に沿った自然堤防上やその後背地，さらに旧河道や谷埋め地，埋戻し地盤などが挙げられている．山地や丘陵地では液状化はほとんど見られない．

液状化の判定と予測：調査対象の地盤が液状化するかどうかは，(3.30) 式で表される液状化に対する抵抗率 (液状化安全率，FL) によって評価・判断される．

$$FL = \frac{R}{L} \tag{3.30}$$

ここで，R は砂の液状化抵抗力，L は外力となる繰返しせん断力である．FL の値が 1 を下回れば (外力 L が抵抗力 R を上回れば) 液状化が発生すると判定され，1 を上回れば液状化の可能性は低いと判断される．

砂の液状化抵抗力 (液状化強度) を調べるには，非排水繰返しせん断試験が行われることが多い．

非排水繰返しせん断試験 (繰返し三軸試験) では，図 3.30 の左図のように，供試体を所定の有効拘束圧 σ_c' まで圧密した後に，非排水条件で側圧を一定にしたまま，片振幅 σ_d のサイン波形 (図 3.31 の上段) の繰返し軸応力を載荷する．軸方向応力と側方応力 (側圧) は主応力となるので，主応力面から $\pi/2$ 傾いた面に，振幅 $\tau_d = \pm \sigma_d/2$ のせん断応力が作用していることになる．このサイン波形によって引き起こされるせん断応力が地震動を表現している．

図 3.31 は非排水条件下での繰返しせん断試験の計測データを時刻歴で示している．横軸を時

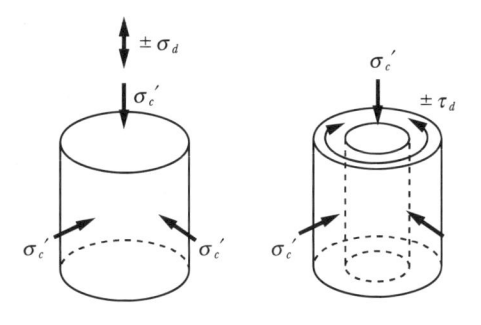

図 3.30 繰返し三軸試験の載荷方法と応力状態

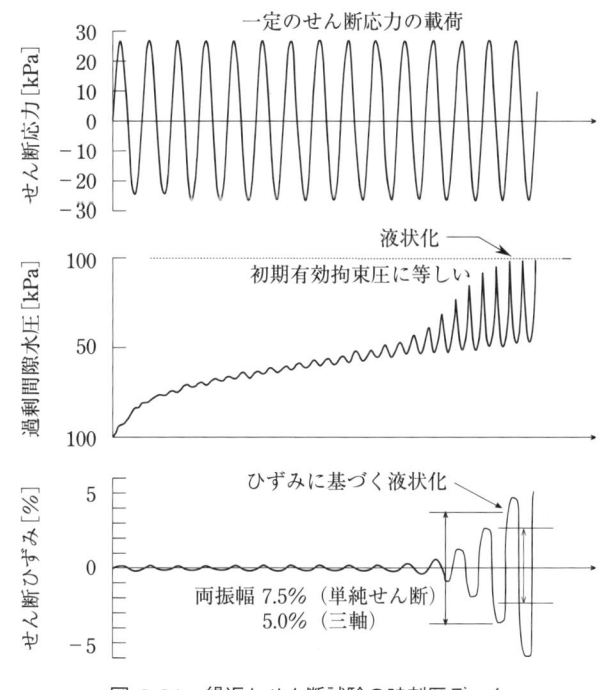

図 3.31 繰返しせん断試験の時刻歴データ

間軸とし，上段から供試体の $\pi/2$ 面に作用するせん断応力，過剰間隙水圧，せん断ひずみを表している．この図 3.31 を見ると，載荷の初期段階では，ひずみはほとんど発生しておらず，一定の振幅を保ったままである．ところが，ある時点を境にして急激にひずみが増加していることがわかる．一方，過剰間隙水圧は繰返し回数とともに徐々に増加してゆき，ひずみが急に増加しはじめる少し前から，急激に増加している．最終的に過剰間隙水圧の値は，供試体の初期の有効拘束圧 σ'_c とほぼ等しくなるまで上昇する．

なお，液状化が発生したと判定されるのは，過剰間隙水圧の測定結果による判定の他に，両振幅ひずみの値が 5% あるいは 10%(単純せん断では 7.5% あるいは 15%) に達した時点をもって液状化と判定されることも多い．このときのせん断応力 τ_d が，液状化を発生させるのに必要な繰返しせん断応力となる．

さて，有効拘束圧が増せば液状化しにくくなることは既に述べたが，ある繰返し回数で液状

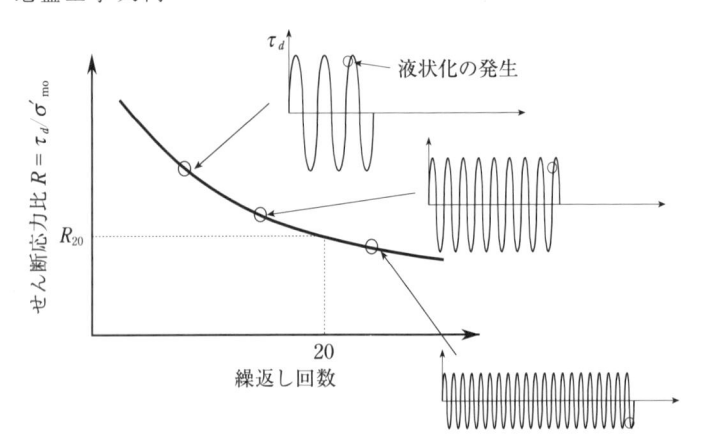

図 3.32 液状化試験の結果の整理の例

化が生じるときの繰返しせん断応力は，有効拘束圧に比例することが知られている．ならば繰返しせん断応力 τ_d を有効拘束圧 σ_c' で正規化した繰返しせん断応力比 ((3.31) 式) で示しておけば砂の液状化抵抗力を有効拘束圧 σ_c' から関連付けて一義的に求めることができる．

$$R = \frac{\tau_d}{\sigma_c'} = \frac{\sigma_d}{2\sigma_c'} \tag{3.31}$$

この繰返しせん断応力比 R は，(3.30) 式の R に相当するものである．ただし，この値は，普遍的な砂の強度を示すものではなく，ある特定の繰返し回数における砂の液状化強度に過ぎない．液状化試験では供試体密度や初期の有効拘束圧などの条件を同じにして，繰返しせん断応力比の値を変えた実験を数回実施し，図 3.32 のような繰返し回数と応力比の関係を得る．このような液状化試験を行うことで任意の繰返し回数に対する砂の液状化強度を知ることができる．

図 3.32 からは，大きな地震力が加われば少ない繰返し回数，あるいは継続時間が短い場合でも液状化が生じること，一方，地震動が小さければ，多くの繰返し回数を受けても液状化に至らないことが読み取れる．なお，実務における液状化予測では，繰返し回数 20 回における繰返しせん断応力比 R_{20} をもってこの砂の液状化強度とすることが多い．

このような液状化の判定と予測は，ある地点・ある特定の深さにおける液状化発生の有無の予測に過ぎない．実際の地盤では，地層とともに深さ方向に密度が不連続に変化する．そのため調査対象地盤の全深度から試料 (サンプル) を採取して液状化試験を実施することは現実的ではないので，簡易予測として，原位置で標準貫入試験が実施され，N 値から液状化強度を推定することも行われている．この調査作業を液状化予測と呼んでいる．図 3.33 には，一般的な液状化判定の手順を示す．液状化の問題は通常，地表面から 20 m くらいの深さまでの，飽和した砂地盤が対象になることが多く，細粒分を多く含んだり礫分が多い地盤では，液状化強度が割り増しされたり，判定そのものが行われない場合もある．

液状化対策：液状化予測を行った結果，ある地盤で液状化が生じる可能性があり，構造物が被害を受けると判断された場合には液状化対策工が施される．液状化対策工の基本的な考

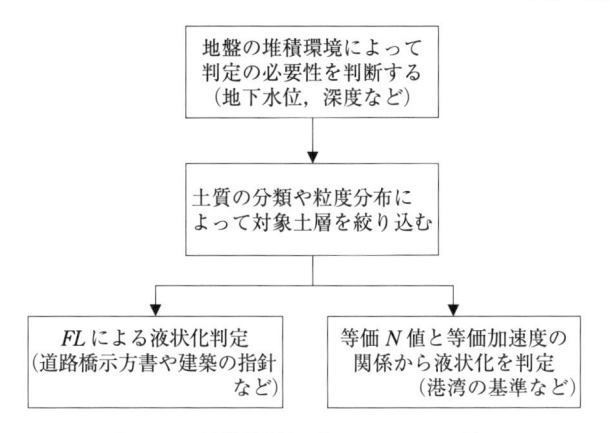

```
┌─────────────────┐
│ 地盤の堆積環境によって │
│ 判定の必要性を判断する │
│ （地下水位，深度など）│
└────────┬────────┘
         ↓
┌─────────────────┐
│ 土質の分類や粒度分布に │
│ よって対象土層を絞り込む │
└────┬───────┬────┘
     ↓       ↓
┌─────────┐ ┌─────────┐
│FL による │ │等価 N 値と等価加速度の│
│液状化判定│ │関係から液状化を判定 │
│(道路橋示方書│ │(港湾の基準など)   │
│や建築の指針│ │                │
│など)     │ │                │
└─────────┘ └─────────┘
```

図 3.33 液状化判定が行われるまでの流れ

表 3.2 液状化対策の原理

分類		原理 (手法)
液状化の発生を防ぐ対策	土の性質の改良	・密度の増大 (閉め固める) ・固結 (薬液やセメントを混ぜて地盤を改良する) ・粒度の改良 (液状化が生じにくい土質材料に置き換える) ・飽和度の低下 (地下水位を低下させる)
	応力条件や変形, 間隙水圧に関する改良	・有効応力の増大 (地下水位の低下やプレロード) ・過剰間隙水圧の消散 (ドレーン工法等による排水促進) ・周囲からの水圧伝播を遮断 (地中壁や矢板による遮断) ・せん断変形の抑制 (地盤の拘束)
液状化の発生は許すが構造物被害を防ぐ (軽減する)		・堅固な地盤による支持 (杭基礎) ・基礎の強化 (増し杭や布基礎の強化) ・地盤変位への追随 (フレキシブルジョイントなどの利用)

え方は大きく分けて，① 液状化の発生そのものを抑える対策，② 液状化の発生は許したうえで，構造物が被害を受けないようにする対策，の 2 つに分類される．液状化の発生そのものを防ぐ対策では，サンドコンパクションパイル工法やグラベルドレーン工法などを中心に数多くの工法が提案され，すでに実績も多数あげている．表 3.2 には液状化対策の原理をまとめたが，それらは総じて表 3.1 の液状化の発生要因を減らす (低下させる) ことであり，土の性質を変えたり，地盤の応力条件や変形特性，水圧発生の度合いを変えて，液状化の発生そのものを防ぐ

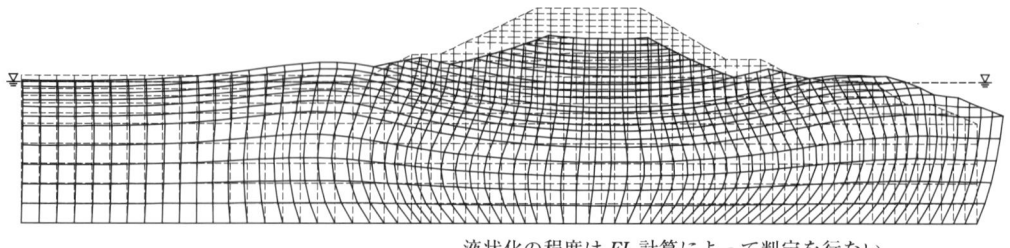

液状化の程度は FL 計算によって判定を行ない
液状化に伴う地盤の強度低下は室内要素試験で求めた

図 3.34 有限要素解析による河川堤防の変形予測の例 (ALID による解析)

ことを目的としている．

一方，液状化の発生を敢えて許す方法では，液状化によって生じる地盤変状に耐えるよう構造補強を行う対策 (剛な対策) か，地盤変状を吸収する対策 (柔な対策) のどちらかが施されることになる．

さて，液状化対策の設計を行う場合には，地盤や構造物をどの程度まで強化すればよいのかという問題に直面する．特に最近では，設計に用いられる地震動が大きくなり，想定される地震動に対して完全に液状化の発生を抑え込むには，大規模な対策工事が必要となってきている．そのため，液状化対策の設計では，ただ単に液状化を発生させないという観点からではなく，液状化によってどの程度，構造物の安全性が損なわれるか，どの程度の変形や変位まで許容し得るのかを明らかにすることが特に重要になってきている．そのためには，液状化にともなって生じる地盤変状や物性の変化を定量的に予測することも要求されている．液状化した土の強度や変形特性を室内試験から求める方法や，数値解析によって液状化した地盤の変形を予測する方法などが開発されている．

図 3.34 は 2 次元有限要素法を用いて，液状化による河川堤防の沈下と側方移動に対する予測が行われた例である．液状化によって地盤全体が大きく移動する現象を「液状化に伴う地盤の流動 [6]」と呼んでいる．液状化によって剛性が低下し，せん断強度を失った地盤は，あたかも液体のように流れ出してしまう．この例では，地盤の液状化前後の剛性を室内要素試験によって求めておき，残留変形解析法を簡易化した解析手法で流動予測を行ない，堤防の沈下量を求めている．液状化によって変形が生じ，沈下した後の堤防高さと，地震によって発生した津波が河川に流入したときの遡上高さとの比較によって安全性の照査が行われた例である．

参考文献

[1] 吉田 望「建築基礎の設計施工に関する研究資料」『液状化地盤における基礎設計の考え方』日本建築学会，1998.

[2] 土木学会編『動的解析と耐震設計 第 1 巻地震動・動的物性』技報堂出版，1989.

[3] 國生剛治「地盤の動的特性，講座・地盤と構造物の動的相互作用の解析法」『土と基礎』Vol.40,

No.4, pp.76–84, 1992.
〔4〕 Imai, T. "P- and S-wave velocities of the ground in Japan," *Proc., 9th ISSMFE*, Tokyo, Vol.2, pp.257–260, 1977.
〔5〕 山下　聡「砂の繰返し載荷試験結果に及ぼす諸因子の影響と試験結果の適用に関する研究」『北海道大学学位論文』pp.258, 1992.
〔6〕 安田　進, 吉田　望, 安達健司, 規矩大義, 五瀬伸吾, 増田民夫「液状化に伴う流動の簡易評価法」『土木学会論文集』No.638/III-49, pp.71–89, 1999
〔7〕 地盤工学会編『土質試験の方法と解説 (第一回改訂版)』地盤工学会, 2000.
〔8〕 石原研而『土質力学』丸善, 2001.
〔9〕 安田　進『液状化の調査設計から対策工まで』鹿島出版会, 1988.
〔10〕 石原研而『土質動力学の基礎』鹿島出版会, 1976.

第4章　フレームの弾塑性解析入門
―限界状態設計法の基礎として―

4.1　はじめに

　材料の破壊を配慮した解析，所謂，材料学的非線形性を配慮した構造物の挙動追跡は，より正確な構造物の耐力を推し量る上で非常に重要なパートを占めている．しかしながら，コンピュータの計算時間等ハード的な問題とソフトが高価であること，シミュレーションを実行するにあたり，十分な弾塑性学の知識が得られているかどうか，など様々な障壁があるため，構造設計を行う際に一般的に利用されるものにはなり得ていない．

　構造物の塑性域を考慮した耐力を求める基本的な考え方は降伏モーメントを基準に構造物が崩壊するモードを求め，そのモードに至らしめる荷重を計算することになる．崩壊メカニズムを仮定し，仮想仕事の原理に基づいて崩壊荷重を求める方法である．このような現在ではややもすると古典的な手法についての復習から本章はスタートすることになる．

　具体的には，断面の塑性化モデルの解説を行い，異なる断面の降伏関数を誘導する．また，骨組の有限要素解析の基礎となるマトリックス表現された釣り合い式を誘導し，構造解析を行う上で必要となる座標変換を通して，構造物全体を捉えた剛性方程式を誘導するプロセスを述べる．その際に，有限要素法のアプリケーションで行っていることと同様なプロセスを踏む極めて単純な平面トラス構造物を対象とした例題を紹介する．次に，部材の断面分割を利用した弾塑性解析モデル，崩壊荷重を求める際の荷重増分法フローを紹介し，メカニズムに基づく崩壊荷重と弾塑性シミュレーションによるものとを比較して挙動を解説する．

　以上を通して，材料学的非線形性を配慮した解析を実行する上での基本的な部分を理解していただければ幸いである．

4.2　梁部材はどのように塑性化するのか

　フレームを構成する梁部材はどのように壊れていくのかを分析，モデル化し，破壊する基準である降伏関数を誘導していく．応力度の定義など，基本的な力学の知識があれば理解できる．

4.2.1　矩形断面梁の降伏関数

　部材の塑性化基準を表わす重要な関係であり，多くのテキストで取り上げられているが，詳

94   第4章 フレームの弾塑性解析入門

解しておく．

図 4.1 に示すような梁を考える．断面は幅が b，高さが d の矩形状であるとする．断面に発生する応力度を σ で表現し，図の上段のように分布していると考える．

(1) 軸力が作用していない場合

曲げモーメントが支配的である場合，図 4.1 の中段，下段のように塑性化が進展していくモデルが適用されよう．降伏関数は曲げモーメントのみの関数となるため，全塑性モーメントがそのまま降伏関数となる．塑性化は図のように進行していく．断面全体が塑性化したところで，塑性ヒンジが形成され，発生する曲げモーメントは全塑性モーメントと等しく，これ以降，上昇することは無い．塑性ヒンジは人間の関節のように回転可能な状況になり，例えば割り箸が折れた状態などをイメージすれば理解できよう．この時，発生している曲げモーメントは，各ステージで次のように計算される．

(弾性時)

$$M = \int \sigma \cdot y dA = 2\int_0^{\frac{d}{2}} \sigma \cdot y \cdot bdy \tag{4.1}$$

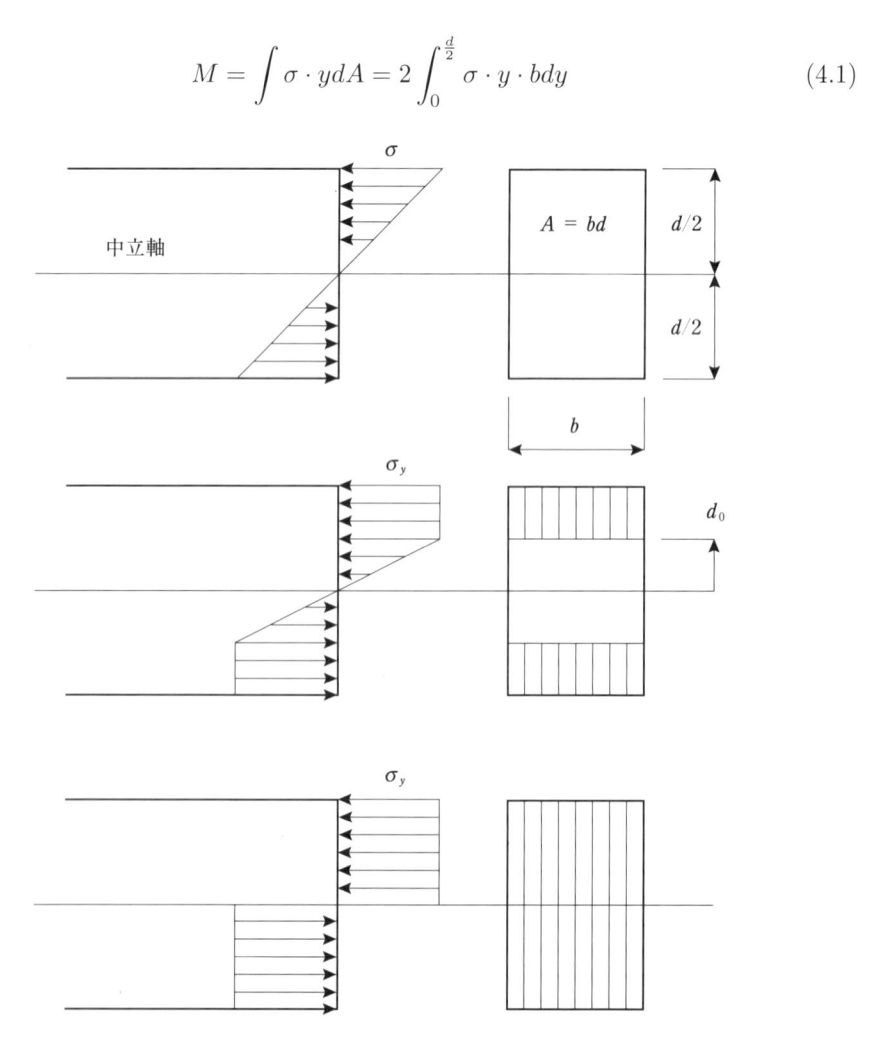

図 4.1 矩形断面の塑性降伏の進展モデル

(弾塑性時)
$$M = \int \sigma \cdot y dA_1 + \int \sigma_y \cdot y dA_2 = 2\int_0^{d_0} \sigma \cdot y \cdot bdy + 2\int_{d_0}^{\frac{d}{2}} \sigma_y \cdot y \cdot bdy \quad (4.2)$$

(塑性時)
$$M_P = \sigma_y \cdot Z_P \quad (4.3)$$

(4.3) 式において，Z_P のことを塑性断面係数と呼ぶ．図 4.1 に示す矩形断面では $Z_P = bd^2/4$ となる．初等構造力学で学んだ断面係数とは異なることに注意する．

簡易的な弾塑性解析は，弾性と塑性の混在する範囲をスキップして，曲げモーメントの値が M_P に達したときにその部分が塑性ヒンジとなり，荷重を負担しないようにする「完全弾塑性型」の計算方法を採用することが多い．この手法で計算された弾塑性耐力（保有水平耐力）は精算する場合と較べてやや大きめのものとなる点を留意しておく必要がある．

(4.3) 式では，曲げのみによって部材の塑性化が進行するとしている．そのため，部材の塑性化に軸力の寄与が大きくなれば，図 4.2 のような精密モデルと簡易モデルによる差異が大きくなることにも留意されたい．加えて，幾何学的非線形性が構造物の挙動に多大な影響を与える場合，つまり座屈が構造物の崩壊に寄与する部分が大きくなるものについては精密なモデル化が必要となる．

(2) 軸力と曲げモーメントが作用している場合

軸力が作用しているため，中立軸は必ずしも断面の図心軸と一致しない．塑性化は，図のように進行していく．そして，断面全体が塑性化することで，塑性ヒンジとなる．

この場合，図 4.4 のように曲げモーメントによって部材断面が塑性化する部分と，軸力による塑性化部分とに分けて釣り合いを取ることで，降伏関数が誘導される．

$$M = \sigma_y (d-a) b \times a \quad (4.4)$$
$$N = \sigma_y (2a-d) b \quad (4.5)$$

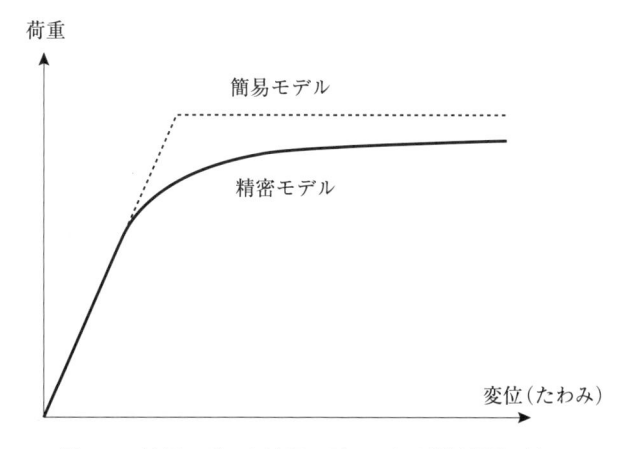

図 4.2 簡易モデルと精密モデルによる解析結果の違い

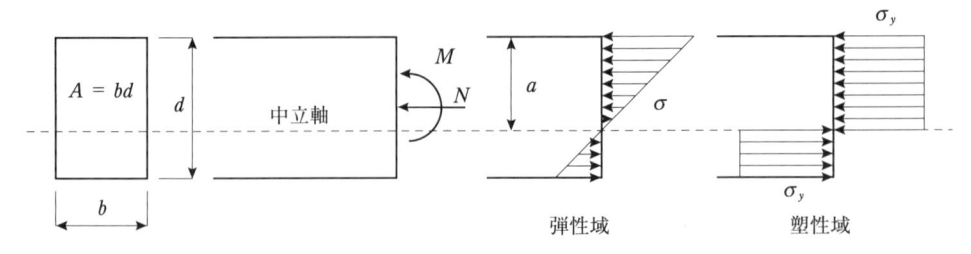

図 4.3　軸力と曲げモーメントを受ける矩形断面部材

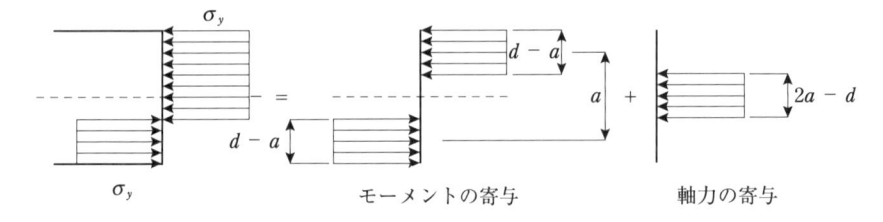

図 4.4　軸力と曲げモーメントの寄与

$a = d$ であれば，軸力のみの式となり，$a = d/2$ の時，モーメントのみの式となる．各々から，全塑性モーメント M_P と，降伏軸力 N_y は次のように定義できる．

$$M_P = \sigma_y \frac{bd^2}{4} \tag{4.6}$$

$$N_y = \sigma_y A \tag{4.7}$$

ここで，(4.4)/(4.6)+(4.5)/(4.7) 式を計算すると，

$$\begin{aligned}
\frac{M}{M_P} &= \frac{(d-a)b \cdot a \times 4}{bd^2} = -\frac{4a^2}{d^2} + \frac{4a}{d} \\
\left(\frac{N}{N_y}\right)^2 &= \frac{(2a-d)^2 b^2}{b^2 d^2} = \frac{4a^2 b^2 - 2adb^2 + d^2 b^2}{b^2 d^2} = \frac{4a^2}{d^2} - \frac{4a}{d} + 1 \\
\frac{M}{M_P} &+ \left(\frac{N}{N_y}\right)^2 = 1
\end{aligned} \tag{4.8}$$

(4.8) 式が軸力と曲げモーメントを受ける場合の降伏関数である．

降伏関数を図 4.5 に示す．荷重の増加に従って，部材に発生する軸力と曲げモーメントの量が変化していく．その応力の経路が，より軸力が支配的な場合は，実線のように，曲げ支配が大きければ点線のようになる．図に示した通り，実際の事象では図のような非線形の経路となる．降伏関数に経路が到達して後は，降伏関数上を移動することになる．

4.2.2　パイプ断面梁の降伏関数

降伏関数を誘導する例題として，テキストで取り上げられることが少ないが実際に利用されることもしばしばであるパイプ断面を対象に降伏関数の誘導を紹介しておく．ここでは，軸力

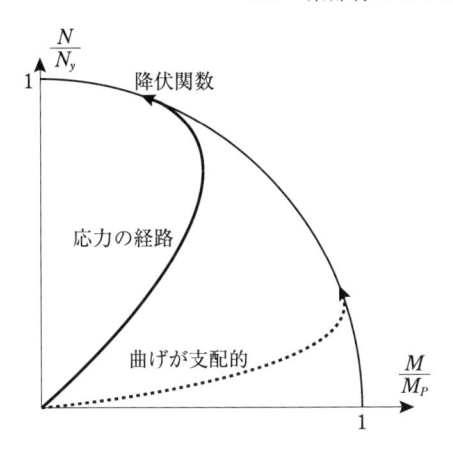

4.2. 梁部材はどのように塑性化するのか

図 4.5 降伏関数と応力の辿る経路

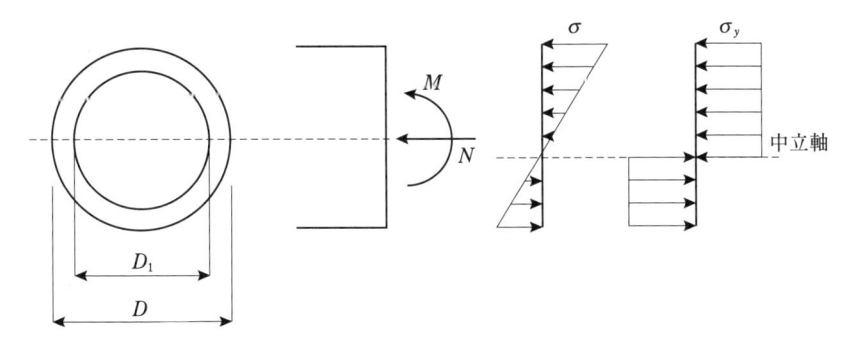

図 4.6 円管断面とその応力分布

と曲げとが同時に作用している場合のみ例示する．図 4.6 に示すように，外径が D，内径が D_1 のパイプ断面を考える．矩形断面と同様の考え方で，曲げ応力度が支配的な上下の縁の部分と，直応力度が支配的な中央部分に分けて M と N との釣り合いを取る．各々の支配面積を曲げ支配部分は上下縁に A_1，直応力度支配部分は A_2 が左右にあることになる．図 4.7 を参考にしながら，各々の面積を求めてみる．中心角 θ を有する外側と内側の円弧で囲まれたパイプの面積は，

$$S = \left(D^2 - D_1^2\right)\frac{\theta}{4}$$

軸力作用が支配的な面積 A_2 は次のように得られる．

$$A_2 = 2 \times S = \left(D^2 - D_1^2\right)\frac{\theta}{2}$$

これを取り除いた部分である A_1 の x 軸から y 方向に計測した図心距離は，パイプ外半径を r，厚さを t と表現した場合，

$$y_G = \left(r - \frac{3r-2t}{2r-t} \cdot \frac{t}{3}\right) \frac{\left\{\cos\theta - \cos\left(\theta + \pi^2\theta\right)\right\}}{\pi - 2\theta}$$

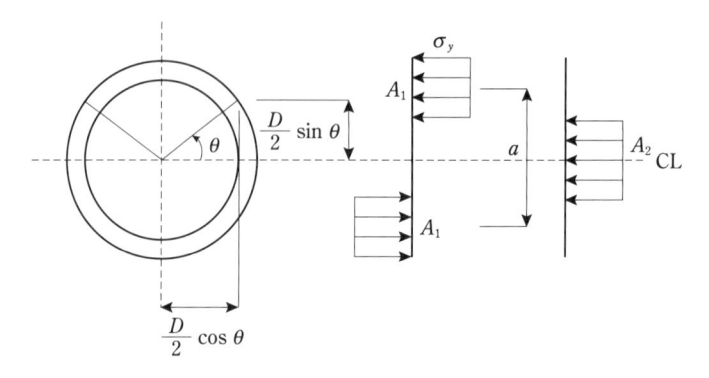

図 4.7 パイプ断面内の曲げ・軸力支配面積

とできる．これに，r, t と D, D_1 との関係，

$$r = \frac{D}{2}, \qquad t = \frac{(D - D_1)}{2}$$

を適用すれば，

$$y_G = \left\{ D - \frac{(D + 2D_1)(D - D_1)}{3(D + D_1)} \right\} \frac{\cos\theta}{\pi - 2\theta} = \frac{a}{2}$$

$$a = \left\{ D - \frac{(D + 2D_1)(D - D_1)^2}{3(D^2 - D_1^2)} \right\} \frac{2\cos\theta}{\pi - 2\theta}$$

と上下縁にある面積 A_1 間のアームの距離が計算できる．また，A_1 の大きさは，

$$A_1 = \left(\frac{D^2 - D_1^2}{4}\pi - \frac{D^2 - D_1^2}{\theta} \right) \times \frac{1}{2} = \frac{1}{8}(D^2 - D_1^2)(\pi - 2\theta)$$

ここで，軸力，曲げモーメントの釣り合いを取ってみれば，

$$N = \sigma_y \cdot A_2 = \sigma_y \frac{(D^2 - D_1^2)}{2}\theta$$

$$M = \sigma_y \cdot A_1 \times a = \sigma_y \frac{(D^3 - D_1^3)}{6}\cos\theta$$

従って，パイプ断面の塑性断面係数は，

$$Z_P = \frac{1}{6}D^3 \left\{ 1 - \left(1 - \frac{D - D_1}{D} \right)^3 \right\} \tag{4.9}$$

降伏関数は，次のような正規化を行ない，

$$\frac{N}{N_y} = \frac{\sigma_y \dfrac{(D^2 - D_1^2)}{2}\theta}{\sigma_y \dfrac{(D^2 - D_1^2)}{4}\pi} = 2\frac{\theta}{\pi}$$

$$\frac{M}{M_P} = \frac{\sigma_y \dfrac{(D^3 - D_1^3)}{6}\cos\theta}{\sigma_y \dfrac{(D^3 - D_1^3)}{6}} = \cos\theta$$

であり，
$$\theta = \frac{\pi}{2} \cdot \frac{N}{N_y}$$
と出来るから，
$$\frac{M}{M_P} = \cos\left(\frac{\pi}{2} \cdot \frac{N}{N_y}\right) \tag{4.10}$$
と降伏関数が得られる．この式誘導を例題として，様々な断面の降伏関数の誘導にチャレンジしてもらいたい．

4.2.3 塑性関節理論に基づくフレームの崩壊荷重を求める基礎式

仮想仕事の原理から次の式が誘導できる．
$$\sum dP_i du_i = \int \frac{dM}{d\rho} d\rho^2 ds + \sum \frac{dM}{d\theta}(d\theta)^2 \tag{4.11}$$
この式は，荷重 P_i に任意の変化 dP_i が生じたとして，それに伴う変位，曲げモーメント，曲率，回転角が各々，$du_i, dM, d\rho, d\theta$ だけ変化した場合の仕事量を計算している式と理解できる．尚，s は梁の長さ方向のパラメータである．荷重 $(P_i + dP_i)$ は，モーメント $(M + dM)$ と釣り合っていると考え，つまり，dP_i と dM も増分量同士で平衡状態にあると考える．

塑性崩壊が始まれば，構造物の負担する荷重の増加(増分)はなくなり，塑性ヒンジとなった部分では回転角は任意(つまり，$d\theta$ は無限大とできる)となるから，
$$dP_i = 0, \qquad \frac{dM}{d\theta} = 0$$
更に，曲げによる曲率 ρ が増加していくことで，モーメントは増加することになるから，その変化率(傾き)は，
$$\frac{dM}{d\rho} > 0$$
となる．以上のように考えれば，(4.11)式の積分部分は零にならなければならず，
$$d\rho = 0$$
が成り立つ必要がある．従って，曲げモーメントの増分 dM も，
$$dM = 0$$
となる(曲率の増加がないわけだから，曲げモーメントの増加もない)．つまり，「崩壊状態にある構造物では，構造物の変形が進行しても曲げモーメントの変化はない」ことを表している．

改めて，離散的に仮想仕事式を書き直すと，
$$\sum P_i u_i = \sum M_j \theta_j \tag{4.12}$$
であり，これがフレームの崩壊メカニズムから崩壊荷重を計算する基礎式となる．M_j を全塑性モーメントと見なせば，この式は外力のなした仕事が，塑性ヒンジによって吸収される仕事と等しいことを示している．

4.2.4 上界定理に基づくフレームの崩壊荷重の計算例

上界定理 (Upper Bound Theorem) とは，対象フレームに対して発生しうる崩壊メカニズムに対応する崩壊荷重のうち，もっとも小さなものが真の崩壊荷重となり，他の解がすべてその上界にあることを示した定理である．単純に，考えられる崩壊メカニズムを挙げて，各々に対して崩壊荷重を求め，最小のものを採用すれば，それが崩壊荷重となる．この上界定理を利用してフレームの崩壊荷重を求める簡単な例題をこの節に示しておく．図 4.8 に示される各々の崩壊モードに対して，崩壊荷重を求めてみる．(a) は，梁のみが崩壊するモードである．水平荷重では仕事が発生しない．

$$2PL\theta = M_P \times 4\theta \tag{a}$$

$$P_a = 2\frac{M_P}{L}$$

次にフレームが横に倒れていくフレーム崩壊形式のものが図中の (b) である．鉛直荷重 $2P$ は仕事をなさない．

$$PL\theta = 2M_P \times 4\theta \tag{b}$$

$$P_b = 8\frac{M_p}{L}$$

最後の (c) のモードは先の 2 種類のモードが複合的に生起しているもので，複合崩壊モードとも呼ばれる．鉛直，水平双方の荷重が仕事をなす．

$$PL\theta + 2PL\theta = M_P \times 4\theta + 2M_P \times 2\theta \tag{c}$$

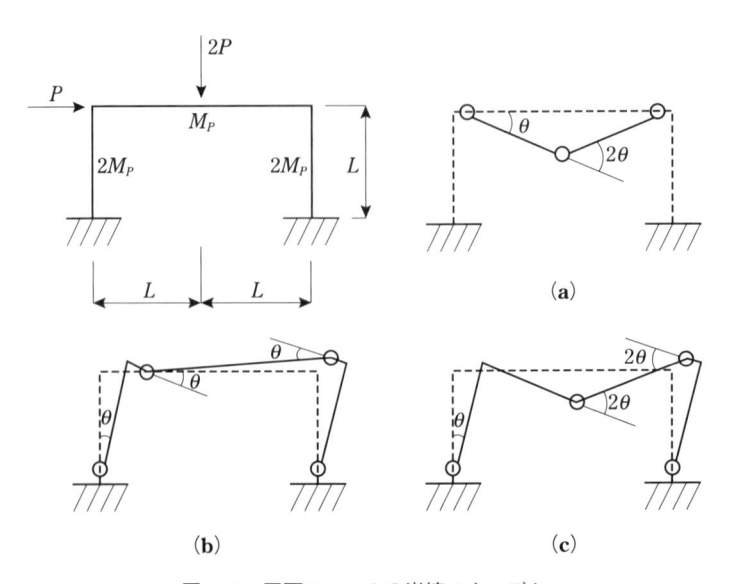

図 4.8 平面フレームの崩壊メカニズム

$$P_c = \frac{8}{3}\frac{M_P}{L}$$

以上から，P_a が最も小さいため，梁が崩壊する (a) 形式でこのフレームは崩壊することになる．今回の例題は梁の全塑性モーメントが柱の半分となるモデルであったため，梁崩壊の進行が最も早いものとなった．

4.3 フレームの有限要素解析の基礎

4.3.1 梁部材の剛性方程式

総ポテンシャルエネルギーを計算することによって，梁の剛性方程式を誘導しておく．この誘導は文献 [1] などでも見られ，有限要素法のもっとも基礎的かつ重要な式展開と言える．図 4.9 に示す梁の微小部分に発生する応力とひずみから次のようにひずみエネルギーが計算される．

$$U = \frac{1}{2}\int_V \sigma\varepsilon dV = \frac{1}{2}\int_V E\left(\frac{du}{dx}\right)^2 dV + \frac{1}{2}\int_V Ey^2\left(\frac{d^2v}{dx^2}\right)^2 dV \tag{4.13}$$

ここで，V は部材の体積を表す．また，外力のなす仕事，つまり外力ポテンシャルは，材端変位と応力を図 4.9 のように表示するとして，次のように求められる．

$$W = \sum_{i=1}^{2}\left(P_i \times u_i + Q_i \times v_i + M_i \times \theta_i\right) \tag{4.14}$$

釣り合い条件は，総ポテンシャルエネルギーの第一変分が零となることから得られるので，

$$\delta\Pi = \delta(U - W) = 0 \tag{4.15}$$

ここで利用する変位−ひずみ関係式は次のようになる．

$$\frac{du(x)}{dx} = \frac{u_2 - u_1}{L}$$

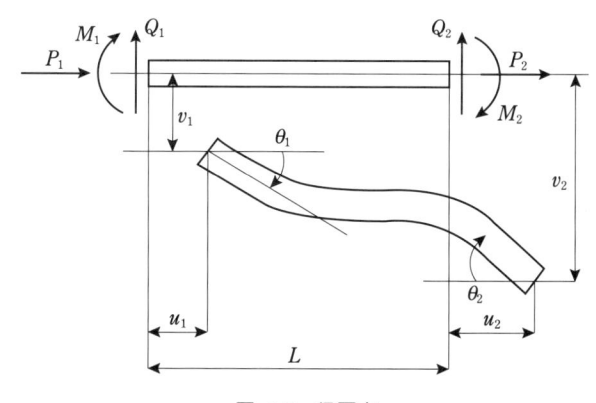

図 4.9 梁要素

上式で，変位関数 $u(x)$ は材軸方向座標 x に関する 1 次関数と仮定されている．$\dfrac{d^2v}{dx^2}$ は次のようにたわみ v を x の関数で仮定した上で計算する．

$$v(x) = a + bx + cx^2 + dx^3$$

$$\frac{dv(x)}{dx} = b + 2cx + 3dx^2$$

a, b, c, d の各係数は，部材端条件を代入することで得られる．これらを纏めてマトリックスで表示すれば，平面フレームを構成する梁要素の部材座標系での剛性マトリックスが得られる．

$$[k] = \begin{bmatrix} \dfrac{EA}{L} & 0 & 0 & -\dfrac{EA}{L} & 0 & 0 \\ 0 & \dfrac{12EI}{L^3} & \dfrac{6EI}{L^2} & 0 & -\dfrac{12EI}{L^3} & 0 \\ 0 & \dfrac{6EI}{L^2} & \dfrac{4EI}{L} & 0 & -\dfrac{6EI}{L^2} & 0 \\ -\dfrac{EA}{L} & 0 & 0 & \dfrac{EA}{L} & 0 & 0 \\ 0 & -\dfrac{12EI}{L^3} & -\dfrac{6EI}{L^2} & 0 & \dfrac{12EI}{L^3} & -\dfrac{6EI}{L^2} \\ 0 & \dfrac{6EI}{L^2} & \dfrac{2EI}{L} & 0 & -\dfrac{6EI}{L^2} & \dfrac{4EI}{L} \end{bmatrix} \quad (4.16)$$

たわみ角法の基本式と同様な項が入っている．

4.3.2 任意の傾きを持った梁部材の剛性マトリックス

部材座標系で計測された剛性マトリックス，変位ベクトル，荷重ベクトルは，構造物全体の物理量を計測する際に用いられる全体座標系での表記に変換される必要がある．この 2 つの座標系間にある関係式は，図 4.10 に示す変位ベクトル成分同士の関係を配慮することで誘導できる．スモールレターのベクトルを部材座標系のものとし，キャピタルレターが全体座標系でのベクトルを表す．各々をマトリックスで表現してみれば，

$$\{u\} = [R]\{U\} \quad (4.17)$$

$$\{u\}^T = \left\{ \begin{array}{cccccc} u_1 & v_1 & \theta_1 & u_2 & v_2 & \theta_2 \end{array} \right\}$$

$$\{U\}^T = \left\{ \begin{array}{cccccc} U_1 & V_1 & \theta_1 & U_2 & V_2 & \theta_2 \end{array} \right\}$$

(4.17) 式で，$[R]$ のことを座標変換マトリックスと呼ぶ．材端の回転量はこのような座標変換に対して不変であるため，同じ表記となっている．従って，座標変換マトリックスは，

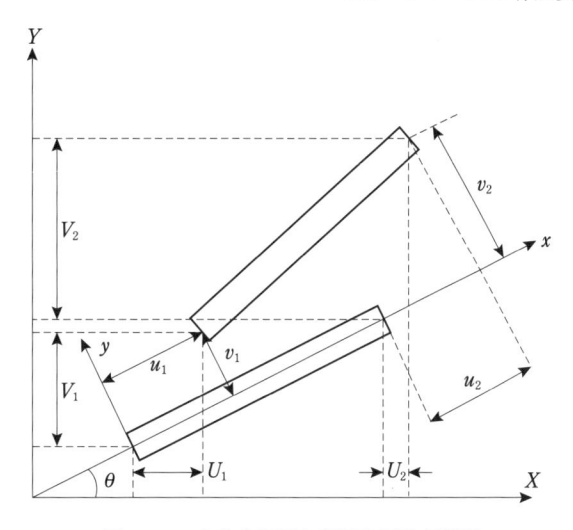

図 4.10 全体座標系と部材座標系の関係

$$[R] = \begin{bmatrix} \cos\theta & -\sin\theta & 0 & 0 & 0 & 0 \\ \sin\theta & \cos\theta & 0 & 0 & 0 & 0 \\ 0 & 0 & 1 & 0 & 0 & 0 \\ 0 & 0 & 0 & \cos\theta & -\sin\theta & 0 \\ 0 & 0 & 0 & \sin\theta & \cos\theta & 0 \\ 0 & 0 & 0 & 0 & 0 & 1 \end{bmatrix} \quad (4.18)$$

同様に，荷重ベクトルについても，

$$\{p\} = [R]\{P\} \quad (4.19)$$

これを梁部材の部材座標系で計測された剛性方程式に代入すると，

$$[R]\{P\} = [k][R]\{U\}$$
$$\{P\} = [R]^{-1}[k][R]\{U\}$$

となり，

$$[R]^{-1}[k][R] = [K]$$

が全体座標系での部材剛性マトリックスとなる．また，$[R]$ が正値対称マトリックスであることから，

$$[R]^{-1} = [R]^T$$

であり，改めて，

$$[K] = [R]^T[k][R] \quad (4.20)$$

と書くこととする．

4.3.3 フレーム構造の剛性方程式の計算

先のマトリックスで表現された剛性方程式を実際にはどのように誘導していくのかを例題解説する．シンプルな例題にするために，軸剛性のみを有するトラス部材で構成される 2 部材トラス構造を対象として，有限要素法的な解法つまりマトリックス法によって，トラスの変位ベクトルを求めてみる．基本的に他の要素，梁要素，平面要素，シェル要素，立体要素を用いる有限要素法でも同じルーチンで計算は進められる．

(1) 部材剛性マトリックス

部材座標系で計測された個材の剛性マトリックスを誘導する．これは，部材長と材料定数であるヤング係数，部材断面積が決まれば一律に計算できる．

$$[k_{(1)}] = \frac{EA}{\sqrt{2}L}\begin{bmatrix} 1 & -1 \\ -1 & 1 \end{bmatrix}$$

$$[k_{(2)}] = \frac{EA}{\sqrt{2}L}\begin{bmatrix} 1 & -1 \\ -1 & 1 \end{bmatrix}$$

今回の例題では 2 部材とも同じ材料のもので (ヤング係数が同じ)，断面積 A，部材長 $\sqrt{2}L$ も共通となるので，同じ剛性マトリックスが得られる．

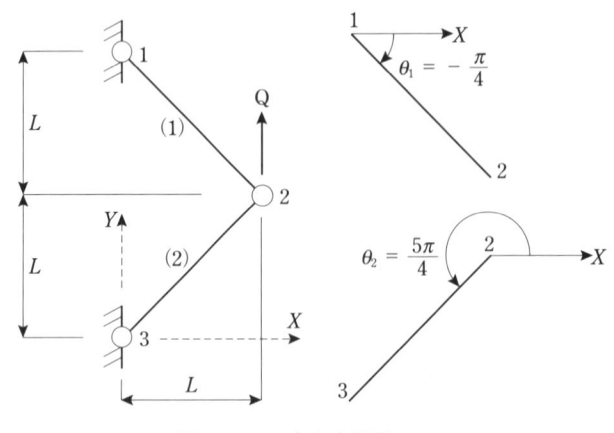

図 4.11 2 自由度平面トラス

(2) 座標変換マトリックス

構造物のデータは節点の全体座標系での座標値と，その節点同士のつながりを表すデータ (例えば，今回の例題では (1) 部材は節点 1 と節点 2 に接続されているといった情報)，材料定数，拘束条件，荷重条件が与えられ，それらの情報から構造物の剛性を評価していくことになる．従って，節点座標値と部材両端の節点の情報から，全体座標系に対する部材の傾きを計算する関

数を計算プログラム内に用意し，そこで先の剛性マトリックスに用いられる部材長と共に，傾斜角も計算しておく．その傾斜角から各部材の座標変換マトリックスが次のように計算できる．

$$\left\{\begin{array}{c} u_1 \\ v_1 \\ u_2 \\ v_2 \end{array}\right\} = \left[\begin{array}{cccc} \cos\theta_1 & -\sin\theta_1 & 0 & 0 \\ \sin\theta_1 & \cos\theta_1 & 0 & 0 \\ 0 & 0 & \cos\theta_1 & -\sin\theta_1 \\ 0 & 0 & \sin\theta_1 & \cos\theta_1 \end{array}\right] \left\{\begin{array}{c} U_1 \\ V_1 \\ U_2 \\ V_2 \end{array}\right\}$$

$$\left\{\begin{array}{c} u_2 \\ v_2 \\ u_3 \\ v_3 \end{array}\right\} = \left[\begin{array}{cccc} \cos\theta_2 & -\sin\theta_2 & 0 & 0 \\ \sin\theta_2 & \cos\theta_2 & 0 & 0 \\ 0 & 0 & \cos\theta_2 & -\sin\theta_2 \\ 0 & 0 & \sin\theta_2 & \cos\theta_2 \end{array}\right] \left\{\begin{array}{c} U_1 \\ V_1 \\ U_2 \\ V_2 \end{array}\right\}$$

$$[R_{(1)}] = \left[\begin{array}{cccc} \dfrac{1}{\sqrt{2}} & -\dfrac{1}{\sqrt{2}} & 0 & 0 \\ \dfrac{1}{\sqrt{2}} & \dfrac{1}{\sqrt{2}} & 0 & 0 \\ 0 & 0 & \dfrac{1}{\sqrt{2}} & -\dfrac{1}{\sqrt{2}} \\ 0 & 0 & \dfrac{1}{\sqrt{2}} & \dfrac{1}{\sqrt{2}} \end{array}\right]$$

$$[R_{(2)}] = \left[\begin{array}{cccc} -\dfrac{1}{\sqrt{2}} & -\dfrac{1}{\sqrt{2}} & 0 & 0 \\ \dfrac{1}{\sqrt{2}} & -\dfrac{1}{\sqrt{2}} & 0 & 0 \\ 0 & 0 & -\dfrac{1}{\sqrt{2}} & -\dfrac{1}{\sqrt{2}} \\ 0 & 0 & \dfrac{1}{\sqrt{2}} & -\dfrac{1}{\sqrt{2}} \end{array}\right]$$

ここで梁要素に存在した回転角に関する項は省略されることとなる．

(3) 全体座標系における部材剛性マトリックスの計算

(4.20) 式を用いて，部材座標系の部材剛性マトリックスを全体座標系のものに変換する．

$$[K_{(1)}] = [R_{(1)}]^T [k_{(1)}] [R_{(1)}]$$

$$[K_{(2)}] = [R_{(2)}]^T [k_{(2)}] [R_{(2)}]$$

$$[K_{(1)}] = \dfrac{EA}{2\sqrt{2}L} \left[\begin{array}{cccc} 1 & -1 & -1 & 1 \\ -1 & 1 & 1 & -1 \\ -1 & 1 & 1 & -1 \\ 1 & -1 & -1 & 1 \end{array}\right]$$

$$[K_{(2)}] = \frac{EA}{2\sqrt{2}L} \begin{bmatrix} -1 & -1 & 1 & 1 \\ -1 & -1 & 1 & 1 \\ 1 & 1 & -1 & -1 \\ 1 & 1 & -1 & -1 \end{bmatrix}$$

(4) 全体座標系における構造物としての剛性マトリックス

既に得られた $[K_{(1)}]$ と $[K_{(2)}]$ を未知量の位置を合わせるように足し込むことで，構造物の剛性マトリックスとなる．従って，接合部の変位に関わる部分で各部材の剛性マトリックスが足し込まれていくことになる．

$$[K] = \frac{EA}{2\sqrt{2}L} \begin{bmatrix} 1 & -1 & -1 & -1 & 0 & 0 \\ -1 & 1 & 1 & 1 & 0 & 0 \\ -1 & 1 & 2 & 0 & -1 & -1 \\ 1 & -1 & 0 & 2 & -1 & -1 \\ 0 & 0 & -1 & -1 & 1 & 1 \\ 0 & 0 & -1 & -1 & 1 & 1 \end{bmatrix} \quad (4.21)$$

マトリックス内において，左上実線で囲まれているものが $[K_{(1)}]$ であり，右下実線で囲まれているものが $[K_{(2)}]$ である．双方の部材は節点 2 で接合されているため，その部分で剛性の足し込みが実行されていることが確認できる．

(5) 境界条件の配慮

剛性マトリックスの横に構造物の節点自由度となる変位ベクトルを書き込み，拘束条件を配慮してみる．

$$\frac{EA}{2\sqrt{2}L} \begin{bmatrix} 1 & -1 & -1 & -1 & 0 & 0 \\ -1 & 1 & 1 & 1 & 0 & 0 \\ -1 & 1 & 2 & 0 & -1 & -1 \\ 1 & -1 & 0 & 2 & -1 & -1 \\ 0 & 0 & -1 & -1 & 1 & 1 \\ 0 & 0 & -1 & -1 & 1 & 1 \end{bmatrix} \begin{Bmatrix} U_1 \\ V_1 \\ U_2 \\ V_2 \\ U_3 \\ V_3 \end{Bmatrix}$$

ここで，U_2, V_2 以外は拘束されているため，最終的に構造物の剛性として考えるべき部分は式内の四角で囲まれた部分のみとなる．拘束され，移動できない自由度はこのように解くべき方程式から除かれる．

(6) 剛 性 方 程 式

最終的に得られる剛性方程式は自由度に対応する荷重ベクトルを作成した後，次のように書き表されることとなる．

$$\frac{EA}{2\sqrt{2}L} \begin{bmatrix} 2 & 0 \\ 0 & 2 \end{bmatrix} \begin{Bmatrix} U_2 \\ V_2 \end{Bmatrix} = \begin{Bmatrix} 0 \\ Q \end{Bmatrix} \tag{4.22}$$

本例題では，2節点目の鉛直方向上向きにのみ荷重が作用しているので，V_2 に関わる成分に荷重成分 Q が入ることになる．荷重が作用していない部分には 0 が入る．最後に，(4.22) 式を解いて U_2, V_2 を求めれば良い．

4.4 荷重増分法に基づく弾塑性解析

荷重増分法 (Load Incremental Method) とは，荷重値が 1, 2, 3 と増加していく中で，各々の荷重時で釣合 (剛性) 方程式を解いて行く方法であり，非線形問題を取り扱う際に用いられる．直前の荷重ステップで評価された剛性マトリックスが次のステップに引き継がれることに留意する．例えば，ある部材が降伏して剛性を失った場合，構造物全体の剛性マトリックスはより小さな剛性を与えるものに修正されて，その剛性マトリックスを用いて次の荷重との釣り合いを取ることになる．また，荷重増分間に剛性が小さくなることから，その間に内力 (応力) と外力の不釣り合いが生じる．その内力と外力の差異を不釣り合い力と言い，これを解消させるために収束計算を行う必要がある．

しかしながら，十分小さな荷重増分を与えることによって，収束計算を行う頻度は少なくなる訳で，解析スピードを得るには，収束計算をどの程度行うのか，荷重増分値をどの程度のレベルにしておくのか，を経験的に把握しておく必要がある．構造物を「圧し切って終局耐力を求める」場合，プッシュオーバーアナリシス (Pushover Analysis) と呼称されることも多い．計算の流れを図 4.12 に示す．

例題として，単純梁の弾塑性解析を考えてみる．中央部分で曲げモーメントが最大になり，材料の降伏応力度に達すると中央部分が塑性ヒンジとなる．その後は曲げモーメントを負担できなくなり，不安定に陥る．不安定になると，剛性マトリックスはシンギュラーになり，逆マトリックスが求められなくなる．つまり，シミュレーションプログラムで実行すればエラーメッセージを提示し，停止することになる．一方，一節点の塑性ヒンジ化によって不安定 (崩壊) に至らない構造物の例として，図 4.13 に示すような一次不静定の梁を考える．中央のモーメントと固定端のモーメントが卓越するが，中央で塑性ヒンジが生じても崩壊に至らず，固定端でも塑性化することで崩壊となる．

4.4.1 部材断面分割をしない場合の弾塑性解析

断面を分割しない場合，断面内の塑性化の進行をシミュレートすることができない．つまり，仮に曲げモーメントが支配的であり，破壊基準を曲げモーメントのみに依存するものとすれば，断面に発生する曲げモーメントが全塑性モーメント M_P に達することでその部位が破壊し，曲

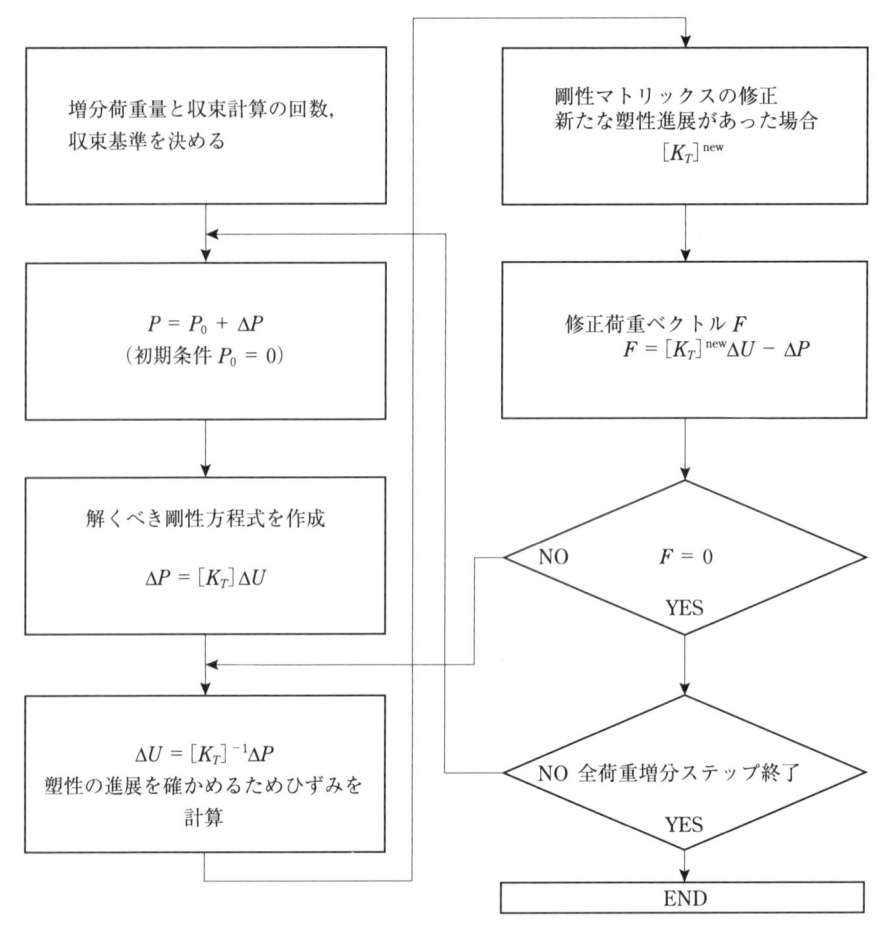

図 4.12　荷重増分法のフローチャート

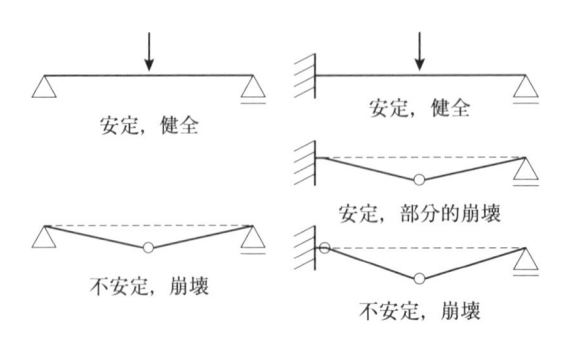

図 4.13　単純梁と不静定梁の崩壊過程

げ剛性を有さなくなる条件を与えて解析を行うことになる．M_P に達するまでその部位が健全であるため，構造物の耐力をやや高めに評価するようになってしまう．また，不安定構造物になった時点で解析は通常続行不可能となり，エラー終了することとなる．

一方で軸力 (直応力) による寄与も破壊に与えるところが大きいと考えられる構造物では，破壊モデルは使用する断面に対応した降伏関数を採用する必要がある．軸応力と曲げモーメント

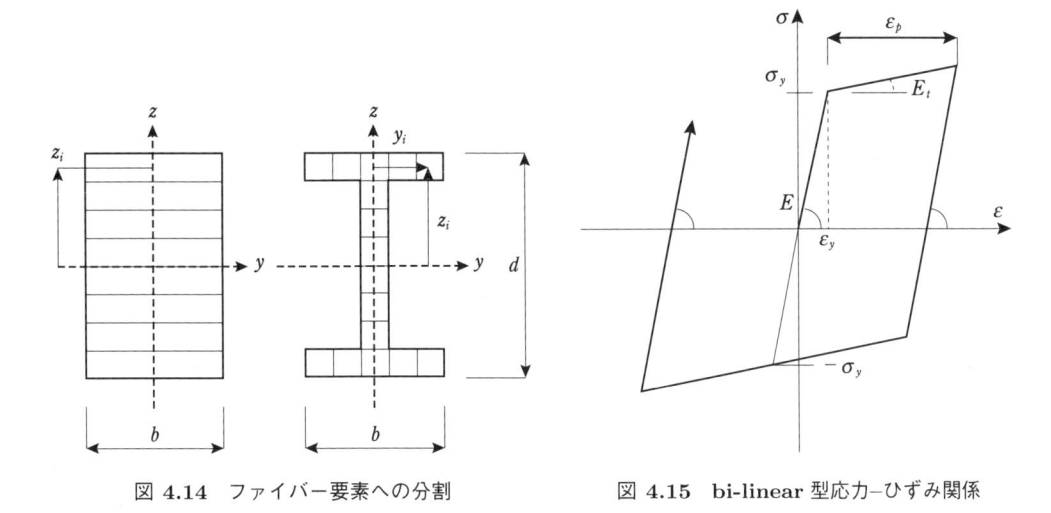

図 4.14　ファイバー要素への分割　　　　図 4.15　bi-linear 型応力–ひずみ関係

を追跡し，降伏関数に到達したか否かを判断し，到達後は降伏関数を辿るように軸力と曲げモーメントが決定されることになる．

4.4.2　ファイバー要素による弾塑性解析

ファイバー要素によって，矩形断面，H 形断面を分割した例を図 4.14 に示す．

矩形断面の分割は z 軸方向にのみ行われている．つまり，y 軸方向への塑性化の進行はシミュレートできない，もっとも単純な例題と言える．ここで，断面分割した際に用いられる y 軸回りの断面 2 次モーメントの計算の仕方であるが，i 番目のファイバー要素の断面積を ΔA_i と書き，y 軸から計測したファイバー要素の図心までの距離を z_i とすれば，次のように計算される．

$$I_y^R = \sum \left(\Delta A_i \cdot z_i^2 \right) \tag{4.23}$$

一方の H 形断面の分割では，z，y 軸双方向に塑性化を追跡できるが，z 軸回りの曲げに関しては，ウェブ材の曲げ剛性は評価されず，z 軸回りの曲げ破壊に関してはシミュレート精度が落ちるものとなっている．また，(4.23) 式で計算される断面 2 次モーメントは理論値よりも小さな値となる．その理論値と乖離しない程度に分割数を変化させて適切な分割を行う必要があることに留意されたい．

各々のファイバー要素には材料学的非線形性を仮定する必要がある．例えば，スチール系の材料であれば，バイリニア (bi-linear) モデルであったり，コンクリート系の材料であれば，より非線形性を表現できるようにトリリニア (tri-linear) モデルを用いたりする．ここでは，計算方法の理解が最重要と考え，シンプルで多くのテキストでも取り上げられている，バイリニアモデルの適用を紹介する．

図 4.15 の応力–ひずみ関係はファイバー要素一つ一つに仮定され，各々がどれだけの応力を受け，どのようなひずみを生じさせているかを計算する．また各々の塑性ひずみ量 ε_p を記憶さ

せておき、応力–ひずみ関係のどの位置にその要素が達しているのかを把握しておく必要がある. 図のように除荷に対する履歴も定義しておけば、繰り返し載荷時のシミュレーションも可能である. 材料が健全な範囲であれば、縦弾性係数は E であり、降伏応力度 σ_y に達して以降は、除荷した後の再載荷時を除いては、E_t に減退させることになる. スチールであれば、ひずみ硬化の影響を考慮して、$E_t = E/100$ 程度を用いることが多い.

4.5 フレームの保有水平耐力の計算

実際に、フレーム構造物の水平荷重時崩壊荷重を求めてみる. 例題は 1 スパンの単純な構造物であるが、多層多スパンであっても原理は同様であるので、解析結果との整合性を把握していただきたい.

4.5.1 仮想仕事式による崩壊荷重計算

表 4.1 及び図 4.16 に示す H 形鋼で構成された、平面フレームを考える. 柱は固定され、基本的に梁崩壊形式を有する構造物となるように、梁の全塑性モーメントを柱のものの半分以下になるように断面が決められている. また、各々の断面は強軸方向に抵抗するものとする. 確認のため、梁崩壊と柱崩壊のフレーム崩壊形式の崩壊荷重を求めておこう. 仮想仕事式に基づく、内部仕事と外部仕事の関係は次のように書ける. L はフレームの高さとしている.
(梁崩壊)

$$Q \times L\theta = M_P{}^b \times 2\theta + M_P{}^c \times 2\theta$$

表 4.1 フレームを構成する部材断面

	梁	柱
断面形状 [mm]	$175 \times 90 \times 5 \times 8$	$175 \times 175 \times 7.5 \times 11$
断面積 [mm^2]	2304	5121
断面 2 次モーメント [mm^4]	1210×10^4	2880×10^4
断面係数 [mm^3]	139×10^3	330×10^3
降伏応力度 [kN/mm^2]	0.2352	0.2352

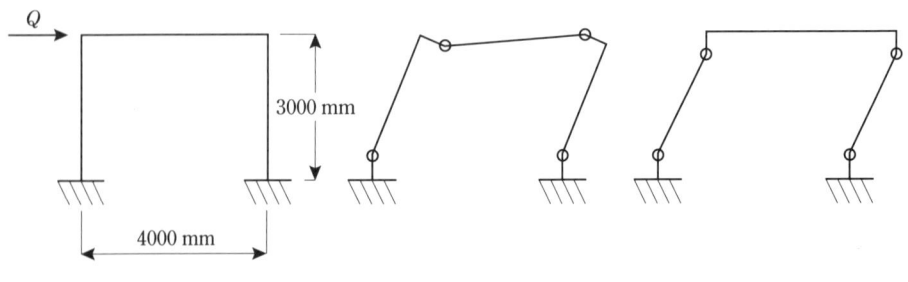

図 4.16 水平荷重を受ける門形フレームと梁崩壊と柱崩壊形式

$$Q_b = \frac{2\left(M_P{}^b + M_P{}^c\right)}{L}$$

(柱崩壊)

$$Q \times L\theta = 2M_P{}^c \times 4\theta$$
$$Q_c = \frac{8M_P{}^c}{L}$$

表 4.1 に示している部材断面諸元から次のように崩壊荷重は計算できる．梁崩壊が実際の崩壊荷重を与えるメカニズムになるから，

> 梁の全塑性モーメント $M_P{}^b$
> $$Z_P{}^b = f \times Z = 1.15 \times 139 \times 10^3 = 159.85 \times 10^3 \text{ [mm}^3\text{]}$$
> $$M_P{}^b = \sigma_y Z_P{}^b = 37596.72 \text{ [kN} \cdot \text{mm]}$$
> 柱の全塑性モーメント $M_P{}^c$
> $$Z_P{}^c = f \times Z = 1.15 \times 330 \times 10^3 = 379.50 \times 10^3 \text{ [mm}^3\text{]}$$
> $$M_P{}^c = \sigma_y Z_P{}^c = 89258.40 \text{ [kN} \cdot \text{mm]}$$
> フレームの崩壊荷重
> $$Q_u = Q_b = 84.57 \text{ [kN]}$$

ここで，f は形状係数 (Shape Factor) と呼ばれるもので，次のように定義される．

$$f = \frac{Z_P}{Z} \tag{4.24}$$

例えば，幅 b，高さ d の矩形断面であれば次のように計算できる．(4.6) 式を用いて，

$$f = \frac{\dfrac{bd^2}{4}}{\dfrac{bd^2}{6}} = \frac{6}{4} = 1.5 \tag{4.25}$$

H 形断面の場合，複雑な計算となるが，矩形断面のものと同様な方法で Z_P を求めてみると，幅の広いものであれば $f = 1.15$ 程度となる．H 形断面では断面係数と塑性断面係数に差異がなくなると記憶しておくと良い．

4.5.2 ファイバー要素による弾塑性解析結果

表 4.1 の断面をファイバー要素で断面分割し，弾塑性解析した結果を図 4.18 に示す．ファイバー要素の分割数はウエブを 12 分割，フランジを上下各々 6 分割した合計 24 分割としている．

また，図 4.17 のように，一部材の両端にファイバー要素を配慮した弾塑性パーツを配置し，弾塑性座屈も加味できるよう，部材中央にも同様のパーツを置いている．図中，ハッチされた部分が弾塑性要素である．その他の 2 要素は通常の梁要素であるが，これらを束ねて 1 つの要素と見立てて，剛性マトリックスを縮約することが望まれる．そうすることによって，構造物全体を対象とした剛性方程式の未知数を少なくでき，計算コストを削減できる．具体的には，両

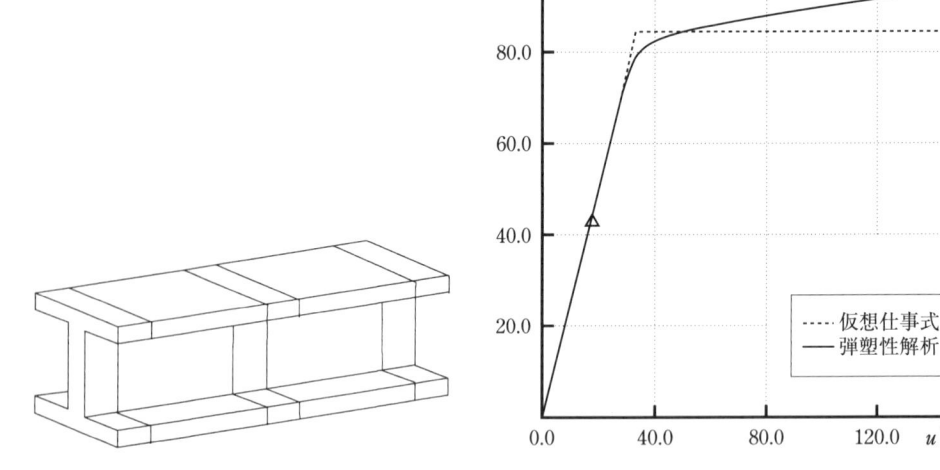

図 4.17　弾塑性要素を配慮し 5 要素で構成された部材　　図 4.18　フレームの水平荷重・変位関係

端の節点の変位以外の部材内部の節点の変位を消去する，つまり一度連立方程式を解いて，部材剛性方程式を再構成することになる．

図 4.18 を見て判るように，層間変位角 (層の水平変位 ÷ 層の高さ) 1/100 程度までのところで最大耐力を迎えており，耐力上，双方に大差はない．従って，対象フレームはメカニズムを仮定して保有水平耐力を決定しても問題のない構造物と言える．構造モデルとして，梁崩壊を優先させるような単純なモデルであるため，また，曲げ応力支配型となる応力分布を呈するモデルであるため，曲げモーメントのみで崩壊メカニズムを仮定したものと弾塑性解析に差異が出ていない．

参 考 文 献

〔1〕鷲津久一郎他『有限要素法ハンドブック I 基礎編』培風館，1981．
〔2〕D.R.J. Owen & E. Hinton: *FINITE ELEMENTS IN PLASTICITY—THEORY AND PRACTICE—*, Pineridge Press, 1980.
〔3〕高島英幸, 加藤史郎「緩みのある接合特性を有する単層ラチスドームの弾塑性挙動シミュレーション法」, 日本建築学会構造系論文集, 第 498 号, pp.91–97, 1997.
〔4〕木原博監修『塑性設計法』森北出版，1960．
〔5〕田中　尚『骨組の塑性力学』オーム社，1963．
〔6〕吉田総仁『弾塑性力学の基礎』共立出版，1997．
〔7〕大塚久哲『基礎弾・塑性力学』共立出版，1985．
〔8〕滝口克己『非線形構造力学』理数工学社，2002．
　[1] は有限要素法一般を扱うテキストとして極めて有用である．
　[2] は有限要素法を理解した上で，塑性解析の基礎を英語で学べる良い機会を与えてくれる．

[3] は骨組弾塑性シミュレーションの応用事例の 1 つとして挙げて置いた.

[4], [5] はいずれも初版の発行年月を示し，廃刊となっているが，フレームの塑性設計の基礎的な項目が網羅されている．古書店等で探索されたい．

[6]–[8] は現在でも入手可能．内容はややレベルの高い部分もあるが，[7] はフレームの極限解析について短い章ながら例題解説も行われており有用である．

第5章　構造振動学の基礎

5.1　はじめに

5.1.1　構造振動学を学ぶ意義

　1970年代までは，建築や土木の構造物の多くは，地震荷重や風荷重を静的外力に置き換えて設計されることが一般的で，多くの構造設計者は各種の設計基準，指針，示方書や建築基準法で指定された荷重を採用する限り，ほとんど振動学の知識なしでも構造設計できた．自動車など，いろいろな機械などと異なり，建築や土木構造物は大地にどっしりと不動の姿で建てられる"静的"構造物として扱われていた．

　しかしながら，1980年代以降，今日では，建築や土木の分野の構造設計は，地震や風などの変動外乱に対する構造物の動的挙動を把握せずに設計することは不可能となってきた．建築の構造設計で言えば，1981年の新耐震設計法の導入で大幅に振動の知識が求められるようになった．さらに，2000年からは建築物の構造性能を検証する手法として導入された限界耐力計算による耐震設計で，さらに高度な振動についての知識や具体的な振動応答計算が要求されるようになった．建築や土木の構造物も今や，"動的"構造物として扱われるようになったといえよう．

　この背景には，コンピューターの発達によって，振動応答計算のような膨大な数値計算も難なくできるようになってきたことや，地震動や風の記録がたくさん蓄積されて，それらの性質が明らかになったことがある．さらには，性能設計の時代になり，設計者は構造物の耐震性能を評価する必要が生じたことから，地震動や台風による構造物の挙動をより正確に把握することが求められるようになったことも背景にある．

　さらに，今日では構造物に生じる振動を，制御する技術が発達しており，免震構造，制振構造の普及にはめざましいものがある．以上のことから，今や建築や土木の構造設計者に，構造振動学の知識は不可欠であるといえる．

　建築や土木の構造物を対象にした振動学を，「構造振動学」と呼ぶが以下では簡単に「振動学」と略称する．

5.1.2　振勤学で用いる用語

　振勤学を学ぶ上で，前提となる用語のいくつかについて，簡単に説明しておこう．

第5章 構造振動学の基礎

- **入力・系・出力 ─現象の表示─**

ある現象を理解しようとするとき，図 5.1 のような図で表すと便利である．

この図は振動現象ばかりでなく多くの物理現象や化学の現象，あるいは社会現象をあらわすのにも用いられる．外乱として地震動や風圧を受ける構造物を考えてみよう．構造物が系 (System) であり，入力 (Input) は地震動や風圧などの時間変動する外乱である．系に作用した外乱によって時間変動する変位・速度・加速度が生じるが，それが出力 (Output) である．入力を外乱，出力を応答 (Response) とも言う．

```
入力（外乱）  → [ 系 System ] →  出力（応答）
   Input                          Output
```

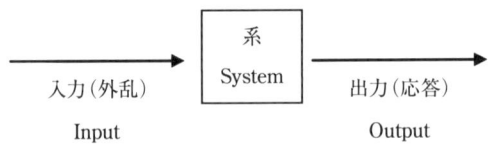

図 5.1　現象表示

力学現象の解明のためには，まず，対象構造物の単純化＝モデル化が必要となる．現象の本質を失わないように，しかし出来るだけ単純にすることが重要である．地上に建つ構造物について考えると，要求レベルに応じてモデル化は異なる．すなわち，地盤を固定とした力学モデルを考える場合，あるいは基礎の下の地盤を弾性体として構造物と一体で考える場合，さらには深い地下構造までを含めてモデルにする場合もあり，設計のレベルや対象にする構造物に応じて多様なモデル化が行われる．

- **振動系のモデル化**

現象を数式表現するために，構造物を単純化して力学モデルを作成する．一般的に次の2つのタイプにモデル化される．

1. 質点系モデル (集中質量系モデル)
2. 連続体モデル (分布質量系モデル)

- **質点系モデル (集中質量系モデル)**

図 5.2 に建築構造物のモデル化の例を示した．建築構造物の多くは，各階の床位置に重量が集中しているため，各階に質量を集中させ，柱は剛性のみを持ち質量は無いものとして扱う．集中した質量を大きさの無い点，質点として，串団子のような表現がよく用いられる．建築構造物と異なり，土木構造物，たとえば橋梁など，重量が特定のところに集中しているケースは少ないので，次に述べる連続体モデルが適切といえる．ただ，計算の簡略化や現象の大局的把握のために，たくさんの質点数からなる系で表現して，質点系モデルとして取り扱われる場合も多い．質点系は，質点の位置に座標を設定することで，振動現象を表す式の独立変数が時間のみの変数となり，数学的に常微分方程式で扱えることから計算が簡単になるので，構造振動学では非常によく使われる．図 5.2 中に示される，K は，ばね定数（または剛性）と呼ばれ，構造力学の変形の計算に基づいて計算できる．個々の構造物のばね定数の算定方法は応用編で示す．

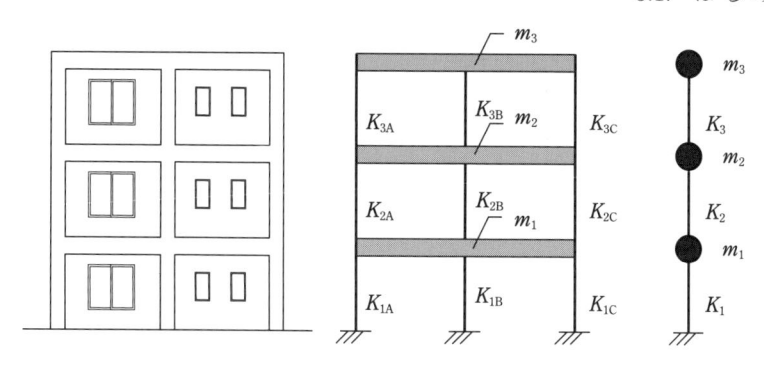

図 5.2 建物の質点系振動モデルへの置換

- 連続体モデル（分布質量系モデル）

橋梁や煙突などには重量の集中は無い．このような構造物の場合，質量を集中させるのは適当でないので質量が分布した状態で扱う．図 5.3 に示すような連続体モデル（または分布質量系モデル）であらわすことになる．この連続体モデルは，現象を位置と時間の関数で表すことになり，数学的には偏微分方程式で扱わねばならない．

ただ，上で述べたように，構造物を分割して質点の数をふやし，質点系で扱うこともしばしば行われる．これは，厳密な解よりも本質を失わない範囲であれば，計算をやさしくする方が，実用的であるという観点に基づくものである．

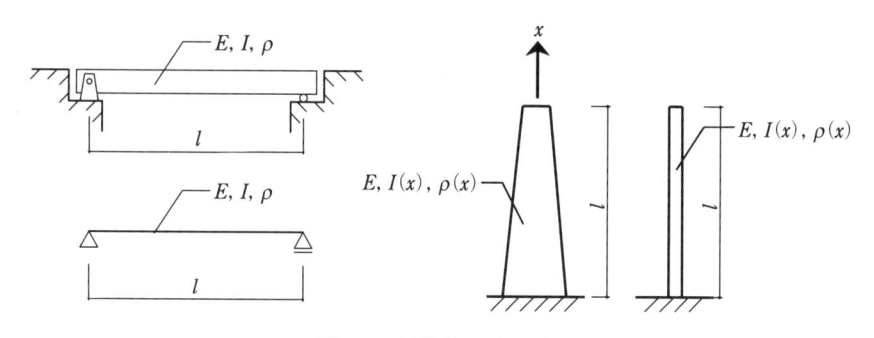

図 5.3 連続体モデルの例

- 自　由　度

図 5.4(a) に示すように全く拘束されていない状態で空間にある物体は，3 つの方向の移動と 3 つの軸に関する回転の可能性がある．この可能性のことを自由度と言う．移動と回転をあわせて 6 つの可能性があることから，空間にある物体は 6 自由度であると言う．

図 5.4(b) に示す平面構造物は水平と垂直および紙面に直角な軸に関する回転の可能性を示している．そこで，この場合は 3 自由度と呼ばれる．

図 5.5 は，それぞれが 1 自由度で挙動する構造物の振動例である．水平，上下の振動と回転振動を別々に表示したが，現実にはこれら 3 つは同時に起こりうるものである．ただ，構造振動学では，3 成分の振動のうち，いずれかひとつの成分が他の成分に比べて卓越するとき，計

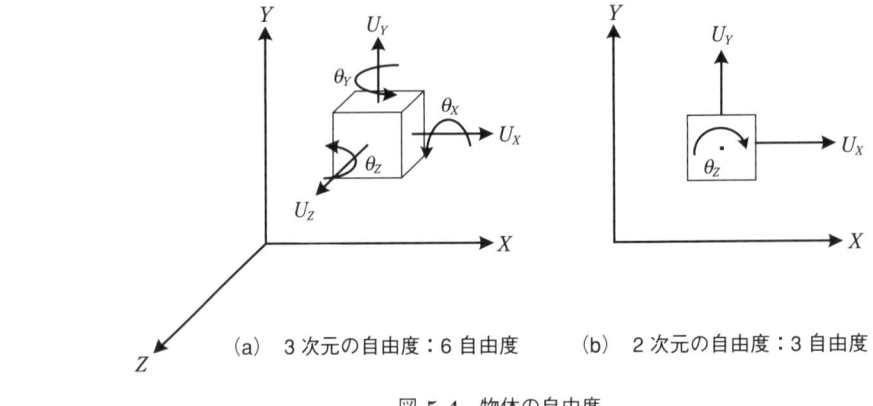

(a) 3次元の自由度：6自由度　　(b) 2次元の自由度：3自由度

図 5.4　物体の自由度

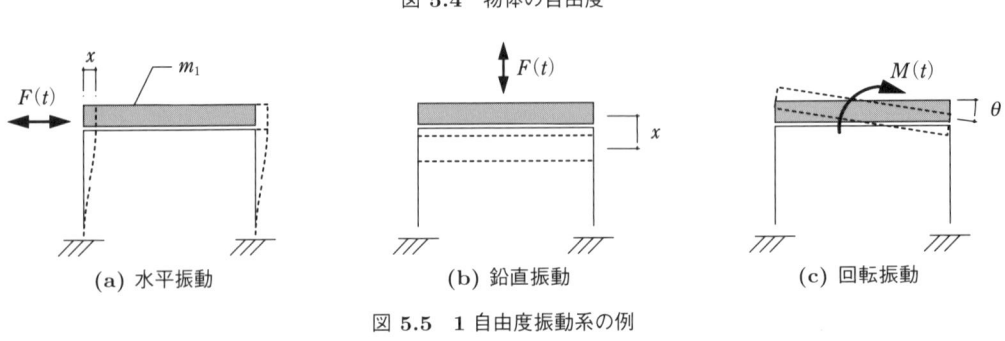

(a) 水平振動　　(b) 鉛直振動　　(c) 回転振動

図 5.5　1自由度振動系の例

算の簡略化のために，その成分のみを扱い1自由度系のモデルとして扱うことが多い．

- 自由振動と強制振動

外乱が振動現象を引き起こす引き金となっても瞬間的な刺激である時，その現象を自由振動と言い，外乱が持続的に作用する現象を強制振動と呼ぶ．地震動や風圧を受ける振動は強制振動である．

- 減衰作用

地球上のすべての振動系は，何らかの外乱により振動現象が生じても，外乱がなくなると現象は時間とともに衰え，やがて静止する．これは，振動系に振動を減衰させる作用があるからである．これを減衰作用と言う．

減衰作用が無い場合の振動は，外乱がなくなっても全く減衰することなく，振動を持続することになる．これを非減衰振動というが，実際は地球上には，非減衰振動をする構造物は実在しない．ただ，振動の基本現象を理解するために，非減衰振動は重要である．

5.2 1質点1自由度系の振動

5.2.1 自由振動

(1) 非減衰自由振動

減衰作用のない構造物の振動を非減衰振動という．すべての構造物には，減衰作用があるので非減衰振動は現実には存在しないが，振動の基本的な性質の理解のために，非減衰自由振動を取り上げる．

- **非減衰1自由度系の自由振動方程式**

変位や衝撃などの外乱が加えられた後，なんらの入力のない振動が自由振動である．図 5.6 のフレームの振動を考えよう．m[t] を質量，k[kN/m] をばね定数として，振動している系のある瞬間の，質点に作用する力つりあいを考える．

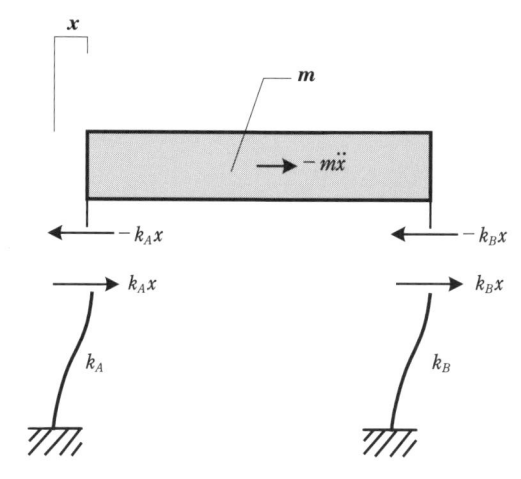

図 5.6　1層フレームモデル

図 5.6 より，$-m\dfrac{d^2x}{dt^2} - (k_A + k_B)x = 0$

ここで，$k = k_A + k_B$ とし，加速度 $\dfrac{d^2x}{dt^2} = \ddot{x}$ で表すと，次式となる．

$$m\ddot{x} + kx = 0 \tag{5.1}$$

- **自由振動解とその性質**

(5.1) 式のままでも解けるが，$\omega_0 = \sqrt{k/m}$ とおいて次式で表す．

$$\ddot{x} + \omega_0^2 x = 0 \tag{5.2}$$

この微分方程式の解は，次のようになる．

$$x = A\cos\omega_0 t + B\sin\omega_0 t \tag{5.3}$$

ここで，A, B は積分定数である．

(5.3) 式は (5.2) 式の解ではあるが，実際の現象を表すには，初期条件によって，積分定数を特定しなければならない．

初期条件として，$t=0$ のときの変位 $x=x_0$，速度 $\dfrac{dx}{dt}=\dot{x}=v_0$ として，(5.3) 式に代入して A, B を決定すると次式を得る．

$$x = x_0 \cos\omega_0 t + \frac{v_0}{\omega_0}\sin\omega_0 t \tag{5.4}$$

この式は次のように書き直すことができる．

$$x = R\cos(\omega_0 t - \phi) \tag{5.5}$$

ただし，

$$R = \sqrt{{x_0}^2 + \left(\frac{v_0}{\omega_0}\right)^2}, \quad \phi = \tan^{-1}\left(\frac{\frac{v_0}{\omega_0}}{x_0}\right) \tag{5.6}$$

(5.6) 式の R を振幅，$\omega_0 t - \phi$ を固有円振動数 ω_0 の正弦波に対する位相，ϕ を位相角と呼ぶ．

(5.6) 式は $T_0 = 2\pi/\omega_0$ ごとに同じ振幅を繰り返すので，T_0 を固有周期 [s]，ω_0 を固有円振動数 [rad/s]，さらに T_0 の逆数を固有振動数 $f_0 = 1/T_0$ [Hz または c/s] という．

(5.6) 式は，減衰のない，すなわち非減衰 1 自由度系の自由振動現象の数式的表現であり，この現象は調和振動，あるいは単振動とも呼ばれる．

(5.6) 式よりあきらかなように非減衰の自由振動現象の特徴は，振幅や位相差が初期条件によって決定されること，周期一定の振動が無限に繰り返されることである．単振動の例を図 5.7 に示す．

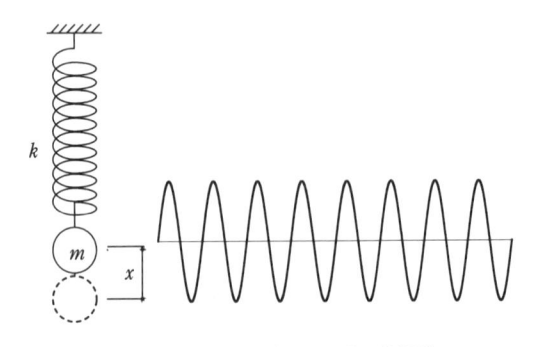

図 5.7 つるまきばねの振動 (単振動)

振動方程式が (5.1) 式で表される系は無数にある．図 5.6 と図 5.7 の振動は同じ (5.5) 式で表現され，現象を理解する上では，どのような系でも同じである．ここでは表現しやすい，つるまきばねの例で波形を示した．

以上より，非減衰 1 自由度系は，一定の周期＝固有周期で振動し，かつその周期は系の質量 とばね定数 k に依存することが分かる．すでに述べたように，調和振動は図 5.7 のように，同一振幅の無限の振動を繰り返すことになるが，これは現実には存在しない現象で，実際は，後述の減衰作用が働いて振動は時間の経過とともに消えるのである．ただ，調和振動は振動現象の基本的性質を理解するのに有効である．とくに，固有円振動数 $\omega_0 = \sqrt{k/m}$（あるいは $T_0 = 2\pi/\omega_0 = 2\pi\sqrt{m/k}$）は，後述の強制振動の共振現象を理解する上で極めて重要である．

(2) 減衰のある 1 自由度系の自由振動

前節のような非減衰の振動現象は現実には実在しない．初期変位や初速度によって生じた振動は，時間がたつにつれて衰え，やがて静止の状態にもどる．これを減衰振動といい，このように振動を減衰させる力を減衰力という．そこで，減衰の原因と減衰のモデル化について述べ，さらに振動方程式を立ててその解を求めよう．

● 減 衰 の 原 因

粘性減衰：空気の粘性や構造部材の固体粘性に原因する減衰力で，振動する物体の速度に比例する力である．水中構造物の場合は，水の粘性抵抗による減衰力も作用する．

構造減衰：部材の仕口や継手，支点などの摩擦による減衰．

履歴減衰：復元力が非線形化した状態における，復元力の履歴によって失われるエネルギーによる減衰．ただし，履歴減衰は複雑な復元力に対し非線形振動の解析が可能となった今日では，非線形振動の応答特性としてとらえるのが妥当ともいえる．

地下逸散減衰：構造物に貯えられた振動エネルギーの一部は，基礎から地盤の中へ逸散する．この減衰を地下逸散減衰と呼ぶ．

振動減衰の原因は，大別して上記のように分類されるが，それぞれの割合などは，今日なお正確には定量化できない．具体的には，実験や地震観測による測定値によって，現象に適合するモデル化と数値の評価が行われる．ただ，最近，免震構造や制振構造の構造物には一定の減衰性能を有するように設計された装置が組み込まれる．この場合は，減衰装置の性能が支配的になり，かなり正確に減衰が評価される．

● 減 衰 モ デ ル

減衰作用を数式化するために，前記の諸原因による減衰を粘性減衰として，図 5.8 のようにダンパーが構造物内にあるとみなして，実測に基づいてダンパーの性能を決定することが多い．図示のように，減衰力は速度に比例する力とみなすので，減衰係数 c の単位は [kN/s] などとなる．

● 1 自由度の減衰自由振動方程式

図 5.8 のような状態の振動方程式は，5.2.1 (1) 項の非減衰自由振動と同様に質量 m の部分

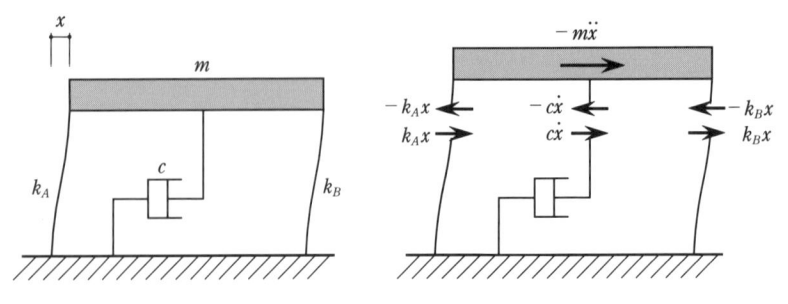

図 5.8 粘性減衰モデルと振動時の作用力

を自由体として，そこに作用する諸力によるつり合い式によって得られる．

$$-m\ddot{x} - c\dot{x} - kx = 0$$
$$m\ddot{x} + c\dot{x} + kx = 0 \tag{5.7}$$

● 減衰自由振動解

(5.7) 式のままでも解は得られるが，後の便宜のために両辺を m で除して，$h = c/2\sqrt{mk}$，$\omega_0 = \sqrt{k/m}$ を用いて次式で表現する．

$$\ddot{x} + 2h\omega_0\dot{x} + \omega_0^2 x = 0 \tag{5.8}$$

解を $x = Ae^{\lambda t}$ と仮定して，(5.8) 式の微分方程式を解くと，

$$x = e^{-h\omega_0 t}\left\{A_1 e^{\omega_0\sqrt{h^2-1}\,t} + A_2 e^{-\omega_0\sqrt{h^2-1}\,t}\right\} \tag{5.9}$$

(5.9) 式の解 x は，根号内の $h^2 - 1$ の値によって，次の三つの現象に分かれる．

$h > 1$　減衰が大きくて振動しない過減衰の状態
$h = 1$　振動するか，しないかの臨界減衰の状態
$h < 1$　減衰自由振動の状態

$h^2 - 1$ の値が正であるか負であるかによって，振動現象を生じるか否かが分かれるので，$h = 1$ の状態を臨界減衰の状態という．

減衰振動は h の値に大きく影響されることが明らかとなったが，この h を粘性減衰定数という．

また，$h = c/2\sqrt{mk}$ より，$h = 1$ のときの c の値，すなわち $c_{cr} = 2\sqrt{mk}$ で表し，これを臨界減衰係数と呼ぶ．これより，h は振動系のもっている減衰係数の臨界減衰係数に対する比であり，減衰定数という．免震や制振構造などのように特別な装置のない，通常の建築や土木の構造物の減衰定数は極めて小さく，おおよそ $h = 0.01 \sim 0.10$ の範囲であり減衰振動現象を示す．

● 減衰自由振動現象の数式表現

減衰自由振動は，(5.9) 式で $h < 1$ の場合であり，次の (5.10) 式で表される．

$$x = e^{-h\omega_0 t}\left\{A_1 e^{i\omega_0\sqrt{1-h^2}\,t} + A_2 e^{-i\omega_0\sqrt{1-h^2}\,t}\right\} \tag{5.10}$$

ここで，i は虚数 $i = \sqrt{-1}$ を表す．

(5.10)式に，オイラー (L. Euler) の公式 $e^{\pm i\omega t} = \cos\omega t \pm i\sin\omega t$ を適用すると次式となる．

$$x = e^{-h\omega_0 t}\left\{A\cos\sqrt{1-h^2}\omega_0 t + B\sin\sqrt{1-h^2}\omega_0 t\right\} \tag{5.11}$$

ここで，A と B は積分定数であり，初期条件により決定される．

- **初期変位と初速度による減衰自由振動**

(5.11)式に初期変位 x_0 と初速度 v_0 が同時に作用したとき，すなわち $t = 0$ のとき $x = x_0$，$\dot{x} = v_0$ を適用した場合を考えよう．このときの解は次式となる．

$$x = e^{-h\omega_0 t}\left\{x_0\cos\sqrt{1-h^2}\omega_0 t + \frac{v_0 + h\omega_0 x_0}{\sqrt{1-h^2}\omega_0}\sin\sqrt{1-h^2}\omega_0 t\right\} \tag{5.12}$$

- **初期変位のみによる減衰自由振動**

初期変位 x_0 のみが作用したとき，すなわち $t = 0$ のときに $x = x_0$，$\dot{x} = 0$ の場合の (5.12) 式の括弧内の第2項で $v_0 = 0$ として，

$$x = e^{-h\omega_0 t}\left\{x_0\cos\sqrt{1-h^2}\omega_0 t + \frac{hx_0}{\sqrt{1-h^2}}\sin\sqrt{1-h^2}\omega_0 t\right\} \tag{5.13}$$

(5.13)式は次のように書き換えることができる．

$$x = \frac{x_0}{\sqrt{1-h^2}}e^{-h\omega_0 t}\cos\left(\sqrt{1-h^2}\omega_0 t - \varepsilon\right) \tag{5.14}$$

ただし，位相角は $\quad \varepsilon = \tan^{-1}\dfrac{h}{\sqrt{1-h^2}}\quad$ である．

図 5.9 に固有周期 $T_0 = 0.4\,[\mathrm{s}]$ で $h = 0.02, 0.05, 0.1, 0.3$ の4つの場合の減衰自由振動の例を示す．

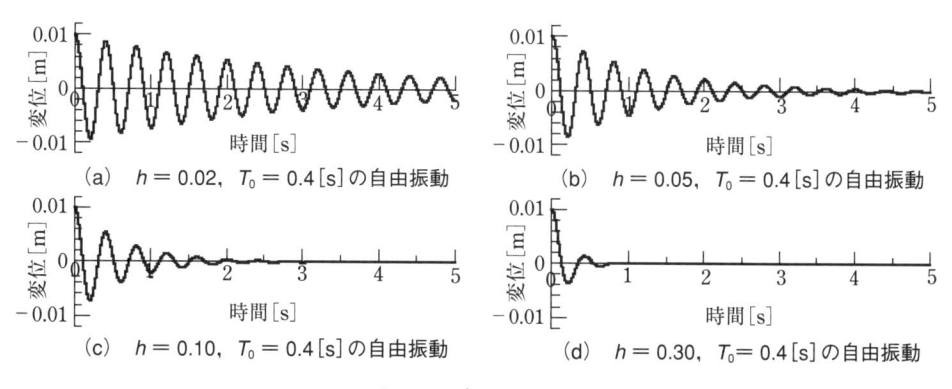

図 5.9 自由振動波形

● 初速度のみによる減衰自由振動

初速度 v_0 のみが作用したとき，すなわち $t=0$ のときに $x=0$, $\dot{x}=v_0$ の場合，(5.12) 式より次式が求められる．

$$x = e^{-h\omega_0 t} \left\{ \frac{v_0}{\sqrt{1-h^2}\omega_0} \sin\sqrt{1-h^2}\omega_0 t \right\} \tag{5.15}$$

● 対数減衰率

自由振動解 (5.13) 式と図 5.10 から，隣り合う時間 t_n と t_{n+1} に対応する振幅比 x_n/x_{n+1} をとり，h^2 が 1 に比べて極めて小さいことを考慮すると，$x_n/x_{n+1} = e^{2\pi h}$ なることが分かり，この式の両辺の対数をとることによって，h は次式で表される．

$$h = \frac{1}{2\pi} \ln \frac{x_n}{x_{n+1}} \tag{5.16}$$

ただし，式中の ln は，自然対数 $\ln = \log_e$ を表す．

(5.14) 式は，自由振動実験より減衰定数を測定する場合に用いられるが，減衰が小さな場合には，x_n と x_{n+1} の差が余り大きくないので測定誤差が生じやすい．そこで，より精度の高い測定には次式を用いるとよい．

x_n より m 周期後の時間 $t = t_{n+m}$ のときの振幅を x_{n+m} として，

$$h = \frac{1}{2m\pi} \ln \frac{x_n}{x_{n+m}} \tag{5.17}$$

図 5.10 の減衰振動曲線から (5.16) 式と (5.17) 式を用いて減衰定数を求めた例を示す．

$h = 0.05$

$x_n = 0.731$
$x_{n+1} = 0.534$
$x_{n+m} = 0.285 \, (m=3)$

$h = \dfrac{1}{2\pi} \ln \dfrac{x_n}{x_{n+1}} = 0.049971 \cong 0.05$

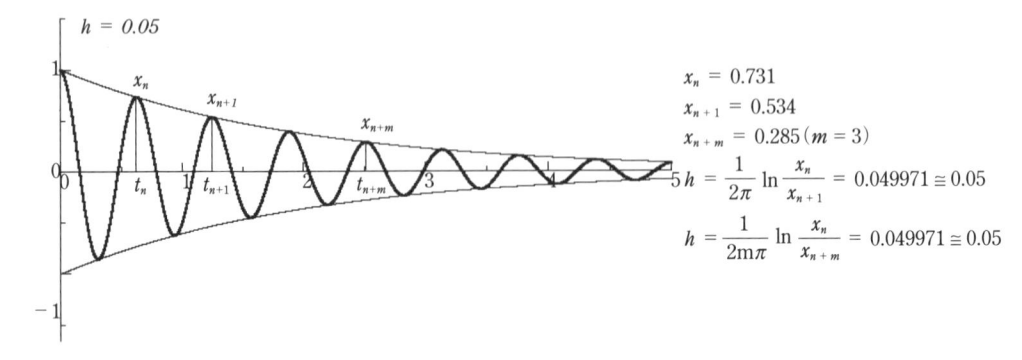

$h = \dfrac{1}{2m\pi} \ln \dfrac{x_n}{x_{n+m}} = 0.049971 \cong 0.05$

図 5.10 対数減衰率

5.2.2 1質点1自由度振動系の強制振動

(1) 振動源

地震や台風による風圧力，工場の機械が発生する振動などは，その作用時間の長い短いはあるものの継続して構造物を刺激する．このように，継続して時間的に変化する外乱が作用し，それによって構造物が振動している状態を強制振動という．

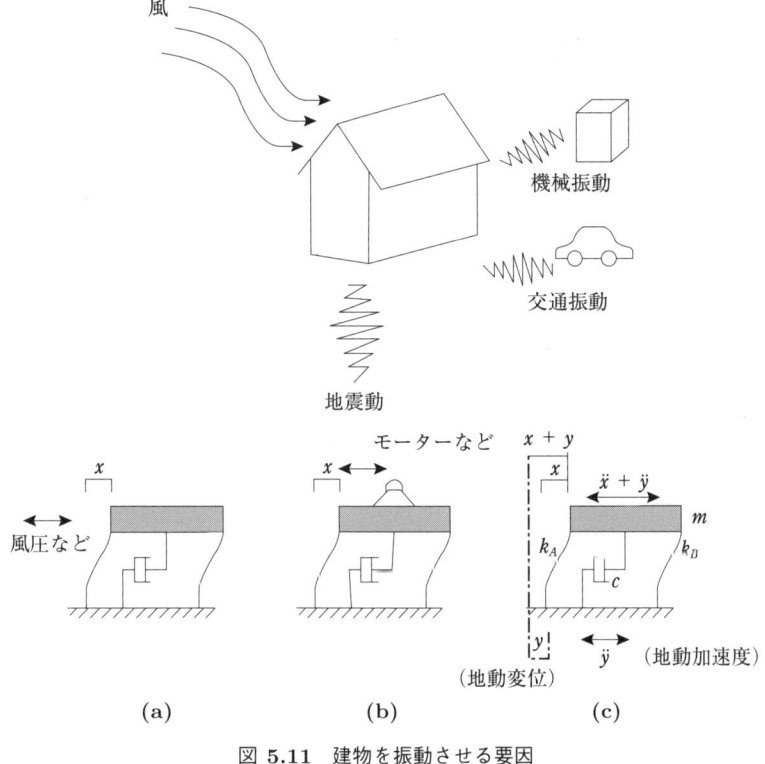

図 5.11 建物を振動させる要因

外乱の原因となるのは，図 5.11 のような地震動，風圧，機械振動，自動車や列車などの交通振動などがある．

(2) 1 質点 1 自由度振動系の正弦波応答

● 強制振動方程式

地震動を受ける場合を考える．図 5.11 (c) のように時間的に変化する地震動 $\ddot{y}(t)$ が地盤には生じている．自由振動方程式と同様に，質量 m に作用するすべての力のつり合いを考える．すなわち，質量 m に作用する力のつり合いから次式を得る．

$$m\ddot{x} + c\dot{x} + kx = -m\ddot{y} \tag{5.18}$$

式中の各項はそれぞれ次の物理量を表す．

$m(\ddot{x} + \ddot{y})$：慣性力，　$c\dot{x}$：減衰力，　kx：復元力

(5.18) 式を解くために，(5.8) 式と同様に係数 $h = \dfrac{c}{2\sqrt{mk}}$, $\omega_0 = \sqrt{k/m}$ を用いると，

$$\ddot{x} + 2h\omega_0\dot{x} + \omega_0^2 x = -\ddot{y} \tag{5.19}$$

実際の地震動は，大変複雑な時間変動関数であるが，構造物の基本的な性質を知るために，まずは正弦波の場合の応答を観察する．このような応答を正弦波応答という．正弦波応答の観察から振動現象の重要な性質を知ることが出来る．風圧や機械振動の場合には，(5.18) 式の右辺

126   第5章　構造振動学の基礎

が地震外乱の代わりに風圧力や機械振動力に置き換わるだけである.

● 正 弦 波 応 答

地震動加速度を $\ddot{y} = \alpha \sin \omega t$ と仮定して，(5.19) 式の解を求めてみよう.

$$\ddot{x} + 2h\omega_0 \dot{x} + \omega_0^2 x = -\alpha \sin \omega t \tag{5.20}$$

数学的にいえば，(5.20) 式は2階線形非同次常微分方程式であり，この解は，同次解と非同次解の和からなる．これは物理的には，自由振動解と強制振動解の和，また後で明らかになるように，振動波形でみると過渡応答解と定常応答解の和であり，視点を変えると呼び方も変わることに注意する．

同次解は，(5.20) 式の右辺を 0 とおいた微分方程式，すなわち (5.8) 式の解を意味し，すでに得た (5.11) 式の減衰自由振動解であり，次にもう一度示す．

$$x_h = e^{-h\omega_0 t} \left\{ A \cos \sqrt{1-h^2} \omega_0 t + B \sin \sqrt{1-h^2} \omega_0 t \right\} \tag{5.21}$$

(5.20) 式の非同次解を，未定係数法と呼ばれる微分方程式の解法によって求めると次式となり，特解と呼ばれる (物理的には強制振動解という.)

$$x_p = -\frac{\alpha}{\omega_0^2} \cdot \frac{1}{\sqrt{\left\{1 - \left(\frac{\omega}{\omega_0}\right)^2\right\}^2 + 4h^2 \left(\frac{\omega}{\omega_0}\right)^2}} \sin(\omega t - \phi) \tag{5.22}$$

ただし，$\phi = \tan^{-1} \dfrac{2h\omega_0 \omega}{\omega_0^2 - \omega^2}$

(5.20) 式の一般解は，同次解と非同次解との和 であり，(5.21) 式と (5.22) 式より次式となる．

$$x = e^{-h\omega_0 t} \left\{ A \cos \sqrt{1-h^2} \omega_0 t + B \sin \sqrt{1-h^2} \omega_0 t \right\}$$
$$- \frac{a}{\omega_0^2} \cdot \frac{1}{\sqrt{\left\{1 - \left(\frac{\omega}{\omega_0}\right)^2\right\}^2 + 4h^2 \left(\frac{\omega}{\omega_0}\right)^2}} \sin(\omega t - \phi) \tag{5.23}$$

(5.23) 式は自由振動解 (過渡応答解) と強制振動解 (定常応答解) からなっている．このことを理解するために，図 5.12 の例を見てみよう．それぞれに，振動現象が生じた直後は，波形が一定でないものの時間が経つと一定振幅に収束していく様子がわかる．これは，振動の開始時には，自由振動解の影響が現れていて，やがて，減衰によって自由振動は 0 に収束し，強制振動解による定常振幅の振動となる．

ところで，(5.22) 式から明らかなように，強制振動解は外乱の正弦波が作用し続ける限り時間に関係なく振幅一定で外乱の加速度の大きさ a，外乱の円振動数 ω および 1 自由度振動系の固有円振動数 ω_0，減衰定数 h に依存しており，振動周期は外乱の周期である．一方，(5.21) 式に示す自由振動解は時間とともに減衰すること，およびその周期は $2\pi/\sqrt{1-h^2}\omega_0$ [s] の固

5.2. 1質点1自由度系の振動　127

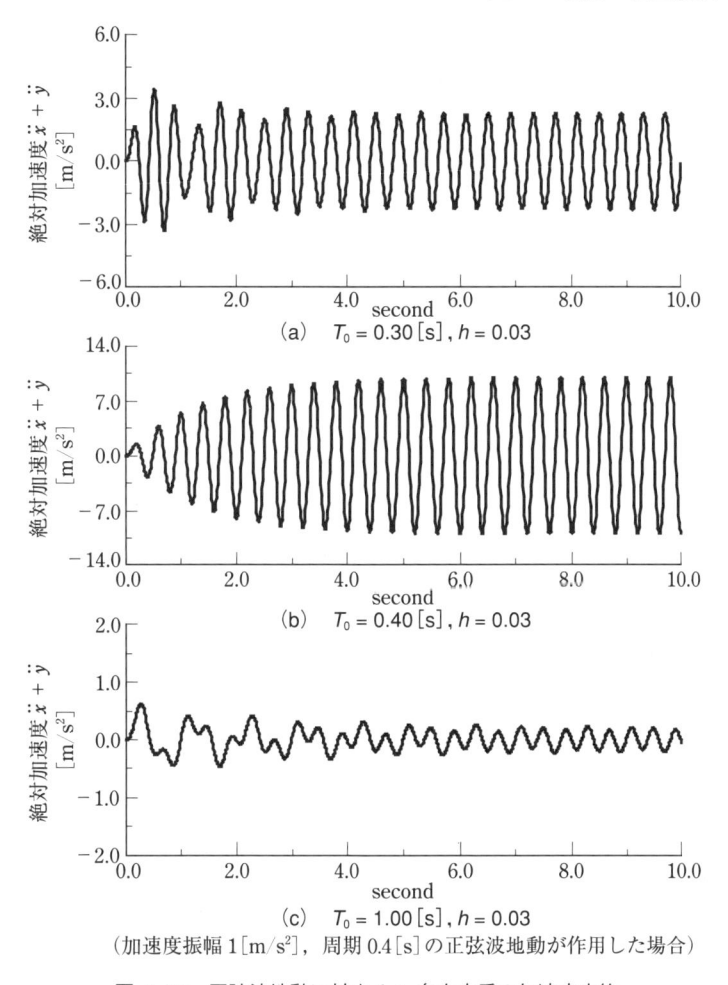

(a) $T_0 = 0.30\,[\text{s}]$, $h = 0.03$

(b) $T_0 = 0.40\,[\text{s}]$, $h = 0.03$

(c) $T_0 = 1.00\,[\text{s}]$, $h = 0.03$

（加速度振幅 $1\,[\text{m/s}^2]$，周期 $0.4\,[\text{s}]$ の正弦波地動が作用した場合）

図 5.12　正弦波地動に対する 1 自由度系の加速度応答

有周期の振動であることがわかる．以上のことから，(5.23)式の解は，図5.12 (a)，(b)，(c) に例示したように振動開始時に現れる過渡的な現象がやがて一定の振動をくりかえす定常振動現象へと移行するのである．入力の周期と系の固有周期の組み合わせで，応答の大きさの違いや，定常応答になるまでの過渡応答部分の様子が異なることがわかる．

● 変位応答倍率

強制振動についての理解を明らかにするために，定常解 (5.22) 式のみで考察する．(5.22) 式の正弦波であるが，その振幅は次式となる．

$$|x_p| = \frac{a}{\omega_0^2} \cdot \frac{1}{\sqrt{\left\{1 - \left(\frac{\omega}{\omega_0}\right)^2\right\}^2 + 4h^2\left(\frac{\omega}{\omega_0}\right)^2}} \tag{5.24}$$

右辺の a/ω_0^2 について考えてみよう．フック (Hooke) の法則によって，力 F と剛性 k から

変位 $\delta_s = F/k$ が得られる．

$$\frac{a}{\omega_0{}^2} = \frac{a}{\dfrac{k}{m}} = \frac{ma}{k} \tag{5.25}$$

$F = ma$ とすると，(5.25) 式から $a/\omega_0{}^2$ は，a の加速度による静的な力 $F = ma$ が作用している振動系の水平変位 δ_s であると理解することができる．

そこで，(5.22) 式の変位振幅 $|x_p|$ と変位 δ_s との比を求めると次式のようになり，これを変位応答倍率という．

$$\left|\frac{x_p}{\delta_s}\right| = \frac{1}{\sqrt{\left\{1 - \left(\dfrac{\omega}{\omega_0}\right)^2\right\}^2 + 4h^2\left(\dfrac{\omega}{\omega_0}\right)^2}} \tag{5.26}$$

減衰定数 h ごとに ω/ω_0 に対して，変位応答倍率を示すと図 5.13 のようになる．これより変位応答倍率は，$\omega/\omega_0 = 1$ では最大となり，$\omega/\omega_0 = 0$ では 1 となること，さらに $\omega/\omega_0 \gg 1$ では 1 よりも小さくなることがわかる．$\omega/\omega_0 = 1$ の状態を振動の共振現象というが，これは，正弦波の振動数と構造物の固有振動数とが一致した時に生ずるものである．

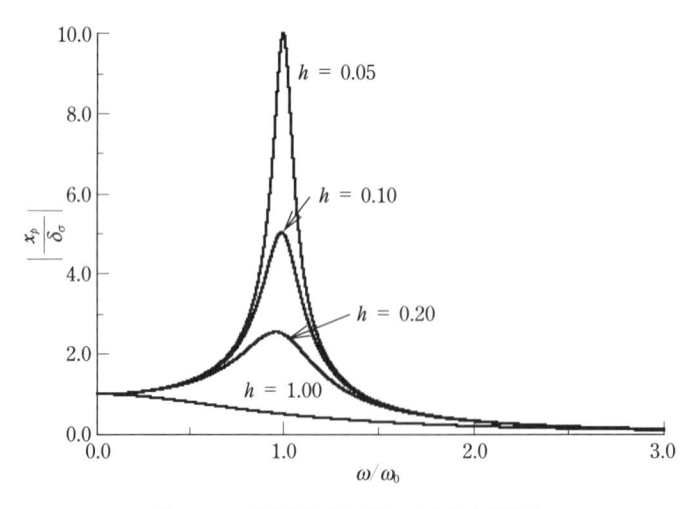

図 5.13 正弦波地動に対する変位応答倍率

一般的に，複雑な地震動もフーリエ変換などの方法を用いて，様々な振動数に分解することができる．そのため，実際の地震動に対する応答も，変位応答倍率で，ある程度理解することができる．

- 加速度応答倍率

応答の絶対加速度は，(5.19) 式より次のようになる．

$$\ddot{x} + \ddot{y} = -\left(2h\omega_0\dot{x} + \omega_0{}^2 x\right) \tag{5.27}$$

また，$x = x_p$ として，(5.22) 式とそれを時間 t で微分した式を (5.27) 式の右辺に代入して，整理すると (5.28) 式となり，これは正弦波地動の加速度に対する絶対加速度応答を表す．

$$\ddot{x} + \ddot{y} = -\sqrt{\frac{1 + 4h^2\left(\dfrac{\omega}{\omega_0}\right)^2}{\left\{1 - \left(\dfrac{\omega}{\omega_0}\right)^2\right\}^2 + 4h^2\left(\dfrac{\omega}{\omega_0}\right)^2}} \cdot a \sin(\omega t - \phi) \tag{5.28}$$

$$\text{ただし，} \quad \phi = \tan^{-1} \frac{2h\left(\dfrac{\omega}{\omega_0}\right)^3}{1 - (1 - 4h^2)\left(\dfrac{\omega}{\omega_0}\right)^2}$$

さて，地震動加速度と応答の絶対加速度の振幅比，すなわち (5.28) 式の応答加速度と地動加速度との振幅比は (5.29) 式で表わされる．これは加速度応答倍率と呼ばれ，(5.26) 式の変位応答倍率と並んで構造物の振動挙動を理解するうえで大変重要である．

$$\left|\frac{\ddot{x} + \ddot{y}}{\ddot{y}}\right| = \sqrt{\frac{1 + 4h^2\left(\dfrac{\omega}{\omega_0}\right)^2}{\left\{1 - \left(\dfrac{\omega}{\omega_0}\right)^2\right\}^2 + 4h^2\left(\dfrac{\omega}{\omega_0}\right)^2}} \tag{5.29}$$

(5.29) 式を減衰定数 h ごとに，ω/ω_0 の関数として図示したのが図 5.14 である．

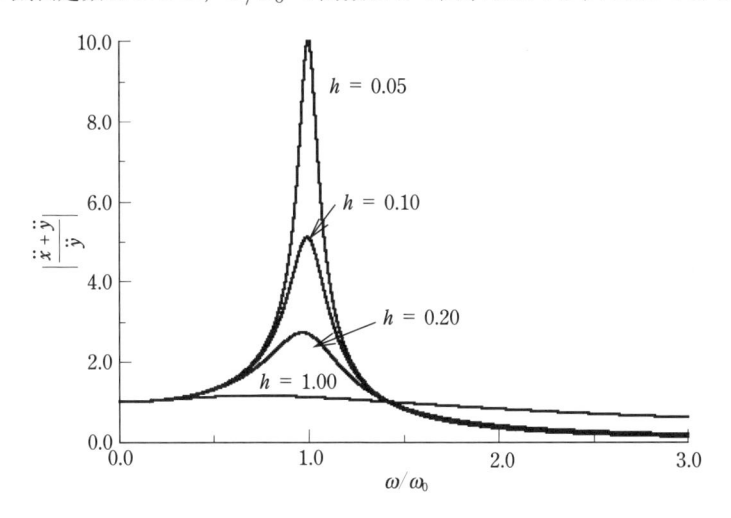

図 5.14 正弦波地動に対する加速度応答倍率

加速度応答倍率は，変位応答倍率と同様に，$\omega/\omega_0 = 1$ で最大となる．また，$\omega/\omega_0 = \sqrt{2}$ を超えると，減衰定数 h の大きさに関わらず，$|(\ddot{x} + \ddot{y})/\ddot{y}|$ は 1 以下に減少していくことがわかる．図 5.14 から，様々な構造物の振動特性を知ることができる．ω_0 を一定にして正弦波地動の ω を変化させた場合，また，逆に ω を一定として ω_0 を変化させた場合などを計算して，振動現象を考察すると加速度応答倍率の工学的な重要性を知ることができる．

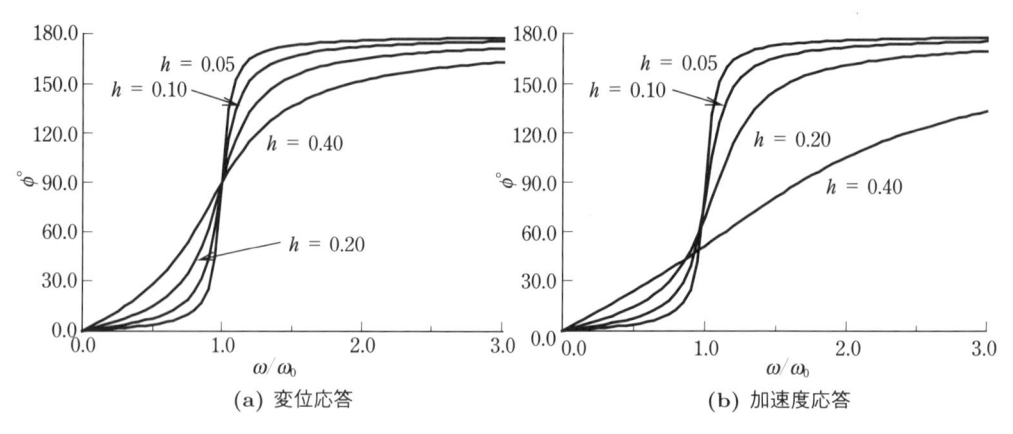

図 5.15 (a) 変位応答 (b) 加速度応答 正弦波地動に対する位相遅れ

また，(5.22) 式に含まれる ϕ，および (5.28) 式の ϕ は，位相角といい，正弦波地動に対する位相の遅れを表している．ここで，各応答倍率において，減衰定数 h ごとに，ω/ω_0 を変化させて ϕ を図示したものが図 5.15 である．$\omega/\omega_0 = 1$ の時，すなわち共振時には，位相に 90° の遅れが生じる．

(3) 1 質点 1 自由度振動系の地震応答解析

- **1 自由度系の地震応答計算**

1 自由度振動系の強制振動方程式は (5.18) 式で示したように次式となる．

$$m\ddot{x} + c\dot{x} + kx = -m\ddot{y}$$

上式の右辺 $\ddot{y}$ が時間によって振幅が非定常となる地震動が作用する場合を考える．このように地震動が作用する振動系の応答を求める方法として，以下に示す計算方法がよく知られている．

- 地震動をフーリエ (Fourier) 級数によって，周期の異なる正弦波 (余弦波) の組み合わせに置き換えて，前節までの正弦波応答の結果を用いる方法．
- 関数のテーラー (Taylor) 級数展開を用いて，数値積分によって計算する方法 (線形加速度法，ニューマークの β (Newmark) 法，ルンゲ-クッタ (Runge-Kutta) 法など)．
- 衝撃波を受ける自由振動の合積で求める方法 (デュアメル (Duhamel) の積分法という)．

ここでは，計算方法が容易で，一般的によく用いられる線形加速度法 (ニューマークの β 法の $\beta = 1/6$ の場合と同じ) について説明する．

- **線形加速度法による地震応答計算**

ある関数 $f(t)$ の時間 t の時の値 f_n が既知であるとき，$t_{n+1} = t_n + \Delta t$ の f_{n+1} 値は次式のように表される．

$$f_{n+1} = f_n + \dot{f}_n \Delta t + \frac{\ddot{f}_n}{2!}(\Delta t)^2 + \frac{\dddot{f}_n}{3!}(\Delta t)^3 + \cdots + \frac{f_n^{(n)}}{n!}(\Delta t)^n + \cdots \quad (5.30)$$

5.2. 1質点1自由度系の振動　131

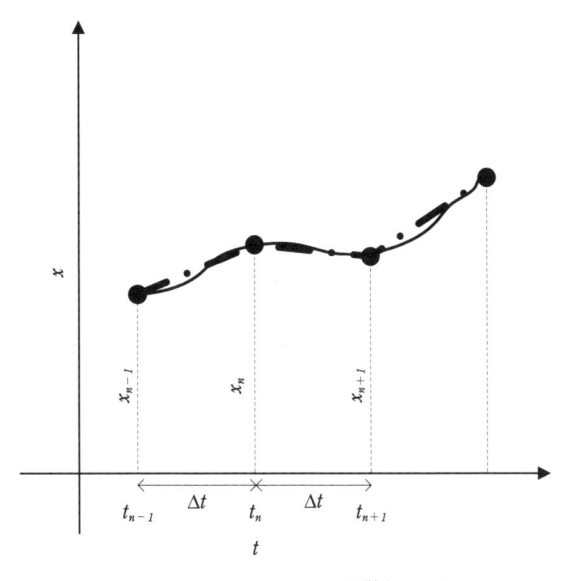

図 5.16　定時間間隔の離散値 (変位)

これを1自由度の地震応答計算に適用してみよう．

図 5.16 に示すように，t_n 時の変位を x_n，t_{n+1} 時の変位を x_{n+1} とし，速度と加速度をそれぞれ $\dot{x}$，$\ddot{x}$ とする．t_n 時の変位，速度，加速度がすでに既知である場合，これから t_{n+1} 時の変位，速度，加速度を (5.30) 式を適用して求める．

$$x_{n+1} = x_n + \dot{x}_n \Delta t + \frac{\ddot{x}_n}{2}(\Delta t)^2 + \frac{\dddot{x}_n}{6}(\Delta t)^3 + \cdots \tag{5.31}$$

$$\dot{x}_{n+1} = \dot{x}_n + \ddot{x}_n \Delta t + \frac{\dddot{x}_n}{2}(\Delta t)^2 + \cdots \tag{5.32}$$

$$\ddot{x}_{n+1} = \ddot{x}_n + \dddot{x}_n \Delta t + \cdots \tag{5.33}$$

上記の三つの式には4階微分以上は含まれていない．これは，加速度 $\ddot{x}$ が Δt の区間で直線変化することを前提にしているからであり，これが線形加速度法と呼ばれる由来である．(5.33) 式を $\dddot{x}_n$ についてまとめると，次式となる．

$$\dddot{x}_n = \frac{\ddot{x}_{n+1} - \ddot{x}_n}{\Delta t}$$

これを (5.31) 式，(5.32) 式に代入すると，

$$x_{n+1} = x_n + \dot{x}_n \Delta t + \frac{\ddot{x}_n}{3}(\Delta t)^2 + \frac{\ddot{x}_{n+1}}{6}(\Delta t)^2 \tag{5.34}$$

$$\dot{x}_{n+1} = \dot{x}_n + \ddot{x}_n \Delta t + \frac{\ddot{x}_n}{2}\Delta t + \frac{\ddot{x}_{n+1}}{2}\Delta t \tag{5.35}$$

一方，(5.19) 式から次式が得られる．

$$\ddot{x}_{n+1} = -2h\omega_0 \dot{x}_{n+1} - \omega_0^2 x_{n+1} - \ddot{y}_{n+1} \tag{5.36}$$

具体的な計算は以下のように行う．(5.34) 式と (5.35) 式の右辺には，これから求めるべき $t = t_{n+1}$ 時の加速度 $\ddot{x}_{n+1}$ が含まれている．

第 1 回の近似計算：$\ddot{x}_{n+1}$ を，例えばその前の時間 $t = t_n$ 時の $\ddot{x}_n$ で近似して (5.34) 式，(5.35) 式の計算を行い第 1 近似 x_{n+1}，同様に第 1 近似 $\dot{x}_{n+1}$ を求めて，その結果を (5.36) 式に代入して第 1 近似 $\ddot{x}_{n+1}$ を求める．

第 2 回の近似計算：第 1 回の近似計算で得た第 1 近似 $\ddot{x}_{n+1}$ を再び (5.34) 式，(5.35) 式に代入して同様の計算をして，第 2 近似 x_{n+1}, $\dot{x}_{n+1}$ を求めて，その結果を (5.36) 式に代入して第 2 近似 $\ddot{x}_{n+1}$ を求める．

以上の計算を繰り返して，所定の収束基準に適合した時点で計算を打ち切る．これ以降は，t_{n+1} を t_n と置き換えて，$t = t_{n+1}$ 時の変位と速度を $t = t_n$ 時の変位と速度として用いて繰り返し計算を行う．

1 自由度の場合はこの収束計算をせずに応答計算を行う方法が提案されている [1]．

なお，絶対加速度は (5.36) 式より，$\ddot{x}_{n+1} + \ddot{y}_{n+1} = -2h\omega_0 \dot{x}_{n+1} - \omega_0{}^2 x_{n+1}$ で計算できる．

- **線形加速度法の計算プログラムによる計算例**

ここでは，田治見の方法 [1] を用いて計算した例を示す．固有周期 $T_0 = 0.3\,[\text{s}]$，減衰定数 $h = 0.05$ の 1 自由度振動系にエルセントロ地震 NS 波 (財団法人日本建築センター：1994 年研究助成金，代表的な観測地震波，El Centro NS-1940 Imperial Earthquake, 1994) が作用した時の加速度，速度，変位の時刻歴応答結果を図 5.17 に示す．

- **応答スペクトルの作成とその重要性**

図 5.17 で求めたような計算を，同じエルセントロの地震波 NS 成分に対して例えば $h = 0.05$ のまま，固有周期 T_0 をいろいろ変化させて計算し，それぞれの応答値の最大値を読みとり，図 5.18 のように固有周期 T_0 と最大応答値との関係をグラフで表現することができる．h の値を例えば 0.10 に変えて同じように計算すると同図の $h = 0.10$ の曲線が得られる．変位，速度，加速度それぞれに最大応答の結果を求めたグラフが図 5.18 の三つのグラフである．これをエルセントロ地震波 NS 成分の応答スペクトル (レスポンススペクトル) という．

いろいろの地震ごとに，このような応答スペクトルを求めておくとそれぞれの地震がどのような固有周期の構造物に影響を与えるかをおおよそ予想することができる．いわば，地震動のもつ性質を示すのが応答スペクトルであると言えよう．設計者の立場から見ると応答スペクトルは，設計しようとする構造物の固有周期と減衰定数がわかれば，その構造物がその地震に対して，最大どの程度の応答値となるかを知ることができる．したがって応答スペクトルの実用的価値は大きい．

- **応答スペクトルの表現方法**

地震応答スペクトルは，加速度・速度・変位の周期特性を，それぞれ別々に図示するもので

5.2. 1質点1自由度系の振動　133

(a) El Centro NS (1940 Imperial Valley Earthquake)

(b) 相対変位応答

(c) 相対速度応答

(d) 絶対加速度応答

[振動系：固有周期 $T_0 = 0.3$[s], 減衰定数 $h = 0.05$]

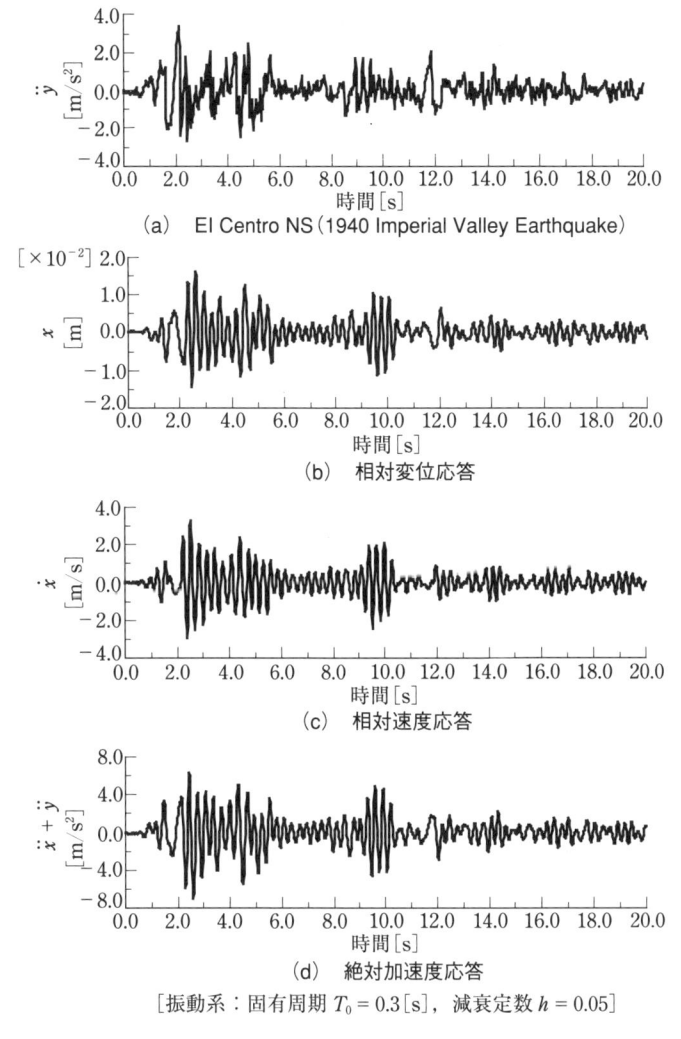

図 5.17　エルセントロ NS 波に対する 1 自由度振動系の応答

ある．

また，応答スペクトルを図 5.18 のように 3 つの図で表す代わりに，利用目的に合わせたいくつかの表現方法で図示されることがある．

以下にそれらの表現方法を紹介する．

1) 対数軸を用いた応答スペクトル：周期軸，または周波数軸を常用対数で表現すると，スペクトル形状が対数に従って横に広がり，対象とする構造物の固有周期に対する応答値を応答スペクトル図から明瞭に読み取ることができ，よりよい精度で地震に対する応答値を知ることができる．(図 5.19)

2) 3重応答スペクトル：速度応答スペクトル Sv を，同時に加速度応答スペクトル Sa，変位応答スペクトル Sd としても読み取れるように表現したものである．このような図を 3 重応答スペクトル (トリパータイト応答スペクトル) という．速度応答 Sv(縦軸)，周期 (横軸) は対

134 第 5 章 構造振動学の基礎

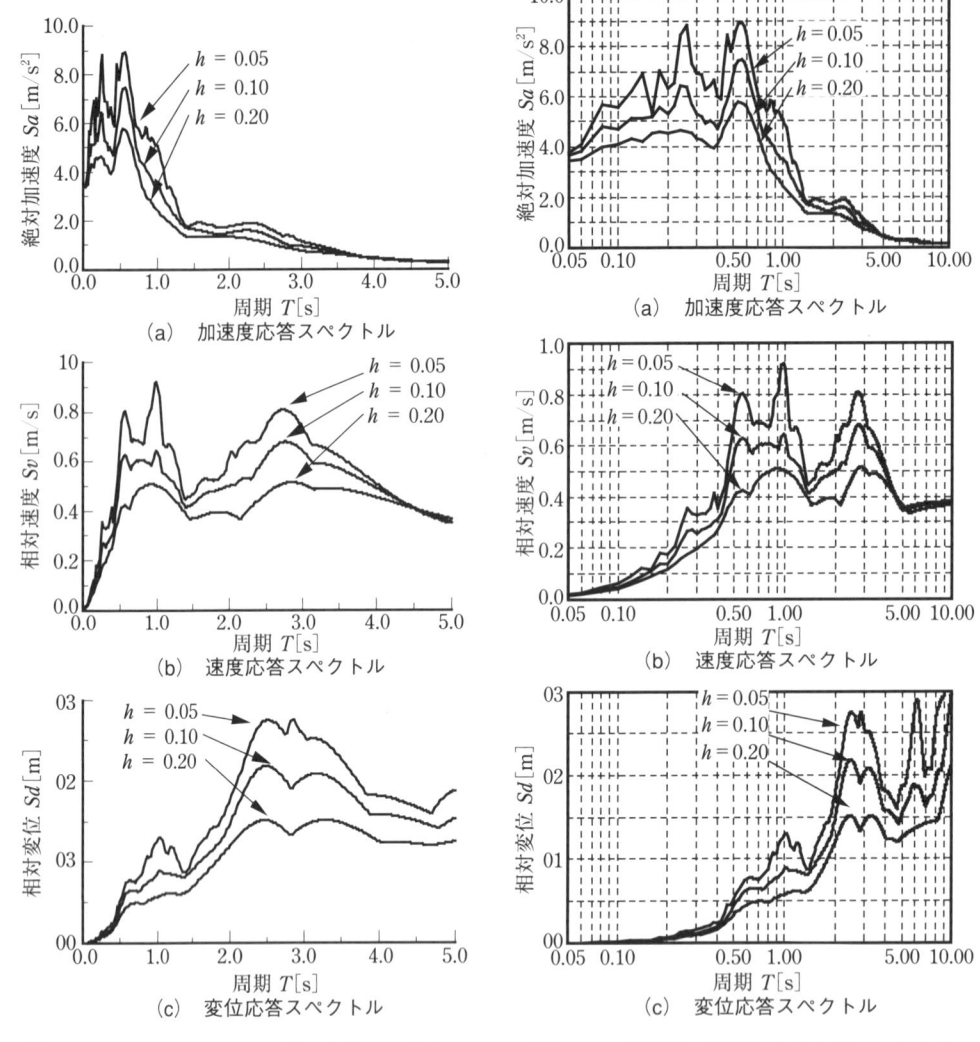

図 5.18 エルセントロ NS 波の応答スペクトル

図 5.19 周期を対数軸にした応答スペクトル

数軸で表し，加速度応答 Sa は右上がりの対数軸，変位応答 Sd は右下がりの対数軸から，それぞれ応答値を読み取ることができる．

3) 擬似速度応答による 3 重応答スペクトル：応答スペクトルは，最大値を表現しているもので，Sd, Sv, Sa の間には，近似的に以下のような関係が成り立つ．

$$\left. \begin{array}{l} Sd \fallingdotseq \dfrac{1}{\omega} Sv = \dfrac{T}{2\pi} Sv \\ Sv = Sv \\ Sa \fallingdotseq \omega Sv = \dfrac{2\pi}{T} Sv \end{array} \right\}$$

この関係を利用して Sd から Sv を，あるいは Sa から Sv を求めたものを擬似速度応答という．この値を用いて図示したものが擬似速度応答スペクトルである．Sd から Sv を求めた場

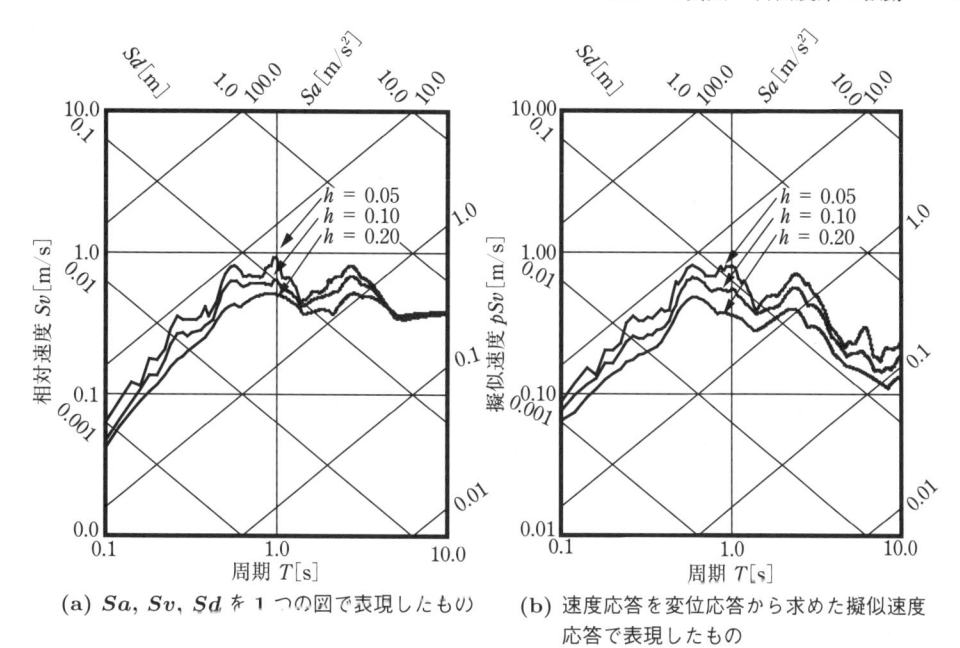

5.2. 1質点1自由度系の振動　135

(a) Sa, Sv, Sd を1つの図で表現したもの

(b) 速度応答を変位応答から求めた擬似速度応答で表現したもの

図 5.20　3重応答スペクトル

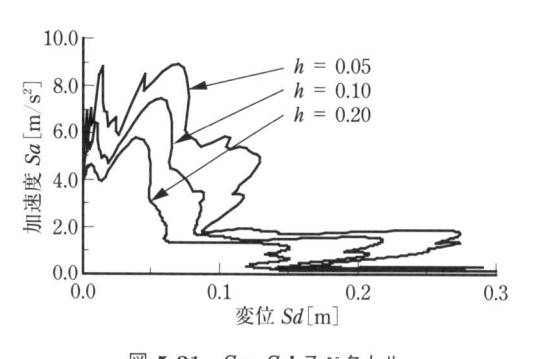

図 5.21　Sa–Sd スペクトル

合は，地震動の変形特性の影響を反映した速度応答スペクトル，Sa から Sv を求めたものは振動系に作用する力の影響を反映した速度応答スペクトルとなる．

4) Sa–Sd スペクトル：1自由度振動系の応答値，Sa と Sd との関係を減衰定数ごとに図示したものである．1次モードが卓越する構造物の等価周期 Te は，等価剛性 Ke が $Ke = Sa \cdot Me/Sd$ (Me：等価質量) であることから，$Te = 2\pi\sqrt{Me/Ke} = 2\pi\sqrt{Sd/Sa}$ より，原点と Sa–Sd スペクトル上の点を結ぶ直線の傾きが周期特性を表し，傾きが急であれば短周期構造物，緩やかであれば長周期構造物を表す．

限界耐力計算では，この関係を用いて損傷限界応答，安全限界応答を求めるが，詳細については，応用編に委ねる．

● **最近の被害地震で観測された強震動記録**

エルセントロ地震波は1940年に記録されたものである．最近では，都市部で大規模な被害

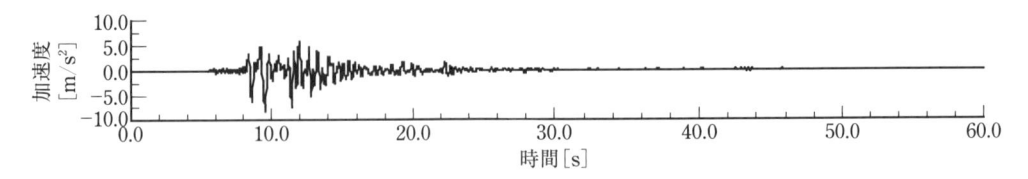

図 5.22 1995 年兵庫県南部地震・神戸海洋気象台の強震記録 (NS)

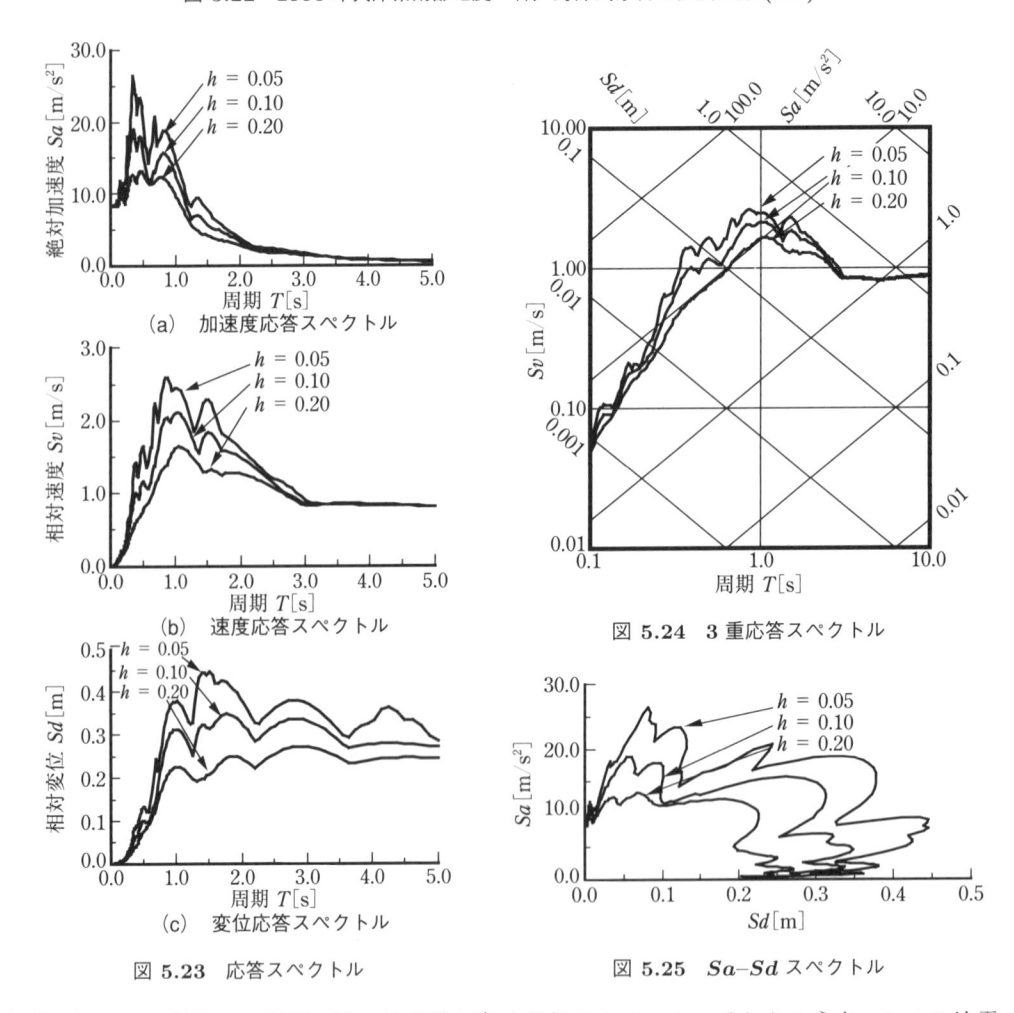

(a) 加速度応答スペクトル

(b) 速度応答スペクトル

(c) 変位応答スペクトル

図 5.23 応答スペクトル

図 5.24 3 重応答スペクトル

図 5.25 Sa–Sd スペクトル

を引き起こした地震の，震源に近い地動が多く記録されている．それらのうち，2 つの地震の震源近傍で観測された強震動記録とその応答スペクトルを紹介する．

これらのスペクトル図を通して，3 つの地震による応答特性の違いを知ることができる．

1995 年兵庫県南部地震，神戸海洋気象台 (南北成分)
(財団法人気象業務支援センター：平成 7 年 1 月 17 日兵庫県南部地震・神戸海洋気象台記録：図 5.22)

2004 年新潟県中越地震，K-NET (防災科学技術研究所) 小千谷観測所 (東西成分)
(独立行政法人：2004 年 10 月 23 日新潟県中越地震・K-NET 小千谷観測所記録：図 5.26)

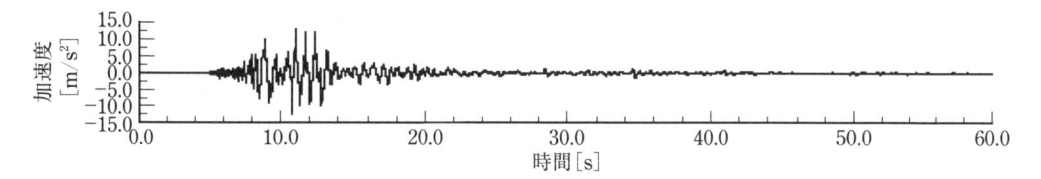

図 5.26 2004 年新潟県中越地震・小千谷観測所強震記録 (EW)

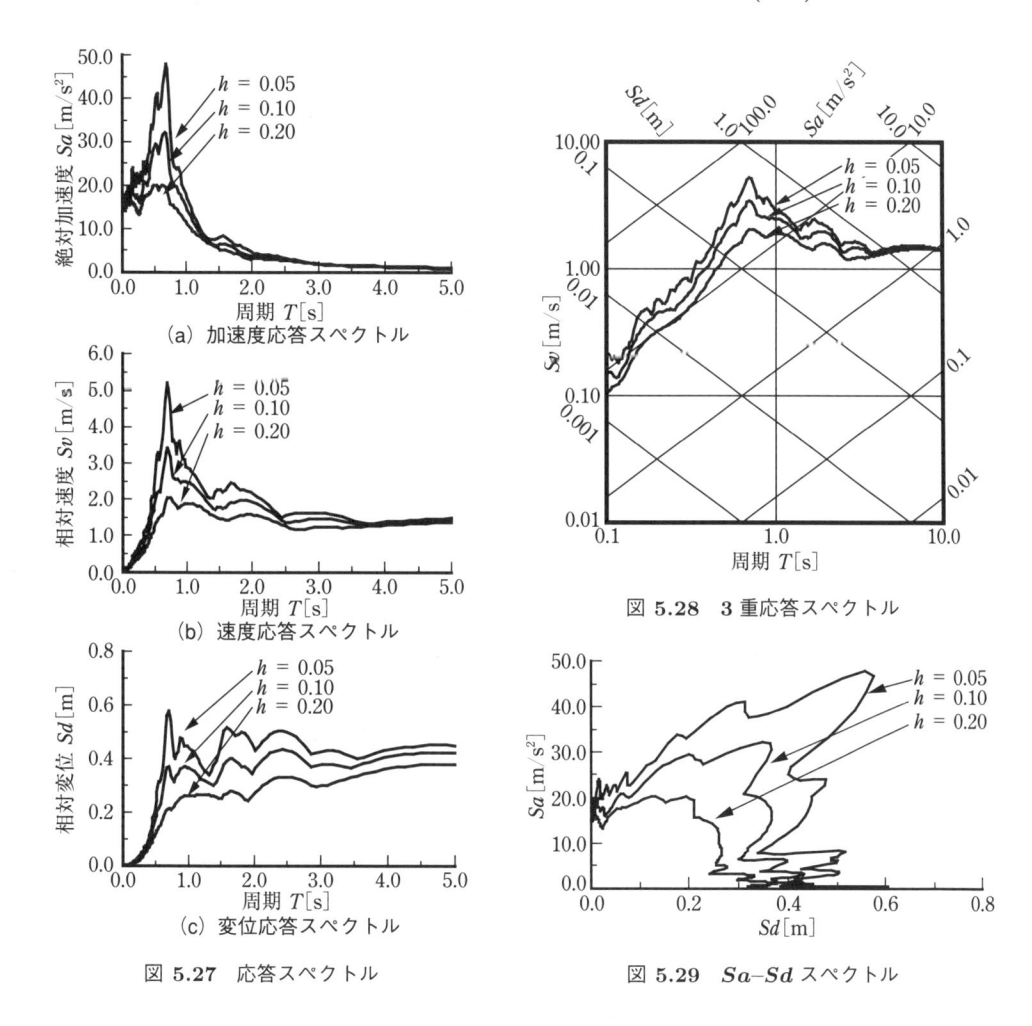

(a) 加速度応答スペクトル

(b) 速度応答スペクトル

(c) 変位応答スペクトル

図 5.27 応答スペクトル

図 5.28 3 重応答スペクトル

図 5.29 Sa–Sd スペクトル

5.3 2質点2自由度系の振動

5.1 節の質点系モデル (図 5.2) に示したような建物が地震によって水平のみに振動しているような場合を，3質点3自由度系の振動という．通常，建築物など層数が増えると質点や自由度が多くなる．そのような場合の系を質点や自由度の数に応じて，例えば n 質点 n 自由度などと呼び，総称して多質点多自由度系と言う．

本節では，まず，2質点2自由度の振動系を取り上げることとする．その理由の1つは，振

動解析は，ほとんどの場合，手で計算することは困難であるが，2 自由度までなら電卓さえあれば気軽に計算できる．2 自由度系の学習は多自由度の振動を理解するのに便利であるからである．もう 1 つの理由は，2 自由度の解析を 3 自由度以上の多自由度系へと拡張することは容易で，2 自由度系によって得られた知見が，より一般的な多自由度系の振動を理解するのに大きな手助けとなるからである．

5.3.1 非減衰 2 自由度系の自由振動

(1) 振動方程式

減衰がないとした場合に水平自由振動している 2 層建築物の振動方程式は，図 5.30 のように示す振動のある瞬間の力のつり合いを考えることによって作成できる．

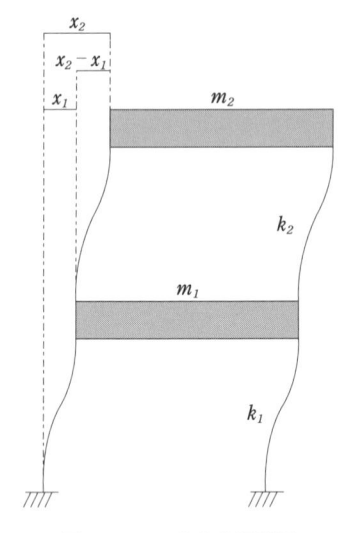

図 5.30 2 自由度振動系

質量 m_1 と m_2 における力の釣り合いから，次式を得る．

$$m_1\ddot{x}_1 + (k_1 + k_2)x_1 - k_2 x_2 = 0 \\ m_2\ddot{x}_2 - k_2 x_1 + k_2 x_2 = 0 \tag{5.37}$$

(5.37) 式をマトリックスで表示すると

$$\begin{bmatrix} m_1 & 0 \\ 0 & m_2 \end{bmatrix} \begin{Bmatrix} \ddot{x}_1 \\ \ddot{x}_2 \end{Bmatrix} + \begin{bmatrix} k_1 + k_2 & -k_2 \\ -k_2 & k_2 \end{bmatrix} \begin{Bmatrix} x_1 \\ x_2 \end{Bmatrix} = \begin{Bmatrix} 0 \\ 0 \end{Bmatrix} \tag{5.38}$$

上式をより一般化するために $k_{11} = k_1 + k_2$，$k_{12} = -k_2 = k_{21}$，$k_{22} = k_2$ とすると

$$\begin{bmatrix} m_1 & 0 \\ 0 & m_2 \end{bmatrix} \begin{Bmatrix} \ddot{x}_1 \\ \ddot{x}_2 \end{Bmatrix} + \begin{bmatrix} k_{11} & k_{12} \\ k_{21} & k_{22} \end{bmatrix} \begin{Bmatrix} x_1 \\ x_2 \end{Bmatrix} = \begin{Bmatrix} 0 \\ 0 \end{Bmatrix} \tag{5.39}$$

(5.39) 式を簡略表示すると次式となる．

$$[m]\{\ddot{x}\} + [k]\{x\} = \{0\} \tag{5.40}$$

ここで，$[m]$ を質量マトリックス，$\{\ddot{x}\}$ を加速度ベクトル，$[k]$ を剛性マトリックスまたはばねマトリックス，$\{x\}$ を変位ベクトルと呼ぶ．(5.40)式の表示は，多自由度の場合にもそのまま適用できる．自由度が多くなるとマトリックスの次数が大きくなり，式をコンパクトに表すこのマトリックスによる表現は，大変便利となる．

(2) 自由振動解—固有値 (固有振動数および固有振動型)—

自由振動方程式 (5.39) 式を解くことにより，二つの振動数 (周期) と二つの振動型が得られる．これらをそれぞれ，固有円振動数 (固有周期) と固有振動型 (または，固有モード，固有ベクトル) といい，総称して固有値という．

(5.39) 式を解くために，1層の変位 x_1 を $X_1 e^{i\omega t}$，2層の変位 x_2 を $X_2 e^{i\omega t}$ と仮定する．これらを t で 2 回微分し，加速度を求めて (5.39) 式に代入すると次の式となる．

$$\begin{bmatrix} k_{11} - m_1\omega^2 & k_{12} \\ k_{21} & k_{22} - m_2\omega^2 \end{bmatrix} \begin{Bmatrix} X_1 \\ X_2 \end{Bmatrix} = \begin{Bmatrix} 0 \\ 0 \end{Bmatrix} \tag{5.41}$$

(5.41) 式において，X_1，X_2 が同時に 0 にならないためには，係数マトリックスの行列式，すなわち次式が 0 となることが必要となる．

$$\begin{vmatrix} k_{11} - m_1\omega^2 & k_{12} \\ k_{21} & k_{22} - m_2\omega^2 \end{vmatrix} = 0 \tag{5.42}$$

(5.42) の行列式を振動数方程式と呼ぶ．これを展開すると明らかに ω に関する 4 次方程式となり，4 つの解が得られるが，物理的に意味のある解は正の根 ω_1 と ω_2 である．

2 つの解のうち，値の小さい順に ω_1 を 1 次固有円振動数，ω_2 を 2 次固有円振動数という．

したがって，振動方程式 (5.39) 式の解は，1層の変位 x_1 を $X_1 e^{i\omega t}$，2層の変位 x_2 を $X_2 e^{i\omega t}$ と仮定したから，次のように 2 組の解が得られる．

$$\begin{aligned} x_1 &\rightarrow X_1 e^{i\omega_1 t} & x_1 &\rightarrow X_1 e^{i\omega_2 t} \\ x_2 &\rightarrow X_2 e^{i\omega_1 t} & x_2 &\rightarrow X_2 e^{i\omega_2 t} \end{aligned}$$

上式の ω_1 の場合の値を (5.41) 式のいずれかの式に代入し，整理すると次式を得る．

$$\frac{X_2}{X_1} = \frac{m_1\omega_1^2 - k_{11}}{k_{12}} = \frac{X_{21}}{X_{11}} \tag{5.43}$$

同様に (5.41) 式のいずれかに ω_2 の場合の値を代入して

$$\frac{X_2}{X_1} = \frac{m_1\omega_2^2 - k_{11}}{k_{12}} = \frac{X_{22}}{X_{12}} \tag{5.44}$$

(5.43) 式と (5.44) 式は，各々 1 次と 2 次の固有円振動数に対する振動の振幅比で，これを各々 1 次固有振動型，2 次固有振動型 (固有モードまたは固有ベクトルともいう) と呼び，次式

のようにいろいろな数式の表現が用いられる．

$$\frac{X_{21}}{X_{11}}, \quad \begin{Bmatrix} X_{11} \\ X_{21} \end{Bmatrix} = \{X_1\} \cdots\cdots 1 次固有振動型$$
$$\frac{X_{22}}{X_{12}}, \quad \begin{Bmatrix} X_{12} \\ X_{22} \end{Bmatrix} = \{X_2\} \cdots\cdots 2 次固有振動型$$
(5.45)

例題：

図 5.31 に示す 2 自由度振動系の固有値を求めよ．

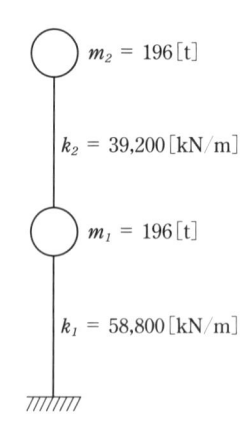

図 **5.31** 2 自由度振動系

【解】
(5.42) 式より

$$\begin{vmatrix} 98,000 - 196\omega^2 & -39,200 \\ -39,200 & 39,200 - 196\omega^2 \end{vmatrix} = 0$$

$$(98,000 - 196\omega^2)(39,200 - 196\omega^2) - 1,536,640,000 = 0$$

これより，

$$\omega^4 - 700\omega^2 + 60,000 = 0$$
$$(\omega^2 - 100)(\omega^2 - 600) = 0$$
$$\omega_1{}^2 = 100, \ \omega_2{}^2 = 600$$

したがって，

$\omega_1 = 10.0\,[\text{r/s}]\,(T_1 = 0.628\,[\text{s}]) \cdots\cdots$ 1 次固有円振動数 (1 次固有周期)
$\omega_2 = 24.5\,[\text{r/s}]\,(T_2 = 0.256\,[\text{s}]) \cdots\cdots$ 2 次固有円振動数 (2 次固有周期)

(5.43) 式，(5.44) 式より

$$\frac{X_{21}}{X_{11}} = \frac{196 \times 100 - 98,000}{-39,200} = \frac{2}{1} \quad 1 次固有振動型$$

$$\frac{X_{22}}{X_{12}} = \frac{196 \times 600 - 98,000}{-39,200} = \frac{-0.5}{1} \quad 2 次固有振動型$$

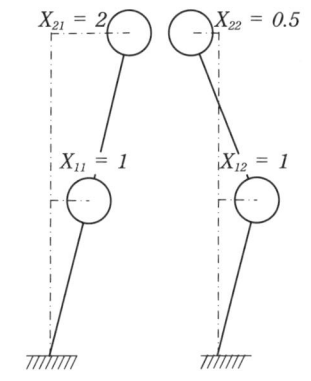

図 5.32　固有振動型

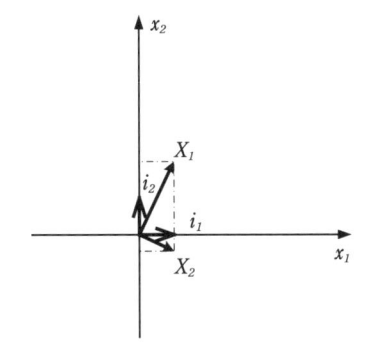

図 5.33　固有ベクトルの直交性

となり，図 5.32 に固有振動型を示した．

(3) 固有ベクトルの直交性と変位の表現

- **質量の等しい系の固有ベクトルの直交性**

前節の例題のような質量の等しい振動系の固有モードは，次のようにしてベクトル表示できる．

$$X_1 = 1 \cdot \mathbf{i_1} + 2 \cdot \mathbf{i_2}, \qquad X_2 = 1 \cdot \mathbf{i_1} - 0.5 \cdot \mathbf{i_2} \tag{5.46}$$

ここで，$\mathbf{i_1}$, $\mathbf{i_2}$ は各々，図 5.33 に示すベクトル座標の x_1, x_2 方向の単位ベクトルである．図から明らかにベクトル X_1 とベクトル X_2 とは直交していることが分かるが，さらに厳密にはベクトルの内積が $X_1 \cdot X_2 = 0$ になることによって直交性を確認できる．

一般に，各質量が同じ大きさの振動系の固有スペクトルは次のような性質をもっている．

$$\begin{aligned} X_i \cdot X_j &= 0 \cdots\cdots (i \neq j) \\ X_i \cdot X_j &\neq 0 \cdots\cdots (i = j) \end{aligned} \tag{5.47}$$

すなわち，これを固有モード (固有ベクトル) の直交性という．次数の異なるベクトルの内積が 0 となる場合で，この関係は 2 自由度に限らず，3 自由度以上の多自由度系の場合にも成立する関係である．

- **質量の異なる系の固有ベクトルの直交性**

質量の大きさが各層で異なる場合の固有ベクトルは以下に述べる形で，直交性を示す．固有円振動数 ω_1, ω_2 と変位 X_1, X_2 が得られたとして，図 5.34 に示す．

これらの固有値を用いて，マトリックス演算に置き換えることによって，(5.41) 式から以下のような関係が導かれる．

$$\left\{ \begin{array}{cc} X_{11} & X_{21} \end{array} \right\} \left[\begin{array}{cc} m_1 & 0 \\ 0 & m_2 \end{array} \right] \left\{ \begin{array}{c} X_{12} \\ X_{22} \end{array} \right\} = 0$$

142　第 5 章　構造振動学の基礎

図 5.34　2 自由度振動系の固有値

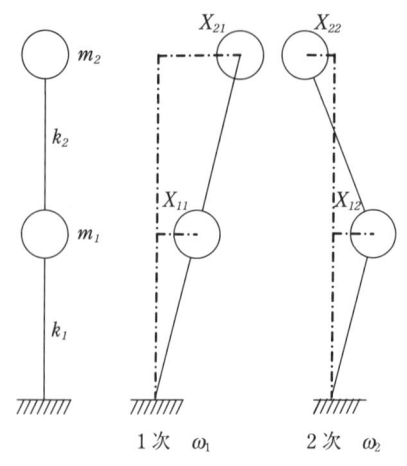

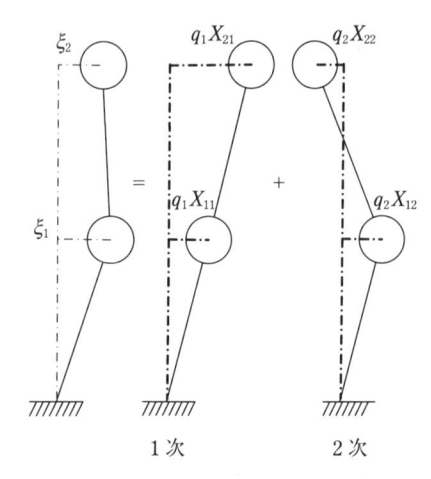

図 5.35　任意の変位分布の固有振動型による表現

$$\therefore \{X_1\}^T [M] \{X_2\} = 0 \tag{5.48}$$

この関係を，ベクトル X_1 とベクトル X_2 は質量マトリックス M を介して直交していると言う．(5.48) 式を，より一般的に表現すると，次式となる．

$$\begin{aligned} \{X_i\}^T [M] \{X_j\} &= 0 \, (i \neq j) \\ \{X_i\}^T [M] \{X_j\} &\neq 0 \, (i = j) \end{aligned} \tag{5.49}$$

(5.49) 式の関係は，2 自由度以上の固有モードについても同様に適用できることを示している．固有ベクトルの直交性の性質を利用することによって，任意の変位分布を固有モードの組み合わせによって表現することが可能となる．

図 5.35 に示すように，任意の変位分布 ξ_1, ξ_2 は 1 次の固有ベクトルに比率 q_1 を，2 次の固有ベクトル q_2 に乗じて加え合わせたものである．(5.50) 式のような関係になり，1 次と 2 次の比率 q_1 と q_2 は，次のような値となる．この値は，上述のベクトルの直交性から導かれたものである．

$$\left\{ \begin{array}{c} \xi_1 \\ \xi_2 \end{array} \right\} = q_1 \left\{ \begin{array}{c} X_{11} \\ X_{21} \end{array} \right\} + q_2 \left\{ \begin{array}{c} X_{12} \\ X_{22} \end{array} \right\} \tag{5.50}$$

ここで，$\quad q_1 = \dfrac{m_1 X_{11} \xi_1 + m_2 X_{21} \xi_2}{m_1 X_{11}^2 + m_2 X_{21}^2}, \quad q_2 = \dfrac{m_1 X_{12} \xi_1 + m_2 X_{22} \xi_2}{m_1 X_{12}^2 + m_2 X_{22}^2}$

ベクトルの直交性およびそれによって導かれた任意の変位分布の固有振動型による性質は，次節で述べるモード法あるいはモーダルアナリシスと呼ばれる応答計算方法の根拠となる重要な性質である．

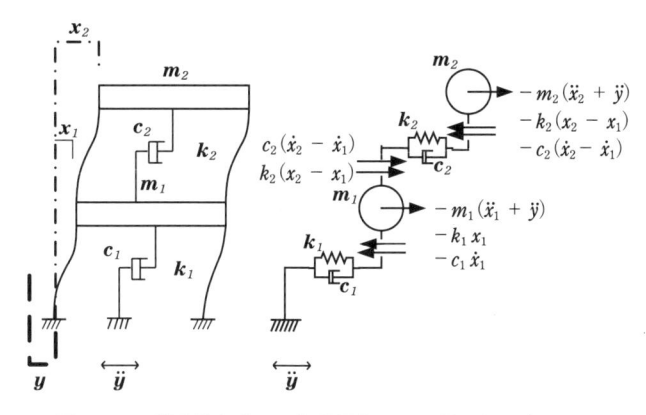

図 5.36 地震動を受ける基礎固定の 2 層構造物の水平振動

5.3.2 2質点2自由度系の地震応答計算

(1) 振動方程式

地震動を受ける基礎固定の 2 層構造物の水平振動の状態と層位置に作用する力は，図 5.36 の通りである．各層の質量における振動しているある瞬間のつり合いを考慮して次式が得られる．

$$m_1\ddot{x}_1 + (c_1+c_2)\dot{x}_1 - c_2\dot{x}_2 + (k_1+k_2)x_1 - k_2x_2 = -m_1\ddot{y}$$
$$m_2\ddot{x}_2 - c_2\dot{x}_1 + c_2\dot{x}_2 - k_2x_1 + k_2x_2 = -m_2\ddot{y} \tag{5.51}$$

(5.51) 式は x_1, x_2 に関する連立 2 階常微分方程式である．係数を次のように表現して，マトリックス形式で表す．

$$c_{11} = c_1 + c_2, c_{12} = -c_2 = c_{21}, c_{22} = c_2$$
$$k_{11} = k_1 + k_2, k_{12} = -k_2 = k_{21}, k_{22} = k_2$$

$$\begin{bmatrix} m_1 & 0 \\ 0 & m_2 \end{bmatrix} \begin{Bmatrix} \ddot{x}_1 \\ \ddot{x}_2 \end{Bmatrix} + \begin{bmatrix} c_{11} & c_{12} \\ c_{21} & c_{22} \end{bmatrix} \begin{Bmatrix} \dot{x}_1 \\ \dot{x}_2 \end{Bmatrix} + \begin{bmatrix} k_{11} & k_{12} \\ k_{21} & k_{22} \end{bmatrix} \begin{Bmatrix} x_1 \\ x_2 \end{Bmatrix}$$
$$= -\ddot{y} \begin{Bmatrix} m_1 \\ m_2 \end{Bmatrix} \tag{5.52}$$

(5.52) 式から，各階の変位，速度および絶対加速度を求めるが，これには連立方程式を直接積分法で求める場合と，固有値の性質を用いたモード法 (モーダルアナリシス，モード重畳法などとも呼ばれる) を用いる方法がある．

モード法が使用できるのは線形振動に限られ，直接積分法は線形振動，非線形振動のいずれにも適用できる．

モード法は時刻歴の計算もできるが，すでに計算されている応答スペクトルを用いると計算量が格段に少なくなり，対象とする地震動に対する最大応答値が短時間で求められる．設計の見通しを立てるときなど有効である．

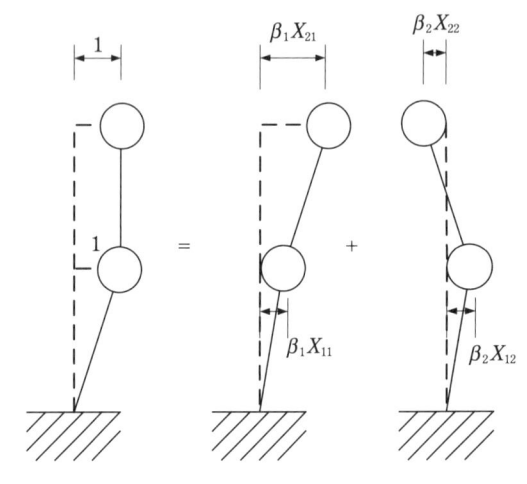

図 5.37 刺激関数

(2) モード法による 2 自由度振動系の地震応答計算

(5.52) 式をモード法を用いて解くために，右辺を次式のように表現する．

$$\begin{bmatrix} m_1 & 0 \\ 0 & m_2 \end{bmatrix} \begin{Bmatrix} \ddot{x}_1 \\ \ddot{x}_2 \end{Bmatrix} + \begin{bmatrix} c_{11} & c_{12} \\ c_{21} & c_{22} \end{bmatrix} \begin{Bmatrix} \dot{x}_1 \\ \dot{x}_2 \end{Bmatrix}$$
$$+ \begin{bmatrix} k_{11} & k_{12} \\ k_{21} & k_{22} \end{bmatrix} \begin{Bmatrix} x_1 \\ x_2 \end{Bmatrix} = -\ddot{y} \begin{bmatrix} m_1 & 0 \\ 0 & m_2 \end{bmatrix} \begin{Bmatrix} 1 \\ 1 \end{Bmatrix} \quad (5.53)$$

上式を簡略表現すると，

$$[m]\{\ddot{x}\} + [c]\{\dot{x}\} + [k]\{x\} = -\ddot{y}[m]\{1\} \quad (5.54)$$

(5.53) 式の右辺の $\{1\}$ は，1 層，2 層の変位が各々 1 となった状態を意味しており，前節の (5.50) 式によって固有振動型 $\{X_1\}$, $\{X_2\}$ の組み合わせによって表現することができる．ただし，この変形が特定の形をしていることから，(5.50) 式の q_1, q_2 の代わりに，特に β_1, β_2 の記号を用いることとする．β_1, β_2 は，1 次，2 次の刺激係数と呼ばれ，次式となる．

$$\begin{aligned} \beta_1 &= \frac{m_1 X_{11} + m_2 X_{21}}{m_1 X_{11}{}^2 + m_2 X_{21}{}^2} \\ \beta_2 &= \frac{m_1 X_{12} + m_2 X_{22}}{m_1 X_{12}{}^2 + m_2 X_{22}{}^2} \end{aligned} \quad (5.55)$$

図 5.37 のように，ベクトル $\{1\}$ を，$\{X_1\}$, $\{X_2\}$ を β_1 と β_2 の比で組み合わせて加算する．

$$\begin{Bmatrix} 1 \\ 1 \end{Bmatrix} = \beta_1 \begin{Bmatrix} X_{11} \\ X_{21} \end{Bmatrix} + \beta_2 \begin{Bmatrix} X_{12} \\ X_{22} \end{Bmatrix} \Rightarrow \{1\} = \beta_1 \{X_1\} + \beta_2 \{X_2\} \quad (5.56)$$

(5.56) 式の右辺の各項をそれぞれ 1 次，2 次の刺激関数という．

さらに，(5.54) 式の変位解を $\{X_1\}$ と $\{X_2\}$ を用い，$\{X_1\}$ と $\{X_2\}$ の組み合わせの倍率 q_1，q_2 で仮定すると，変位，速度，加速度は次式のようになる．

$$\begin{aligned} \{x\} &= q_1\{X_1\} + q_2\{X_2\} \\ \{\dot{x}\} &= \dot{q}_1\{X_1\} + \dot{q}_2\{X_2\} \\ \{\ddot{x}\} &= \ddot{q}_1\{X_1\} + \ddot{q}_2\{X_2\} \end{aligned} \qquad (5.57)$$

(5.56) 式，(5.57) 式を (5.54) 式に代入すると次式を得る．

$$\sum_{j=1}^{2}[m]\{X_j\}\ddot{q}_j + \sum_{j=1}^{2}[c]\{X_j\}\dot{q}_j + \sum_{j=1}^{2}[k]\{X_j\}q_j = -\ddot{y}\sum_{j=1}^{2}[m]\{X_j\}\beta_j \qquad (5.58)$$

ベクトル $\{X_1\}$，$\{X_2\}$ の間には，(5.49) 式と同様に次の関係も成立する．

$$\begin{aligned} \{X_i\}^T[k]\{X_j\} &= 0 \\ \{X_i\}^T[c]\{X_j\} &= 0 \\ \text{ただし，} i &\neq j \end{aligned} \qquad (5.59)$$

(5.58) 式の各項にベクトル $\{X_1\}^T$ を前から乗じ，(5.49) 式と (5.59) 式を適用すると次式となる．

$$\{X_1\}^T[m]\{X_1\}\ddot{q}_1 + \{X_1\}^T[c]\{X_1\}\dot{q}_1 + \{X_1\}^T[k]\{X_1\}q_1 = -\ddot{y}\{X_1\}^T[m]\{X_1\}\beta_1 \qquad (5.60)$$

ただし，

$$\left(\begin{aligned} M_1 &= \{X_1\}^T[m]\{X_1\} = \sum_{r=1}^{2} m_r X_{r1}{}^2 \\ C_1 &= \{X_1\}^T[c]\{X_1\} = \sum_{r=1}^{2}\sum_{s=1}^{2} c_{rs} X_{r1} X_{s1} \\ K_1 &= \{X_1\}^T[k]\{X_1\} = \sum_{r=1}^{2}\sum_{s=1}^{2} k_{rs} X_{r1} X_{s1} \end{aligned} \right) \qquad (5.61)$$

上式を各々広義の質量 M_1，広義の減衰係数 C_1，広義のばね定数 K_1 と呼ぶ．これを用いると (5.60) 式は，次式のように変位を q_1 とする 1 質点 1 自由度系の振動方程式と同じ形式となっていることがわかる．

$$M_1\ddot{q}_1 + C_1\dot{q}_1 + K_1 q_1 = -\ddot{y}M_1\beta_1 \qquad (5.62)$$

同様にして，(5.58) 式と $\{X_2\}^T$ の内積によって次式が求まる．

$$M_2\ddot{q}_2 + C_2\dot{q}_2 + K_2 q_2 = -\ddot{y}M_2\beta_2 \qquad (5.63)$$

ここで，

$$\begin{pmatrix} M_2 = \{X_2\}^T [m] \{X_2\} = \sum_{r=1}^{2} m_r X_{r2}^{\ 2} \\ C_2 = \{X_2\}^T [c] \{X_2\} = \sum_{r=1}^{2} \sum_{s=1}^{2} c_{rs} X_{r2} X_{s2} \\ K_2 = \{X_2\}^T [k] \{X_2\} = \sum_{r=1}^{2} \sum_{s=1}^{2} k_{rs} X_{r2} X_{s2} \end{pmatrix} \quad (5.64)$$

以上より，(5.52)式の2自由度の振動方程式が，(5.62)式と(5.63)式の二つの1自由度系と同じ形式の振動方程式として表わされた．

したがって，(5.62)式，(5.63)式によって，q_1，q_2 が得られるならば，(5.57)式によって，各層の変位 x_1，x_2 を1次，2次の振動モードの組み合わせで求めることができる．

(5.62)式，(5.63)式をより一般的に表現すると次のようになる．

$$M_j \ddot{q}_j + C_j \dot{q}_j + K_j q_j = -\ddot{y} M_j \beta_j$$
$$\text{ここで,} \omega_j^{\ 2} = \frac{K_j}{M_j}, h_j = \frac{C_j}{2 M_j \omega_j} \text{として} \quad (5.65)$$
$$\ddot{q}_j + 2 h_j \omega_j \dot{q}_j + \omega_j^{\ 2} q_j = -\ddot{y} \beta_j$$
$$\text{ただし}, j = 1, 2, \cdots, \text{固有値の次数}$$

これを置換1自由度系と呼ぶ．また，$\beta = 1$ のときの q_j を q_{j0} と表すと，

$$\ddot{q}_{j0} + 2 h_j \omega_j \dot{q}_{j0} + \omega_j^{\ 2} q_{j0} = -\ddot{y} \quad (5.66)$$
したがって, $q_j = \beta_j \cdot q_{j0}$

$$\{x\} = \beta_1 q_{10} \{X_1\} + \beta_2 q_{20} \{X_2\} \quad (5.67)$$

すなわち，上式を層ごとの変位で表現すると次のようになる．

$$1 層の変位: x_1 = \beta_1 \cdot q_{10} \cdot X_{11} + \beta_2 \cdot q_{20} \cdot X_{12}$$
$$2 層の変位: x_2 = \beta_1 \cdot q_{10} \cdot X_{21} + \beta_2 \cdot q_{20} \cdot X_{22}$$

各層の応答の絶対加速度を求めてみよう．

$$\{\ddot{x}\} = \sum_{j=1}^{2} \{X_j\} \beta_j \ddot{q}_{j0}$$
$$\{\ddot{y}\} = \ddot{y} \{1\} = \ddot{y} \sum_{j=2}^{2} \{X_j\} \beta_j$$
$$\{\ddot{x} + \ddot{y}\} = \sum_{j=1}^{2} \{X_j\} \beta_j (\ddot{q}_{j0} + \ddot{y}) \quad (5.68)$$

または，(5.66)式より

$$\ddot{q}_{j0} + \ddot{y} = -\left(2 h_j \omega_j \dot{q}_{j0} + \omega_j^{\ 2} q_{j0}\right)$$

これを (5.68) 式に代入して，

$$\{\ddot{x} + \ddot{y}\} = -\sum_{j=1}^{2} \{X_j\} \beta_j \left(2 h_j \omega_j \dot{q}_{j0} + \omega_j^{\ 2} q_{j0}\right)$$

5.3. 2質点2自由度系の振動　147

$h \ll 1$ より，右辺 () 内の第 1 項を無視すると，次式のようになる．

$$\{\ddot{x} + \ddot{y}\} = -\sum_{j=1}^{2} \{X_j\} \beta_j \left(\omega_j{}^2 q_{j0}\right) \tag{5.69}$$

以上で明らかなように，モード法による線形 2 自由度系の振動応答計算は固有値を求めた後，1 自由度系の応答計算に置き換えて計算することができる．

具体的な計算の流れを図 5.38 に示した．

(3) 応答スペクトルを用いたモード法による地震応答計算

図 5.38 で示した時刻歴応答は，入力地震動による建築物の挙動を時々刻々に明らかにするこ

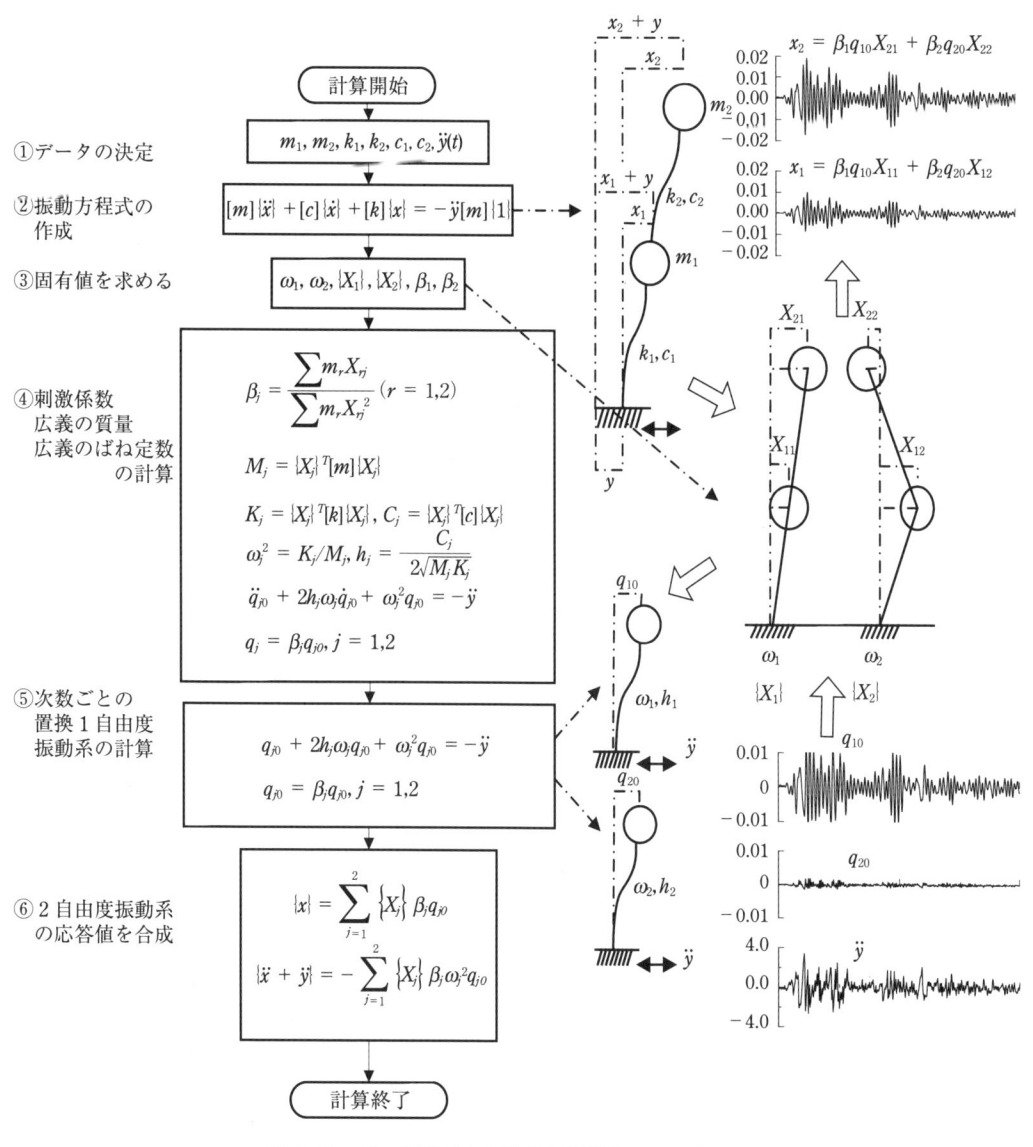

図 **5.38** モード法による地震応答計算フローチャート

とができる．しかしながら，計算しようとする構造物ごとに (5.67) 式の q_{10}, q_{20} の計算を実行しなければならず，設計変更などによって固有値が変化した場合など膨大な計算の繰り返しを求められる．この場合には，直接積分法に比べて，モード法の利点はほとんどない．

実際の設計では，時々刻々の応答値は必ずしも必要ではなく，むしろ予想される地震動に対する応答の最大値のみが必要であることが多い．また，設計の段階では，しばしば断面の寸法や構造物の形状の変更が行われるので，固有値は設計の最終段階までは確定しないと言ってもいいほどである．

応答スペクトルを用いたモード法による地震応答計算法は，ある地震波に対して Step by Step に時刻歴応答の計算を実行する代わりに，5.2.2 (3) 項で述べた応答スペクトルを用いる方法である．

この場合に得られる応答値は，時刻歴中の最大応答値のみであるが，すでにある地震波について応答スペクトルが作成されていると，それを用いることによって計算は大幅に軽減されるのである．固有値が求められていれば，直接積分法と異なり，応答スペクトルが用意されているいろいろな地震動に対して，手計算でも可能な程度の計算量で簡単に応答計算ができる．

応答スペクトルを用いた地震応答計算の手順を 2 自由度の建築物の例題で示すこととする．

例題：

図 5.39 の様に各層のばね定数が与えられている 2 自由度系の地震応答計算を行う．応答スペクトルは，図 5.18 のエルセントロ地震波 NS 成分に対する応答スペクトルを用いて，各層の変位および加速度の応答値を求めよ．ただし，減衰定数は $h_1 = 0.05$, $h_2 = \omega_2/\omega_1 \cdot h_1 \fallingdotseq 0.10$ とする．

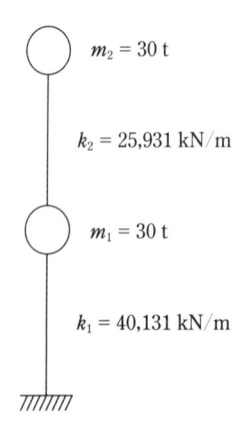

図 5.39 2 自由度振動モデル

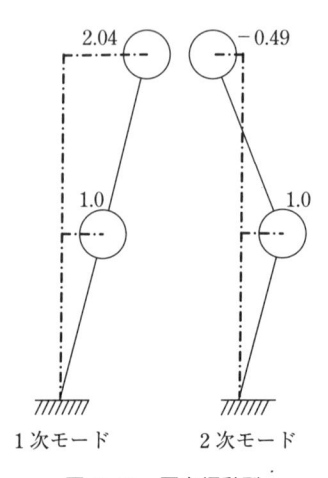

図 5.40 固有振動型

5.3. 2質点2自由度系の振動

【解】

140 ページの 5.3.1 (2) 項の例題を参照しながら，まず固有値を求める．

$$\begin{bmatrix} m_1 & 0 \\ 0 & m_2 \end{bmatrix} \begin{Bmatrix} \ddot{x}_1 \\ \ddot{x}_2 \end{Bmatrix} + \begin{bmatrix} k_1+k_2 & -k_2 \\ -k_2 & k_2 \end{bmatrix} \begin{Bmatrix} x_1 \\ x_2 \end{Bmatrix} = 0$$

$$\begin{bmatrix} 30 & 0 \\ 0 & 30 \end{bmatrix} \begin{Bmatrix} \ddot{x}_1 \\ \ddot{x}_2 \end{Bmatrix} + \begin{bmatrix} 66,062 & -25,931 \\ -25,931 & 25,931 \end{bmatrix} \begin{Bmatrix} x_1 \\ x_2 \end{Bmatrix} = 0$$

$$\begin{bmatrix} (66,062 - 30\omega^2) & -25,931 \\ -25,931 & (25,931 - 30\omega^2) \end{bmatrix} \begin{Bmatrix} X_1 \\ X_2 \end{Bmatrix} = 0$$

よって，固有円振動数は，

$$\begin{Bmatrix} \omega_1^2 \\ \omega_2^2 \end{Bmatrix} = \begin{Bmatrix} 440 \\ 2,627 \end{Bmatrix} \rightarrow \begin{Bmatrix} \omega_1 \\ \omega_2 \end{Bmatrix} = \begin{Bmatrix} 20.99 \quad [\text{r/s}] \\ 51.26 \quad [\text{r/s}] \end{Bmatrix}$$

となる．また，$T = 2\pi/\omega$ より固有周期は，

$$\begin{cases} T_1 = 0.30 \quad [\text{s}] \\ T_2 = 0.12 \quad [\text{s}] \end{cases}$$

固有振動型は，

$$\frac{X_2}{X_1} = \frac{m_1\omega^2 - k_{11}}{k_{12}}$$

ω に ω_1, ω_2 を代入して，各次の固有振動型を求める．

$$1\text{次振動型}: \frac{X_{21}}{X_{11}} = \frac{30 \times 440 - 66,062}{-25,931} = \frac{2.039}{1}$$

$$2\text{次振動型}: \frac{X_{22}}{X_{12}} = \frac{30 \times 2,627 - 66,062}{-25,931} = \frac{-0.490}{1}$$

次に刺激係数 β_1, β_2 を求める．

$$\beta_1 = \frac{\sum_{j=1}^{2} m_j \cdot X_{j1}}{\sum_{j=1}^{2} m_j \cdot X_{j1}^2} = \frac{30 \times 1 + 30 \times 2.04}{30 \times 1^2 + 30 \times 2.04^2} = 0.589$$

$$\beta_2 = \frac{\sum_{j=1}^{2} m_j \cdot X_{j2}}{\sum_{j=1}^{2} m_j \cdot X_{j2}^2} = \frac{30 \times 1 + 30 \times (-0.49)}{30 \times 1^2 + 30 \times (-0.49)^2} = 0.411$$

図 5.41 のエルセントロ地震波の応答スペクトルから，1 次および 2 次の固有周期に対応する

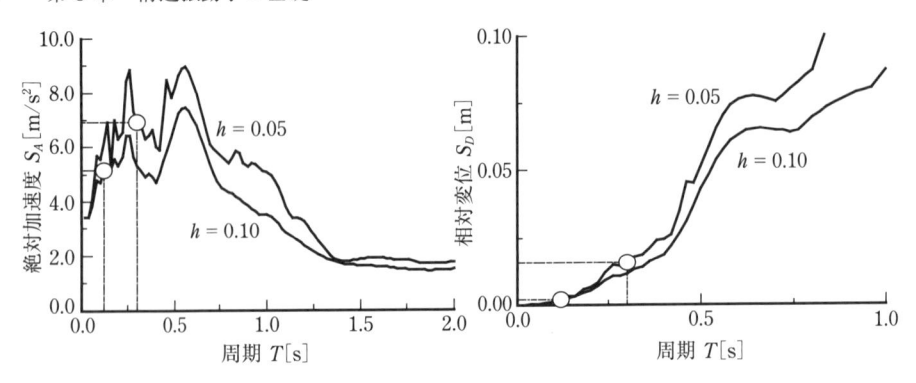

図 5.41 エルセントロ地震波 NS 成分の応答スペクトル

応答値を求める．

$$1\,次：\quad T_1 = 0.3\,[\text{s}],\ h_1 = 0.05$$
$$S_D = (q_{10})_{\max} = 0.0158\,[\text{m}]$$
$$S_A = (\ddot{q}_{10} + \ddot{y})_{\max} = 6.910\,[\text{m/s}^2]$$
$$2\,次：\quad T_2 = 0.12\,[\text{s}],\ h_2 = 0.10$$
$$S_D = (q_{20})_{\max} = 0.0019\,[\text{m}]$$
$$S_A = (\ddot{q}_{20} + \ddot{y})_{\max} = 5.159\,[\text{m/s}^2]$$

よって，1 層の変位は，

$$(x_1)_{\max} = \beta_1 q_{10} X_{11} + \beta_2 q_{20} X_{12}$$
$$= 0.589 \times 0.0158 \times 1 + 0.411 \times 0.0019 \times 1 = 0.0101\,[\text{m}]$$

同様に 2 層の変位は，

$$(x_2)_{\max} = \beta_1 q_{10} X_{21} + \beta_2 q_{20} X_{22}$$
$$= 0.589 \times 0.0158 \times 2.04 + 0.411 \times 0.0019 \times (-0.49) = 0.0187\,[\text{m}]$$

各層の加速度は，

$$(\ddot{x}_1 + \ddot{y})_{\max} = -\left\{\beta_1 \omega_1^2 q_{10} X_{11} + \beta_2 \omega_2^2 q_{20} X_{12}\right\}$$
$$= -\{0.589 \times 440 \times 0.0158 \times 1 + 0.411 \times 2{,}627 \times 0.0019 \times 1\}$$
$$= -6.15\,[\text{m/s}^2]$$
$$(\ddot{x}_2 + \ddot{y})_{max} = -\left\{\beta_1 \omega_1^2 q_{10} X_{21} + \beta_2 \omega_2^2 q_{20} X_{22}\right\}$$
$$= -\{0.589 \times 440 \times 0.0158 \times 2.04 + 0.411 \times 2{,}627 \times 0.0019 \times (-0.49)\}$$
$$= -7.35\,[\text{m/s}^2]$$

となる．各層の加速度は (5.68) 式を用いても計算できる．

さらに，応答値から求めた各層の最大層せん断力と層せん断力係数を図 5.42 に示す．

図 5.42 応答せん断力

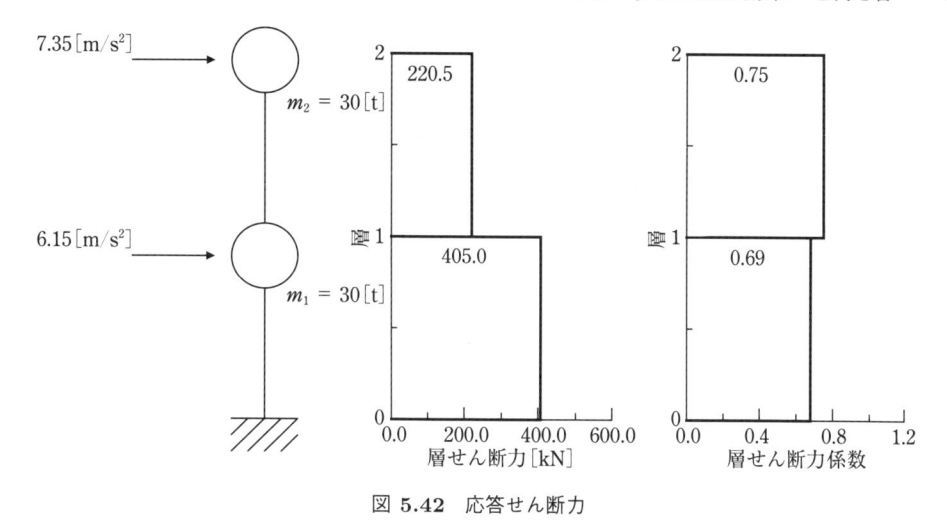

5.4 多自由度振動系の地震応答

(1) モード法による多自由度振動系地震応答計算

モード法によって多自由度に拡張された (5.54) 式の解を求めよう．まず，n 自由度系の固有値を求める．以下，計算の流れはまったく同じである．たとえば，2 自由度系で求めた (5.65) 式は，n 自由度系の場合に拡張して，そのまま適用できる．

$$M_j \ddot{q}_j + C_j \dot{q}_j + K_j q_j = -\ddot{y} M_j \beta_j$$

$$\text{ここで,} \beta_j = \frac{\sum_{j=1}^{n} m_r \cdot X_{rj}}{\sum_{r=1}^{n} m_r \cdot X_{rj}^2} \tag{5.70}$$

$$\text{ただし, } j = 1, 2, 3, \cdots\cdots, n$$

明らかに分かるように，総和 $\sum_{r=1}^{2} \to \sum_{r=1}^{n}$ となり，総和の上限が $2 \to n$ に変わっているだけである．以後の計算は，5.3.2 (2) 項のモード法による 2 自由度振動系の地震応答計算とまったく同じである．2 自由度を超える多自由度の応答計算は，固有値の計算が 2 自由度の場合と比べて計算量が多く，煩雑になる．2 自由度のように手計算で固有値を求めるのは不可能で，コンピューターを用いる他ない．具体的な例題を通して理解しよう．

(2) 5 自由度の地震応答計算例

ここでは具体的に 5 層の建物の地震応答計算例を示す．図 5.43 に示す 5 層 5 質点のせん断型振動モデルにモード法を適用してエルセントロ地震波 NS 成分に対する応答を求める．ただし，減衰についてはモード減衰 ($h_i = h_1 \cdot \omega_i / \omega_1$) を用い，$h_1 = 0.05$ とする．

152　第5章　構造振動学の基礎

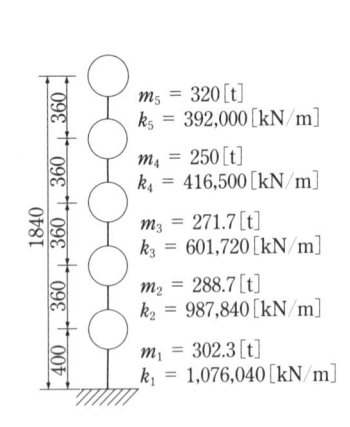

図 5.43　5 質点振動モデル

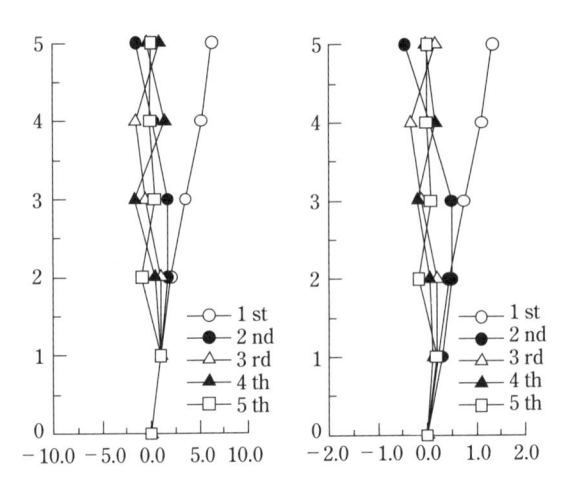

図 5.44　固有振動モード

表 5.1　固有値解析結果

次数	周期 T [s]	円振動数 ω [r/s]	減衰定数 h_i
1次	0.433	14.4	0.05
2次	0.170	37.0	0.12
3次	0.107	58.7	0.20
4次	0.084	74.8	0.25
5次	0.063	99.7	0.34

表 5.2　固有振動型（左）と刺激関数（右）

(a) 固有振動型					
階	1次	2次	3次	4次	5次
β_i	0.214	0.298	0.193	0.116	0.131
5th	6.238	−1.561	0.886	−0.405	0.011
4th	5.168	0.182	−1.611	1.440	−0.094
3rd	3.509	1.672	−0.622	−1.655	0.365
2nd	2.028	1.669	1.031	0.379	−0.945
1st	1.000	1.000	1.000	1.000	1.000
(b) 刺激関数					
階	1次	2次	3次	4次	5次
5th	1.335	−0.462	0.171	−0.047	0.002
4th	1.106	0.054	−0.311	0.167	−0.017
3rd	0.751	0.495	−0.120	−0.192	0.066
2nd	0.434	0.494	0.199	0.044	−0.171
1st	0.214	0.296	0.193	0.116	0.181

表 5.3　時刻歴最大応答値

階	加速度 [m/s^2]	速度 [m/s]	変位 [m]
5th	9.950	0.580	0.042
4th	7.010	0.480	0.034
3rd	5.420	0.340	0.024
2nd	4.410	0.220	0.014
1st	3.910	0.110	0.007

固有値解析

多次元固有値問題を，手計算で解くことは難しい．ここでは，固有値解析の結果のみ紹介し，詳細な数値計算アルゴリズムは専門書を参照されたい（ここでは，パーソナルコンピュータを用いて一般化ヤコビ法で解いている）．図 5.44 に，固有値解析による固有振動型 (X_{ij}) と刺激関数 ($\beta_j \cdot X_{ij}$) を示す．また，表 5.1，表 5.2 で固有値の結果を数値で示したので，読者は自分で図を描いて理解を深めて欲しい．

モード法による応答計算

固有値解析の結果を用いて，エルセントロ地震波 NS 成分に対する振動モデルの地震応答値を求める．n 自由度系の振動モデルは，図 5.38 に示したように n 個の 1 自由度系振動モデルに置き換えることができる．

$$\ddot{q}_{j0} + 2h_j\omega_j\dot{q}_{j0} + \omega_j{}^2 q_{j0} = -\ddot{y} \tag{5.71}$$

5.4. 多自由度振動系の地震応答　153

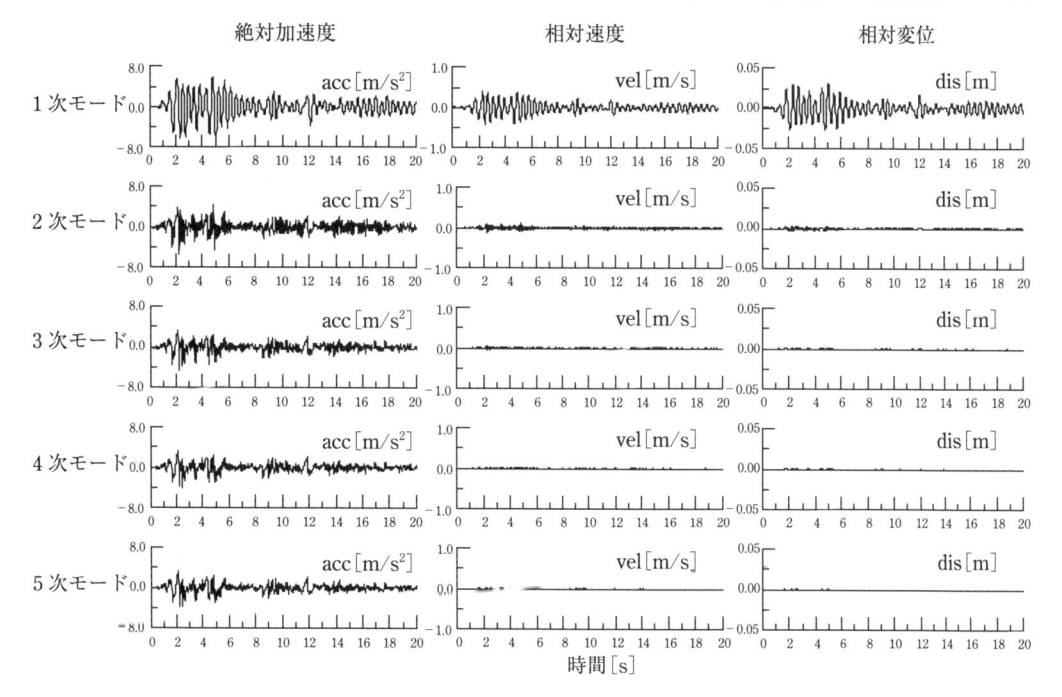

	絶対加速度	相対速度	相対変位
1次モード			
2次モード			
3次モード			
4次モード			
5次モード			

時間 [s]

図 5.45　置換 1 自由度振動系の振動

固有値解析より求めた，各固有円振動数 ω_j と減衰定数 h_j を用いて 1 次～5 次モードの応答解析を行う．その結果を図 5.45 に示す．

この結果に，各質点，各モードごとに刺激関数 (刺激係数 × 固有ベクトル) を乗じて，重ね合わせれば 5 層建物のエルセントロ地震波 NS 成分に対する地震応答解析結果が求まる．図 5.46 に各質点ごとの絶対加速度応答波形を示す．また，各層の時刻歴波形の最大応答値を表 5.3，せん断力や転倒モーメントを表 5.4 に示す．また，水平力，層せん断力，層せん断力係数および転倒モーメントのそれぞれについて最大応答値からの求め方を以下に示す．

水平力の計算

$$\begin{Bmatrix} P_n\,[\mathrm{kN}] \\ \vdots \\ P_2\,[\mathrm{kN}] \\ P_1\,[\mathrm{kN}] \end{Bmatrix} = [K] \begin{Bmatrix} x_n\,[\mathrm{m}] \\ \vdots \\ x_2\,[\mathrm{m}] \\ x_1\,[\mathrm{m}] \end{Bmatrix}$$

層せん断力の計算

$$\begin{Bmatrix} Q_n\,[\mathrm{kN}] \\ \vdots \\ Q_2\,[\mathrm{kN}] \\ Q_1\,[\mathrm{kN}] \end{Bmatrix} = \begin{bmatrix} 1 & 0 & \cdots & 0 & 0 \\ \vdots & \vdots & & \vdots & 0 \\ 1 & 1 & \cdots & 1 & 0 \\ 1 & 1 & \cdots & 1 & 1 \end{bmatrix} \begin{Bmatrix} P_n\,[\mathrm{kN}] \\ \vdots \\ P_2\,[\mathrm{kN}] \\ P_1\,[\mathrm{kN}] \end{Bmatrix}$$

154 第 5 章 構造振動学の基礎

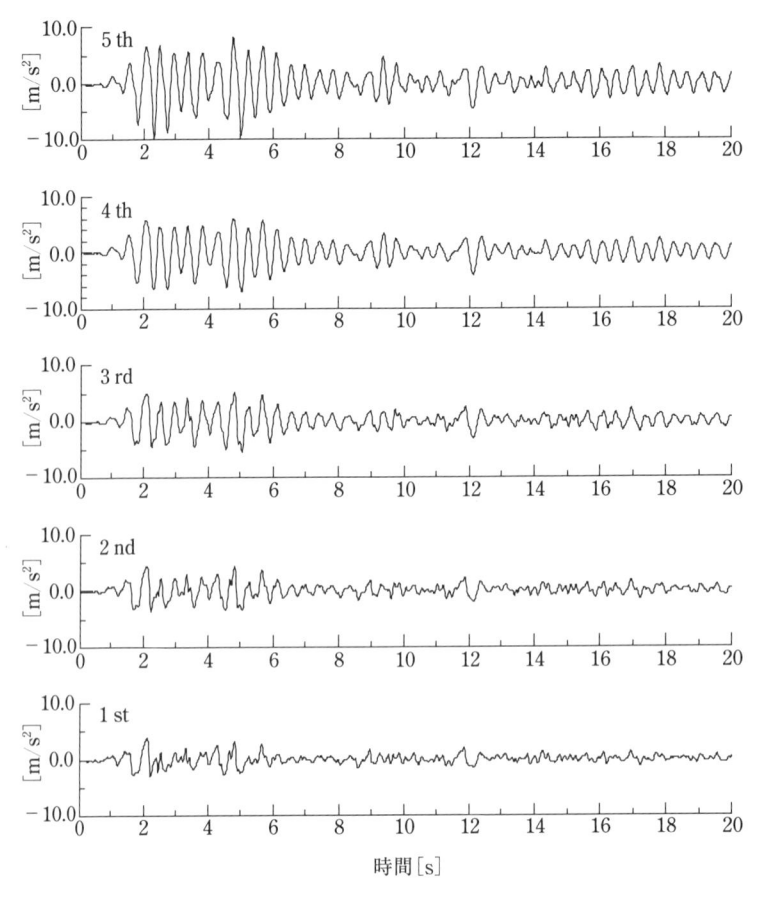

図 5.46 絶対加速度応答波形

層せん断力係数の計算

$$C_i = \frac{|Q_i(t)|}{\sum_{i=1}^{n} m_i g}$$

転倒モーメントの計算

$$\left\{\begin{array}{c} R_{n-1}\,[\text{kNm}] \\ \vdots \\ R_1\,[\text{kNm}] \\ R_0\,[\text{kNm}] \end{array}\right\} = \left[\begin{array}{ccccc} H_n & 0 & \cdots & 0 & 0 \\ \vdots & \vdots & & \vdots & 0 \\ H_n & H_{n-1} & \cdots & H_2 & 0 \\ H_n & H_{n-1} & \cdots & H_2 & H_1 \end{array}\right] \left\{\begin{array}{c} Q_n\,[\text{kN}] \\ \vdots \\ Q_2\,[\text{kN}] \\ Q_1\,[\text{kN}] \end{array}\right\}$$

表 5.4 最大応答値

	H [m]	m [t]	W [kN]	ΣW [kN]
5th	18.4	320.0	3,136.0	3,136.0
4th	14.8	250.0	2,450.0	5,586.0
3rd	11.2	271.7	2,662.7	8,248.7
2nd	7.6	288.7	2,829.3	11,077.9
1st	4.0	302.3	2,962.5	14,040.5
	P_i [kN]	Q_i [kN]	C_i	$O.T.M.$ [kNm]
5th	3,184.0	3,184.0	1.015	11,462
4th	1,752.5	4,936.5	0.884	29,234
3rd	1,472.5	4,936.5	0.777	53,580
2nd	1,273.2	7,682.3	0.693	80,664
1st	1,182.0	8,864.3	0.531	115,420

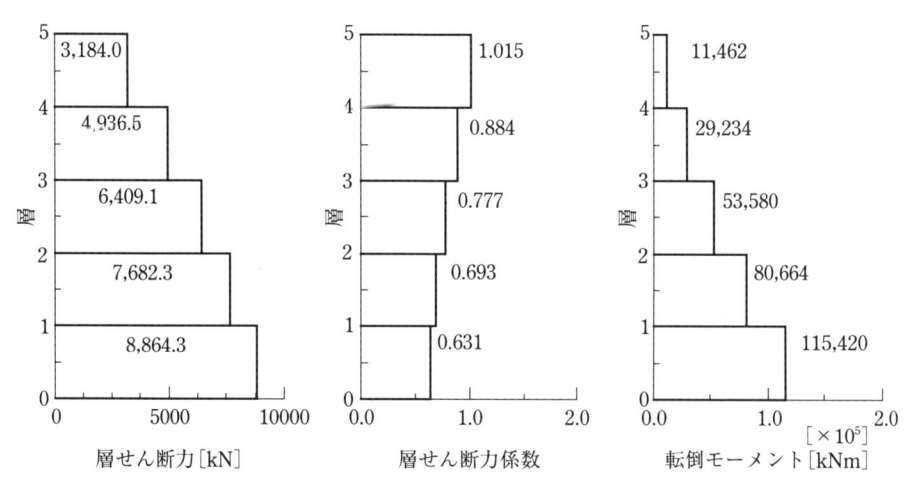

C_i:層せん断力係数, $O.T.M.$:転倒モーメント

図 5.47 最大層せん断力,層せん断力係数と転倒モーメント

5.5 より高度の構造振動学を学びたい人のために

本章は，初めて耐震設計を学ぶためのもっとも基礎となる内容に限って述べたものである．大学の建築学科や土木関係学科で半年間で学ぶ程度の内容が盛り込まれている．

応用編では，本章の内容を基礎に，具体的な耐震設計方法が記述される．ただ，構造振動学の幅は広く，奥行きも限りなく深い．大学院の修士課程や多くの設計実務を体験された構造設計者に，今後の学ぶべき内容と具体的な参考書の紹介が欠かせないと思われる．多くの良書がある中で，ここでは，著者自身が学生たちとのゼミのテキストとして用いたり，座右において教えられている教科書の幾つかのみを紹介しておく．

なお，1981年新耐震設計法を紹介した教科書 [2]，本書と同じ主旨で建築と土木の耐震設計を見渡すように構成された教科書 [3] であるが，これらは，すでに絶版になっているので，本書

の基礎編・応用編はそれらをふまえて刊行するものである．

- 振動学の基礎を丁寧に述べた教科書：[1]
- 設計に用いられる幅広い分野の内容が盛り込まれた教科書：[5] [6] [7]
- 地震動の性質，とくにスペクトル解析を詳述した教科書：[8]

参 考 文 献

〔1〕 田治見宏『建築振動学』コロナ社，1965．
〔2〕 藤本一郎，槙谷栄次，入江善久，楢木紀男『新耐震設計法入門』オーム社，1982．
〔3〕 楢木紀男，正木和明，茬本孝久，岩楯敞広，中島芳久，高坂隆一『建築と土木技術者のための地震工学・振動学入門』吉井書店，1997．
〔4〕 国土交通省住宅局建築指導課他編集『2001年版限界耐力計算法の計算例とその解説』工学図書，2001．
〔5〕 柴田明徳『最新耐震構造解析』森北出版，1981．
〔6〕 太田外気晴，江守克彦，河西良行『建築基礎　耐震・振動・制御』共立出版，2001．
〔7〕 Gary C. Hart, Kelvin Wong: *Structural Dynamics for Structural Engineers*, John Wiley & Sons, Inc., 1999.
〔8〕 大崎順彦『新・地震動のスペクトル解析入門』鹿島出版会，1994．

第6章 耐風工学入門

6.1 はじめに

　1940年に19 m/sの風でアメリカのタコマ・ナロウズ橋が落橋したのをきっかけとして，構造物の耐風安定性についての研究が重ねられ，現在，世界最大のスパンを持つ明石海峡大橋では風速65 m/sの風にも耐えられるように設計されている．一方で，風災害は毎年のように発生しており，経済性を考慮しながら，より細かな基準が整えられる方向にある．構造分野における耐風設計基準としては主に
・日本道路協会：道路橋示方書　同解説 (2002年改訂)，道路橋耐風設計便覧 (1991年)
・建築基準法・同施行令 (2000年改正)*
・日本建築学会：建築物荷重指針・同解説 (2004年)
などがある．道路橋示方書は支間200 m以下の道路橋に適用されるが，それより長い支間の橋についても準用される．建築基準法は建築物の最低限確保すべき基準を示したものであるが，建築物荷重指針は新しい研究成果を反映した，より合理的な内容を示していると言える．風荷重は形状によってその大きさが異なり，風速の2乗に比例して増加する．風荷重は，構造物周りの複雑な流れ場に起因するため解析的に求めることは難しく，風洞実験や数値流体解析によって求める必要があるが，一般的な構造物については各基準に記載の値を用いることができる．また，風は風向風速が不規則に変動するため，作用する風圧力は時間的に変動するが，通常の構造物では平均成分について検討し，変動成分はガスト影響係数によって静力学的な設計がなされる．大規模な構造物では，地震の場合と同様に風荷重と構造物の共振による振動を考慮した設計が必要となる．タコマ橋の落橋の原因となったフラッター現象も，風による渦と構造物の振動が共振して風圧力が増大して崩壊したものである．

6.2 風と地震との比較

　まず，前章までの地震と比較し，その共通点，相違点を示す．
　地震時に構造物に作用する慣性力 F は

$$F = ma \tag{6.1}$$

で表される．ここで，m：質量 [kg]，a：地震動の加速度 [m/s^2] である．一方，風力は

---

* 本章では，建築基準法に基づく施行令や告示を含めて建築基準法と示している．

$$F = \frac{1}{2}\rho U^2 CA \tag{6.2}$$

で表される．ここで，ρ：空気密度 [kg/m³]，U：風速 [m/s]，C：風力係数 [無次元量]，A：受風面積 [m²] である．このように地震による力は慣性力として作用し，自重に比例するのに対し，風力は受風面積に比例する．例えば，墓石のように重いものは地震で転倒することがあるが，風で倒れることは少ない．一方，ポリバケツのように軽いものは風によって飛ばされるが，地震によって倒れることは少ない．このように風応答が問題となるのは，一般に重量が軽い場合になる．長大橋や高層ビルなど形状が細長い構造物も，振動しやすいため風応答が問題となる．なお，風力係数 C は構造物の形状によって異なる．

時間的な変化を見てみると，地震は短時間に大きく変動し，左右，あるいは上下に揺らす変動成分がほとんである．風は，ある程度の期間，風速・風向が一定であり，変動成分は「風の息」などとよばれる．したがって地震では構造物の振動現象が対象となるが，風の場合は静的な変形と振動現象の両方が対象となる．

さらに，地震は構造物の挙動に関わらず作用する強制外力で，同じ場所にあれば大きな構造物にも小さな構造物にも等しく作用するが，風の流れは構造物やその挙動によって影響を受け，それによって大きな励振力が生じる (自励空気力) 場合もある．風による励振力は構造物後流に生じる渦に起因するものであり，構造物のスケールに比例して周期が長くなるため，固有周期の長い構造物と共振しやすくなる．

以上をまとめると表 6.1 のようになる．

表 6.1 地震と風の比較

	地震	風
荷重の大きさ	自重に比例	受風面積に比例
載荷時間	短時間	長時間
時間変化	変動成分がほとんど	平均成分がほとんど
荷重の特性	強制外力	強制外力＋自励的外力

6.3 風の特性

6.3.1 基本風速

耐風設計の基本となる基本風速 U_0 は，気象官署でのデータに基づいて作成された基本風速分布図で示されている．気象台では，観測定時 10 分前から定時までの平均風速と，定時 1 分前から平均風向が記録されている．建築物荷重指針では，地表面粗度区分 II (表 6.2 参照) の場合の，地上 10 m における 10 分間平均風速の再現期間 100 年に対する値が示されている (図 6.1)．再現期間とはある風速以上の風が吹く間隔の平均値で，1 年間の発生確率が 1/100 ということと同じ意味である．基本風速は 30 m/s〜50 m/s となっている．強風災害を引き起こす気象現象としては台風が挙げられ，台風が多く来る沖縄地域などは 50 m/s と高くなっている．基本

風速の算定では台風シミュレーションによってデータの不足が補われている．局地的に発生する竜巻やダウンバーストは，甚大な風災害をもたらすが，ある一地点に発生する確率はきわめて低い．そのため，設計では基本的に考慮されていないが，下限値を 30 m/s とすることで一定の耐風性を確保している．高層ビルや長大橋など，耐風安定性が重要となる構造物は，現地で風速の実測が行われる．道路橋耐風設計便覧でも，同様に全国を 4 つの基本風速レベル (30, 35, 40, 45 m/s) に区分した基本風速分布図が示されている．

建築物荷重指針では，風向による影響も風向係数として基本風速に取り入れており，基本風速が割り減らされている．ただし，ダウンバーストなどはどの方向からも吹いてくる可能性があるので，係数の下限値を 0.85 としている．

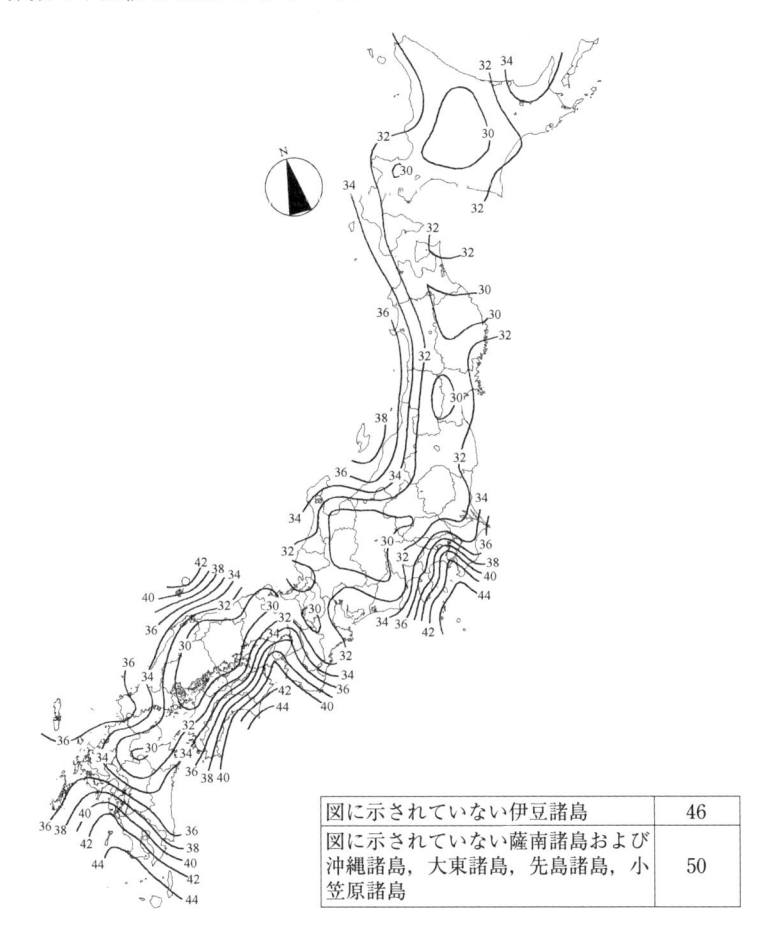

図に示されていない伊豆諸島	46
図に示されていない薩南諸島および沖縄諸島，大東諸島，先島諸島，小笠原諸島	50

図 **6.1** 基本風速分布図 (文献 [3] p.17 より転載)

6.3.2 風速の鉛直分布

風速は海上などの風をさえぎる障害物のないところでは，海面近くの風速も上空の風速もあまり変化がないが，地上では，木々や建物などさまざまな障害物があり，地表面近くでは風速が小さくなるとともに，乱れが増加する．そのような風の鉛直方向の分布特性はべき法則 (べ

き指数分布) で与えられる.

$$U_Z = U_{Z_0}(Z/Z_0)^\alpha \tag{6.3}$$

U_{Z_0}：基準となる高さ Z_0 [m] での風速 [m/s]

べき指数 α の値は，平坦な地形の草原，海岸地帯では $1/10$〜$1/7$，田園地帯では $1/6$〜$1/4$，森林地帯，市街地では $1/4$〜$1/2$ となり，地域ごとに地表面粗度区分として分けられている．なお，ここでいう粗度は，河川の流れやすさの指標である粗度と同じ概念であるが，小石が家屋に相当するようなスケールの違いがある．

建築基準法では，高さ Z における風速の鉛直分布係数 Er は次のように与えられる．

$$Z が Z_b 以下の場合\ Er = 1.7\,(Z_b/Z_G)^\alpha \tag{6.4}$$

$$Z が Z_b を超える場合\ Er = 1.7\,(Z/Z_G)^\alpha \tag{6.5}$$

Z_b, Z_G, α は表 6.2 に示す地表面粗度区分 I〜IV に応じて表 6.3 のように定められる．地表面粗度区分は III に区分される場合が多い．

図 6.2 は高さによる鉛直分布係数の変化を表す式を粗度区分ごとにグラフ化したものである．粗度区分が I から IV に向かうにつれ鉛直分布係数 Er が小さくなって風速が小さくなり，高さが高くなるにつれて Er が大きくなって風速が大きくなる傾向がわかる．

表 6.2 地表面粗度区分

I	都市計画区域外の平坦地
II	田園地帯，低層建築物が散在
III	I, II, IV 以外の区域
IV	都市化が極めて著しいもの

表 6.3 風速の鉛直分布を定めるパラメーター

地表面粗度区分	I	II	III	IV
Z_b[m]	5	5	5	10
α	0.10	0.15	0.20	0.27
Z_G[m]	250	350	450	550

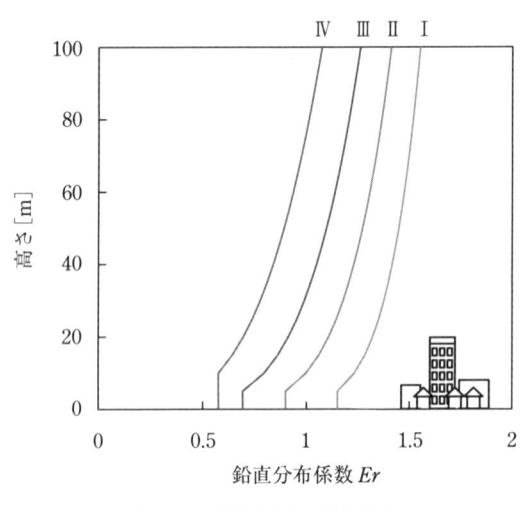

図 6.2 平均風速の鉛直分布

6.3.3 地形による増速効果

図 6.3 のように，傾斜地上に風が吹くと，斜面頂部において風速が増速する．傾斜地および尾根状地形について，小地形による風速の割り増し係数 E_g として建築物荷重指針で与えられている．E_g の値は 1 から 1.5 程度の値となる．その他，山と山の間の峡谷などでは風が強まることもある．これらは建築基準法では含まれていないので，個々の構造物で考慮する必要がある．

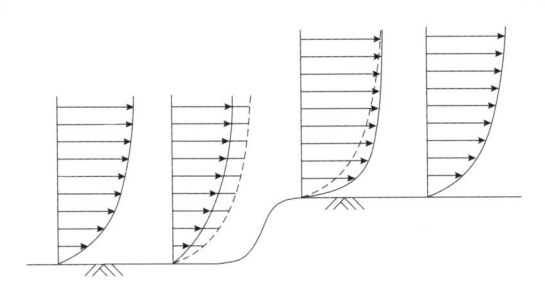

図 6.3 傾斜地における風速の増加

6.3.4 風の乱れ

風の乱れは突風 (ガスト, Gust), 風の息などと呼ばれる. 平均風速 $\bar{U}$ [m/s] と, その平均値を求めた時間内の最大瞬間風速 $U_{\max}$ [m/s] との比を突風率 (ガストファクター) とよぶ. 市街地など地表面粗度が大きく, 風速が低下する場所では相対的にガストの影響が大きくなる.

建築基準法では, 風の乱れを考慮するために速度圧の算定式においてガスト影響係数 G_f が与えられる. 図 6.4 に示すように地表面粗度区分 I～IV および高さ Z の関数として評価される. G_f の値は高さ 10 m のとき平坦地では 2.0, 市街地では 3.1 などの値となる. ガスト影響係数には, 風の乱れの周波数成分と構造物の固有振動数の共振による効果や, 乱れが空間的にも変動しており, 大きい建物には同時に大きい風圧が作用しないことによる影響も含まれている.

道路橋示方書においては, 同様の係数をガスト応答係数 G として海上の風を想定して 1.9 が与えられている. 市街地ではこれより大きくなるが, 平均風速は低下することから, その影響が相殺すると考えられること, また, 風の作用が支配的でない小規模な橋梁において安全側となる値であることから, 一律 $G = 1.9$ を与えている.

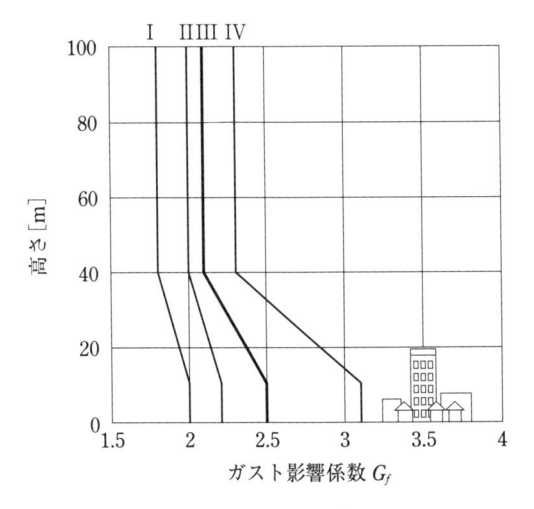

図 6.4 ガスト影響係数

6.4 風荷重

6.4.1 速度圧

速度圧は動圧とも呼ばれるが，構造物に作用する風荷重を算定する場合の基本となる量であり，風の持つ単位体積当たりの運動エネルギーである．

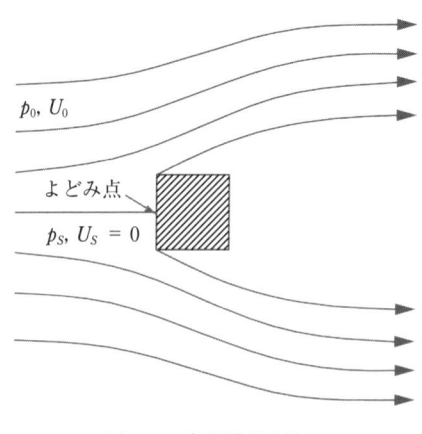

図 6.5 角柱周りの流れ

図 6.5 のような角柱に周りの流れで考えると，物体の影響のない点での風速を U_0 [m/s], 圧力を p_0 [N/m^2] とし，よどみ点での圧力を p_s とすると，よどみ点で風速が 0 となることから，ベルヌーイの式は次のようになる．

$$\frac{1}{2}\rho U_0{}^2 + p_0 = p_s \tag{6.6}$$

一般に，p_0 との差圧を速度圧 p とする．

$$p = \frac{1}{2}\rho U_0{}^2 \tag{6.7}$$

この式で示されるように速度圧は風速の 2 乗に比例する．空気密度 ρ は 15°C，760 mmHg で 1.22 kg/m^3 であり，水の約 1/1000 である．建築物荷重指針では 1.22 kg/m^3，道路橋示方書では 1.23 kg/m^3 である．建築基準法では $1/2\rho$ をひとまとめにして $1/2 \times 1.22 = 0.61 \cong 0.6$ の値が用いられる*．

---

* 台風のニュースでリポーターが「とても立っていられません」というコメントをつけることが多いが，どれくらいの風力が体に作用しているのだろうか．人間の見付け面積 $A = 0.7$ m^2 程度とし．風速 $U = 20$ m/s とする．また，人間を円柱に近いとして抗力係数 $C_D = 1.2$ とする．そうすると風力は

$$P = \frac{1}{2}\rho U^2 C_D A = \frac{1}{2} \times 1.25 \times 20^2 \times 1.2 \times 0.7 = 210\,[\text{N}] = 21\,[\text{kgf}]$$

となる．これは体重 60 kg の人にとってはおよそ 20° の傾斜に立っているのと同じであるが，さらにこの風力が変動するため，立っていることが難しくなるのである．

6.4.2 風圧係数

風圧係数 (風力係数) は，風圧力 $P\,[\mathrm{N/m^2}]$ の速度圧 $p\,[\mathrm{N/m^2}]$ に対する比として以下のように定義される．

$$C_p = \frac{P}{p} \tag{6.8}$$

風圧係数は形状によって異なるが，形状が同じであれば，風速やスケールによらず基本的に一定である．しかし，円柱のように，レイノルズ数によって剥離位置が変化し風圧係数が変わる場合もある．レイノルズ数は

$$\mathrm{Re} = \frac{UD}{\nu} \tag{6.9}$$

で定義される．ここで U：風速 $[\mathrm{m/s}]$，D：の代表長さ，ν：動粘性係数である．

レイノルズ数の影響が小さい場合には，例えば，風速の同じ場所に大きさが2倍違う相似な構造物があった場合，風圧係数は変わらないため，風荷重は面積に比例して4倍の差が出る．いくつかの形状の風圧係数分布をそれを積分した抗力係数 C_D とともに図 6.6 に示す．風圧係数は -1.0〜0.8 程度の値を取る．風上面は正の値となるが，速度圧以上に大きくなることはない．一方，風下面は負圧となるが，場合によっては，絶対値の大きさが速度圧より大きくなる場合もある．

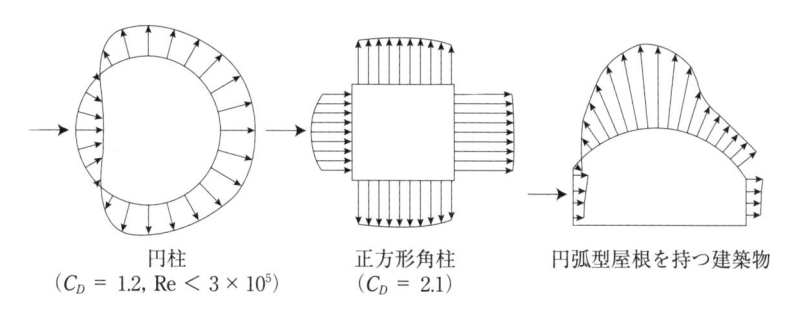

図 6.6 表面圧力分布と抗力係数

【例】 標示板の耐風安定性の検討

図 6.7 のような，コンクリートの台に取り付けられている案内板 ($20\,\mathrm{cm} \times 45\,\mathrm{cm}$) が，風速何 m/s で転倒するか検討する．コンクリートの単位体積重量は $23\,\mathrm{kN/m^3}$，空気の密度 ρ_a は $1.25\,\mathrm{kg/m^3}$ とする．問題の簡単化のために，案内板を支持する鋼製の角パイプの重量は無視する．また，風圧を受けるのは標示板部分のみとし，抗力係数 C_D は 2.0 とする．

標示板が受ける風荷重

$$P = \frac{1}{2}\rho_a U^2 C_D A = \frac{1}{2} \times 1.25 \times U^2 \times 2.0 \times (0.25 \times 0.45) \cong 0.141 U^2$$

コンクリートの台の重量

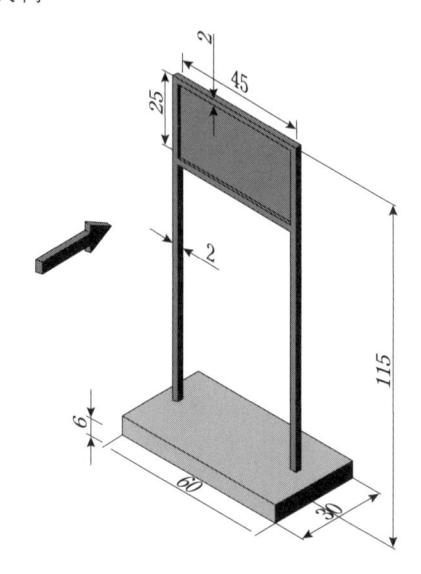

図 6.7 案内板 (単位:cm)

$$W = 0.3 \times 0.6 \times 0.06 \times 23 = 0.248\,[\text{kN}] = 248\,[\text{N}]$$

風荷重による転倒モーメントがコンクリートの台による抵抗モーメントより大きくなったときに転倒する．

$$P \times 1.005 \geqq W \times 0.15$$
$$U \geqq 16.2\,[\text{m/s}]$$

風速 $16.2\,\text{m/s}$ で転倒すること分かる．

6.4.3 風 圧 力

設計用風荷重は次のように平均成分と変動成分の和で与えられる．

「設計用風荷重」=「平均風力に基づく平均風荷重」+「変動風力に基づく変動風荷重」

小規模構造物のように空力学的振動が無視できる場合には，静的作用について考慮すれば十分であり設計用風荷重は

「設計用風荷重」=「平均風力に基づく平均風荷重」×「ガスト影響係数」

のように簡単化される．

風圧力 $P[\text{N}]$ は次の式で与えられる．

$$P = q \cdot C_f \cdot A \tag{6.10}$$

ここで，q：速度圧 $[\text{N/m}^2]$，C_f：風力係数 (無次元量)，A：受圧面積 $[\text{m}^2]$ である．建築物荷重指針では，速度圧は構造骨組用と外装材用に分けて次のように表される．

$$q = 0.6 G_f \left(E_r U_0\right)^2 \text{ (構造骨組用)} \tag{6.11}$$

$$\overline{q} = 0.6 \left(E_r U_0\right)^2 \text{ (外装材用)} \tag{6.12}$$

6.4. 風荷重

ここで G_f：ガスト影響係数である．外装材用では風力係数にガストの影響が含まれる．

風力係数 C_f は外圧係数 C_{pe} と内圧係数 C_{pi} の差として表される．

$$C_f = C_{pe} - C_{pi} \tag{6.13}$$

橋梁のように内部空間を持たない場合は，風力係数 C_f は抗力係数 C_D として定義される．

図 6.8 のような H：基準高さ [m], B：幅 [m], D：奥行き [m] の建築物の外圧係数は図 6.9 および表 6.4, 6.5 のようになる．図 6.10 に示すように，風上面は風がぶつかることにより正圧 (建築物の方向への圧力) が，側面や風下面はちょうど翼が浮き上がるのと同じような効果で負圧 (建築物から外向きへの圧力) が作用する．

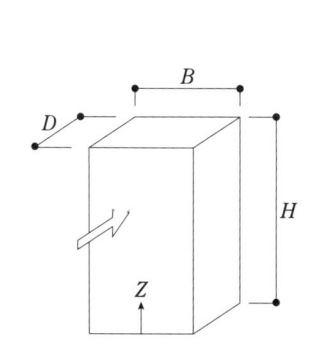

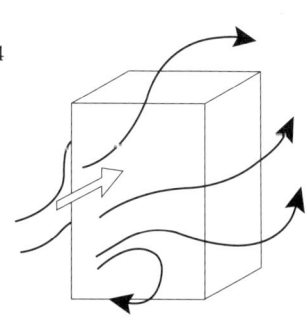

図 6.8　長方形平面を持つ建築物の諸元　　図 6.9　建築物の外圧係数　　図 6.10　建築物周りの風の流れ

表 6.4　閉鎖型の建築物の外圧係数 C_{pe}

風上壁面	側壁面		風下壁面
	風上端部より 0.5a の領域	それ以外の領域	
$0.8\,k_z$	-0.7	-0.4	-0.4

表 6.5　k_z の値

$H \leq Z_b$		1.0
$H > Z_b$	$Z \leq Z_b$	$(Z_b/H)^{2\alpha}$
	$Z > Z_b$	$(Z/H)^{2\alpha}$

【例】三階建てのビルの風圧力

$D = 6\,\text{m}$, $B = 8\,\text{m}$, $H = 9\,\text{m}$ (階高 3 m) の 3 層建築物に作用する風向方向の風圧力を考える．建設地点の粗度区分を III, 基本風速 $U_0 = 30\,\text{m/s}$ とする．

表 6.3 より，$Z_b = 5\,\text{m}$, $\alpha = 0.20$, $Z_G = 450\,\text{m}$. (6.5) 式より

$$E_r = 1.7 \times (9/450)^{0.20} = 0.777$$

図 6.4, (6.11) 式より

$$q = 0.6 \times 2.5 \times (0.777 \times 30)^2 = 815\,\left[\text{N/m}^2\right]$$

表 6.5 より最も小さいときに $k_Z = 0.79$ となるが，安全側を見て一律 $k_Z = 1.0$ とする．

3 階の風圧力

$$W_2 = (0.8 + 0.4) \times 815 \times (8 \times 1.5) = 11.7\,[\text{kN}]$$

1 階, 2 階の風圧力

$$W_1 = W_2 = (0.8 + 0.4) \times 815 \times (8 \times 3) = 23.5\,[\text{kN}]$$

以上まとめると，各階の床位置に作用する風圧力は図 6.11 のようになる．

166　第6章　耐風工学入門

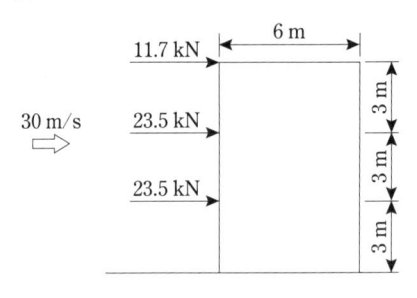

図 6.11　各階の床位置に作用する風圧力

道路橋示方書における風荷重の算定式は次のようになる．なお，橋梁の場合は，桁断面全体に作用する風荷重が主に検討対象となるため，抗力係数 C_D を用いて，橋軸方向の単位長さあたりの風荷重 P [N/m] を算出する．

$$P = \frac{1}{2}\rho U_d^2 A C_D G \tag{6.14}$$

U_d：設計基準風速 [m/s]
A：投影面積 [m^2]
G：ガスト応答係数

道路橋示方書では，中小の橋梁 (プレートガーダー橋やトラス橋など) については渦励振や発散振動の発現する風速が高く，設計に及ぼす風荷重の影響も小さいため，標準的な風荷重を用いてよいとされている．風向は最も風荷重の大きくなる橋軸直角方向からの風を想定し，静的荷重として作用させて設計を行う．例えば図 6.12 のようなプレートガーダーの抗力係数については，図 6.13 のように定められている．道路橋示方書では標準的な風荷重の設定にあたっては，設計基準風速を 40 m/s，ガスト応答係数を 1.9 としており，(6.14) 式より単位長さあたりの風荷重については表 6.6 のようになる．

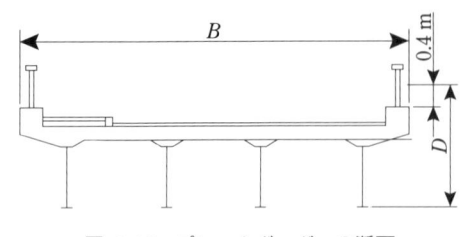

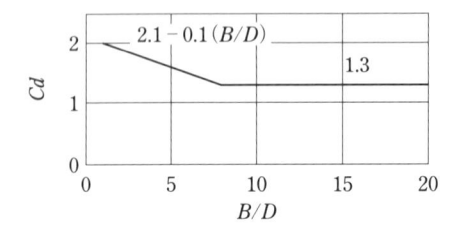

図 6.12　プレートガーダーの断面　　図 6.13　プレートガーダーの抗力係数

表 6.6　プレートガーダーの単位長さあたりの風荷重 [kN/m]

断面形状	風荷重
$1 \leqq B/D < 8$	$[4.0 - 0.2(B/D)]D \geqq 6.0$
$8 \leqq B/D$	$2.4D \geqq 6.0$

6.5 構造物の動的応答

構造物の応答は図 6.14 のように分類され，静的応答と動的応答に大きく分けることができる．風の静的作用は前節で得られた風圧力で表されるものである．一方，動的応答は，風の乱れによる変動だけでなく，構造物周りでの流れの剥離に伴って，構造物後流に発生する渦に大きく影響される．さらに，構造物の動的特性とも連成するため，構造物の応答は条件によって大きく異なってくる．動的応答は風の乱れによるガスト応答，物体後流のカルマン渦による渦励振，物体によって生じる渦と構造物の動的特性の連成によるフラッターがある．これら動的応答は一般に，細長い建築物やスパンの長い橋梁など，固有振動数が低くなる構造物において発生し，通常の構造物では問題とならないことが多い．

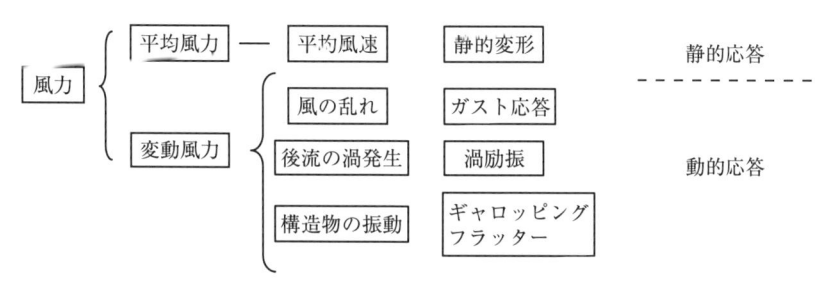

図 6.14 構造物の風応答の分類

6.5.1 渦励振

渦励振はカルマン渦と構造物の固有振動数が一致したときに生じる共振現象である．低風速でも発生するが，発生風速が限定的で，振幅も限定的な限定振動となる．振幅は構造物の減衰によって決まる．

渦の発生周波数は

$$f = St\frac{U}{B} \tag{6.15}$$

と表され，風速に比例して増加する．ここで St：ストローハル数，B：代表長さである．例えば角柱の St (ストローハル) 数は 0.13 となるが，これは，風が角柱の一辺を通り過ぎる間に 0.13 回，渦が発生するということを示している (図 6.15)．つまり，渦の流れ方向のスケールが角柱の一辺の 7.7 倍ということになる．しかし，渦の移流速度は，風速よりも遅く，カルマン渦では約 0.6 倍であるので，渦のスケールは，角柱の一辺の約 4.6 倍ということになる．カルマン渦は 2 次元的な流れであり，低層建物などでは 3 次元的な複雑な流れ場となるので渦励振は発生しない．

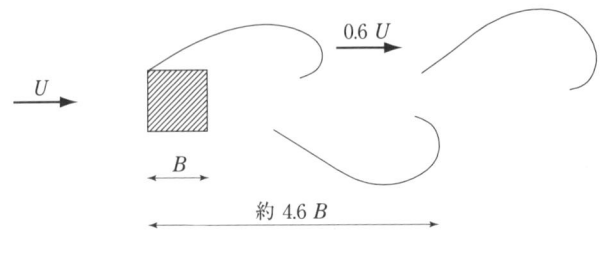

図 6.15 角柱の背後のカルマン渦

6.5.2 自励的応答 (ギャロッピング，フラッター)

フラッターで崩壊した橋としてはタコマ橋が有名である．非常によく揺れる橋として注目を集めていたため，図 6.16 に示すように崩壊の様子が映像で記録されていた．風速 19 m/s で振動が発散的に大きくなり崩壊した．橋桁は偏平な H 形断面をしており，空気力学的に不安定な形状であった．

図 6.16 タコマ橋の落橋

自励的応答は，構造物が大きく振動し，それによって風力が影響を受ける場合に発生する．長大橋や，送電線など，柔軟な構造物で発生する現象で，通常の構造物では問題となることは少ない．自励的応答の身近な例としては，風にはためく旗が挙げられる．旗がもし板のようであれば，板に沿う風に対して後流にはほとんど渦は生じず，風荷重も非常に小さいが，はためきはじめると大きな風荷重をうける．

自励的応答は，一度生じると発散的に振幅が増大し崩壊にまで至る可能性が高いので，その発現風速を，設計風速以上とすることが求められる．自励空気力の揚力成分は次のように表される．

$$L = \frac{1}{2}\rho U^2 B \left\{ kH_1^* \frac{\dot{h}}{U} + kH_2^* \frac{B\dot{\alpha}}{U} + k^2 H_3^* \alpha + k^2 H_4^* \frac{h}{B} \right\} \quad (6.16)$$

$H_1^*, H_2^*, H_3^*, H_4^*$：非定常空気力係数
h：鉛直たわみ変位，α：ねじれ変位，B：桁幅
$(\cdot)$：時間微分，k：換算振動数 $k = \frac{\omega B}{U}$

非定常空気力係数は，風洞において模型を加振させて求められる．空気力が構造物のたわみとねじれのそれぞれの変位，速度の関数となるため，係数の値によっては破壊的な振動に至る．モーメントについても同様な形で表現される．送電線では着氷時に断面形状が変化するため，ギャロッピング振動が発生して送電線が接触してショートし，大規模な停電を引き起こすことがある．

【高層建築物や長大橋などの耐風設計】

高層建築物では固有振動数 (風直交方向の 1 次固有振動数 f_L，捩れ振動の 1 次固有振動数 f_T) が小さいため，動的応答の発現する可能性があり，そのため地震荷重よりも風荷重によって設計が決まる場合も多い．渦励振や空力不安定振動 (ギャロッピング，フラッター) の発生する可能性のある，アスペクト比が大きい，つまり細長い建物について，建築物荷重指針で発現風速を定めている．

道路橋耐風設計便覧では，動的現象の発現風速を，過去の風洞実験データに基づいて次のように定めている．

・たわみ渦励振 $U_{cvh} = 2.0 f_h B$
・ねじれ渦励振 $U_{cv\theta} = 1.33 f_\theta B$
・フラッター $U_{cf} = 2.5 f_\theta B$
・ギャロッピング $U_{cg} = 8 f_h B$ (地形が平坦な場合)
$\qquad\qquad U_{cg} = 4 f_h B$ (地形の影響により吹き上げ風が吹く場合)

ここに：f_h:最低次のたわみ振動数，f_θ:最低次のねじれ振動数，B:総幅である．なお，スパン L [m] が 300 m 程度までの橋梁では次の式で概算できる．

$$f_h = \frac{100}{L} [\text{Hz}] \tag{6.17}$$

$$f_\theta = 2f_h \text{ (トラス桁，開断面充腹桁)}$$

$$f_\theta = 3f_h \text{ (閉断面充腹桁)}$$

6.5.3 ガスト応答

長大橋や高層建築物では風の乱れの周波数成分と構造物の固有振動数の共振を考慮したガスト応答 (バフェティング応答) が検討される．ガスト応答は風の乱れによって生じる振動で，風荷重の変動によって強制的に振動させられるものである．渦励振，自励的応答は，風が一様流であっても構造物後流の渦によって振動が生じるのと異なる．また，小規模構造物に対してはガストファクター G_f を用いて平均風を割り増す方法で考慮されるが，ここでは，風速変動の周波数成分と構造物の振動特性を関連付けて周波数領域で評価する方法について示す．風速変動のスペクトルと応答スペクトルの関係を示すと図 6.17 のようになる．風速変動のスペクトルに，空力アドミッタンスと機械的アドミッタンスを掛けることで応答スペクトルを得ることができる．風速変動のスペクトルは，気象学的な検討からいくつかのモデルが提案されているが，乱れのスケールに応じてなだらかなピークをもつようなスペクトルとなる．空力アドミッ

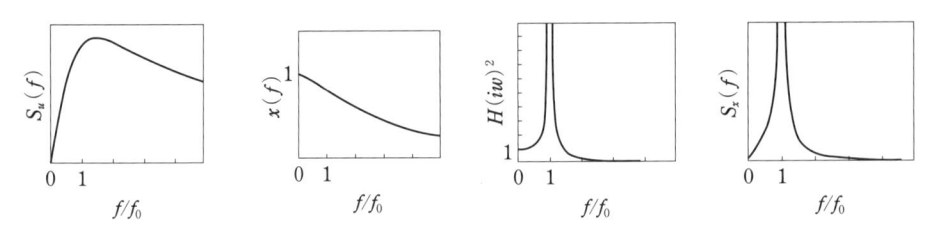

風速変動のスペクトル × 空力アドミッタンス × 機械的アドミッタンス ＝ 応答スペクトル

図 **6.17** 風速変動のスペクトルと応答スペクトルの関係

タンスは，風速から風力への変換を示しており，高周波数になるにつれて，小さくなる．機械的アドミッタンスは，構造物の振動特性によるもので地震応答の場合と同様である．

6.6　近年の風災害

　地球温暖化による気象の変化の影響とも言われているが，近年，日本において竜巻による災害が多く発生している．竜巻の範囲は，台風や地震などに比べると非常に局地的であるため，統計学的にはある地点の構造物が竜巻に遭う確率は非常に小さく，構造物に与える影響も複雑であるため設計上考慮することは難しい．もし，竜巻を考慮するとなると，すべての建物を鉄筋コンクリート造にするなどの対策が必要となり現実的でない．

　構造物は，まず自重 (死荷重)，自動車や人 (活荷重) などの載荷荷重による下向きの力に耐えられるように設計される．地震の多い日本では，次に横方向の力に耐えられるように設計される．風も横方向の力が主であるが，通常の構造物では地震による力の方が大きいため，風によって設計が決まることは少ない．上向きの力は風によって，翼が揚力を受けるのと同じ原理で，構造部材，とくに屋根などの外装材に作用する．竜巻による被害を低減するためには，このような上向きの力を特に考慮して設計を行う必要がある．

　阪神大震災では，上下震動が通常よりも大きかったことが被害を大きくしたとされる．また，海岸沿いの橋梁では高波によって上向きの力が作用することで落橋に至った事例もある．送電鉄塔などの末広がりのトラス構造では，横向きの風荷重に対して，風上側支点に作用する上向きの力に基礎が耐えられず，引き抜かれて倒壊した事例もある．身近な例では，運動会などでテントが強風によって舞い上がる事故は，アンカーが十分でなかった場合が多い．このようなことを踏まえると，上向きの力 (重力と逆向きの力) に対する設計基準が安全性を確保する一つの視点となると考えられる．

　また風害についても，近年の高層マンションの建設ラッシュもあり周辺にビル風による風害を引き起こすケースが増えている．建物の形状の工夫による改善策も，風向が変化するため限界があり，周辺の風速増加は避け得ない．2次的な防風対策としては，植栽や庇によるものが挙げられる．

6.7 風の有効利用

　風は継続的に吹くので，エネルギーとしても有効活用することができる．近年，日本でも，二酸化炭素の削減，エネルギー源の多様化の観点から，急速に風力発電の設置が進んでいる．ただし，日本における強風は台風による一時的なものがメインであり，季節風などで，コンスタントに風速 10m/s 程度の風が吹く地域は限られているため，活用できるエネルギー量には限界がある．

　別の観点からの風の有効利用として，「風の道」という考えがある．これは，河川や道路を風の通り道として，都市のヒートアイランド現象を緩和するというものである．風速が増大するため，強風で歩行に支障が出ないように適度に風速を制御することが課題であると思われる．

6.8 おわりに

　建築物と土木構造物である橋梁の耐風設計を比べてみると，建築が合理的かつより詳細な基準へ進んでいるのに対して，橋梁の耐風設計は長大橋については個別に検討を行うが，短支間のものについては簡単化して設計の便宜を図っているという特徴がある．建築物のほとんどは個人の財産であり，経済性も考慮して最低限守るべき基準が示されているのに対して，橋梁は公共物であるので安全性が重要視されるということが背景にあると思われる．いずれにせよ，今後，設計者が自分の責任において最終的な質を保証するという時代になると，基準で示されている式に単に条件をあてはめるだけでなく，風工学の知識に基づいて，それぞれの構造物の特徴や建設地点の特性に応じた柔軟な設計が求められることになるだろう．

参 考 文 献

〔1〕日本道路協会『道路橋耐風設計便覧』1991．
〔2〕建築基準法・同施行令，2000 年改正．
〔3〕日本建築学会『建築物荷重指針・同解説』2004．
〔4〕土木学会編『橋梁の耐風設計—基準と最近の進歩—』2003．
〔5〕日本鋼構造協会編『構造物の耐風工学』東京電機大学出版局，1995．
〔6〕大熊武司，神田　順，田村幸雄編著『建築物の耐風設計』鹿島出版会，1996．
〔7〕「風と上手に付き合う」『建築技術』2002．
〔8〕Emil Simiu, Toshi Miyata: *Design of Buildings and Bridges for Wind*, John Wiley & Sons, Inc., 2006.
〔9〕風工学研究所編『新・ビル風の知識』鹿島出版会，1989．

索　引

あ

ISC　8
圧密　63
圧密沈下　63
アメリカ合衆国地質調査所　8

異常震域　12
位相　120
位相角　120, 130
　　軸圧縮試験　69

上盤　21

液状化安全率　86
液状化現象　75, 83
液状化対策工　88
液状化抵抗力　86
液状化に対する抵抗率　86
S–P 時間　6
SH 波　26
$Sa-Sd$ スペクトル　135
S 波　2
SV 波　26
FL　86

応答　116
応答スペクトル　132, 169
応力–ひずみ関係　74
大森公式　6

か

海岸段丘　46
外的地形形成作用　41
海洋プレート　32
外力ポテンシャル　101
河岸段丘　46
過減衰　122
荷重増分法 (Load Incremental Method)
　　107
過剰間隙水圧　74
仮想仕事　99
仮想仕事式　110
　　——の原理　93, 99
加速度応答倍率　128, 129
加速度ベクトル　139
活断層　33
過渡応答解　126
カルマン渦　167
間隙水　60
間隙水圧　71
間隙比　61
含水比　61
完全弾塑性型　95
乾燥密度　62
関東地震　32
間氷期　44

幾何学的非線形性　95
擬似速度応答スペクトル　134
気象庁　8
気象庁震度階級　9, 10
北アメリカプレート　30
規模別頻度分布　15
逆断層　17
逆断層型　32
Q 値　29
共振　157, 158, 169
共振現象　128
強制振動　124
強制振動解　126
強制振動方程式　125
極限支持力　64

グーテンベルグ　14
グーテンベルグ・リヒターの式　16
屈折　26
繰返し三軸試験　71, 81
繰返しせん断力　86

繰返し中空ねじりせん断試験機　81

系　116
傾斜　21
傾斜関数　24
形状係数 (Shape Factor)　111
計測震度　9
計測震度計　9
減衰係数　121
減衰作用　118
減衰自由振動　123
減衰自由振動解　126
減衰振動　121
減衰振動曲線　124
減衰定数　77, 122
減衰力　121
現場透水試験　66

工学的基盤　40
広義の減衰係数　145
広義の質量　145
広義のばね定数　145
剛性方程式　93, 101, 103, 104, 111, 112
剛性マトリックス　102, 104–107, 111, 139
構造減衰　121
降伏関数　93–96, 99, 108, 109
降伏軸力　96
コーン慣入試験　67
国際地震センター　8
固有円振動数　120, 139
固有周期　120, 158
固有振動型　139
固有振動数　120, 167, 169
固有値　139
固有ベクトル　139, 141
固有モード　139

さ

サイクリックモビリティ　75
最終間氷期　45
最終氷期の極相期　45
最小二乗法　7
最大主応力面　70
最適含水比　61
材料学的非線形性　93, 109
サウンディング　66

座標変換　93
座標変換マトリックス　102, 105
三角州地帯　48
三軸圧縮試験　69
3 重応答スペクトル　133
酸素同位体 (^{18}O)　44
酸素同位体ステージ　45
三陸地震　32

刺激関数　144
刺激係数　144
支持地盤　40
地震応答計算　147
地震基盤　40
地震計　1
地震動　1
地震波　1
地震モーメント　15
自然堤防地帯　48
下盤　21
湿潤密度　62
実体波　4
実体波マグニチュード　14
質点系モデル　116
質量マトリックス　139
地盤　38
　——の影響　9
　——の支持力　64
　——の動的問題　75
　——の流動　90
下末吉海進　51
下末吉面　50
射出角　21
自由振動解　126
自由度　117
出力　116
上界定理 (Upper Bound Theorem)　100
縄文海進　51
初期せん断弾性係数　79
初期微動継続時間　6
初期変位　121, 123
初速度　121, 123
初動の押し引き　19
初動発震機構解　21
震央　6
震央距離　6, 13
震源　6, 17

震源域　17
震源球　21
震源距離　6
震源決定　7
震源時　6
震源断層　1, 16
震度　9
震度階級　9
振動源　124
深発地震面　30
振幅　120

水平力　153
スウェーデン式サウンディング試験　67
すべり角　21

正弦波応答　125, 126
正断層　17
正断層型　32
節線　20
絶対加速度　129, 146
節面　21
線形加速度法　130
扇状地地帯　48
全塑性モーメント　94, 96, 107, 110
せん断強度　69
せん断弾性係数　74, 77
せん断波　3
せん断波速度　79

層間変位角　112
走向　21
走時　7
層せん断力　153
層せん断力係数　154
総ポテンシャルエネルギー　101
塑性断面係数　95, 98, 111
塑性ひずみ　109
塑性ヒンジ　94, 99, 107
疎密波　3

た

対数減衰率　124
堆積環境　38
太平洋プレート　30
ダイレタンシー　73

タコマ橋　157, 168
多自由度　151
多自由度系　138
縦ずれ断層　16
縦波　2
ダブルカップル　22
単振動　120
弾性波　1
弾塑性解析　107
弾塑性座屈　111
弾塑性シミュレーション　93

地下逸散減衰　121
地殻変動　37
地形　37
地形発達史　38
地層断面図　68
地表面粗度区分　158, 160, 161
沖積層　52
調和振動　120
直下型地震　33

土の粘着力　69
土の密度　62
津波　30
津波地震　33

T軸　20
定常応答解　126
転倒モーメント　154

土圧　65
等価線形解析　77
同次解　126
動的変形特性試験　78, 81
東南海地震　32, 54
土質柱状図　68
土粒子密度　62
トリリニア (tri-linear)　109

な

内的地形形成作用　41
内部摩擦角　69
南海地震　32

新潟県中越地震　34

2 自由度系　138
日本海中部地震　32
入力　116

ネガティブフリクション　63
粘性減衰　121
粘性減衰定数　122

濃尾地震　30
濃尾平野　48

は

Hardin-Drnevich モデル　77
排水試験　71
バイリニア (bi-linear)　109
波食台　53
ばね定数　116
反射　26
氾濫原　42

PS 検層　79
P 軸　20
P 波　2
非減衰自由振動　119
ひずみエネルギー　101
ひずみ硬化　110
左横ずれ断層　16
非同次解　126
非排水繰返しせん断試験　86
非排水試験　71
氷河性海面変動　44
氷期　43
兵庫県南部地震　34
標準慣入試験　66
表面波　4
表面波マグニチュード　14

ファイバー要素　109, 111
不安定　107
不安定構造物　108
フィリピン海プレート　30
フーリエ級数　130
風力係数　158, 163–165
福井地震　34
部材剛性マトリックス　103, 105
プッシュオーバーアナリシス　107

不釣合い力　107
不動点　1
フラッター　157, 167–169
分布質量系モデル　117

平均有効拘束圧　72
ベクトルの直交性　142
変位応答倍率　127
変位–ひずみ関係式　101

崩壊メカニズム　93, 100, 112
防災科学技術研究所　8
放射パターン　23
飽和度　61
飽和密度　62
ボーリング　66
北海道南西沖地震　32
保有水平耐力　112
本震　18

ま

マグニチュード　13

右横ずれ断層　16

明治三陸地震　33

モーダルアナリシス　142
モード法　142
モーメントテンソル　22
モーメントマグニチュード　15

や

USGS　8
有限要素法　93, 101, 104
有効応力　71
有効上載圧　72
ユーラシアプレート　30

横ずれ断層　16
横波　2
余震　17
余震域　18
四象限型　19

ら

ラブ波　4
Ramberg-Osgood モデル　77

離水　46
リヒター　14
粒度分析　60
綾里　33
履歴減衰　121
臨界減衰　122
臨界減衰係数　122

レイリー波　4
レスポンス・スペクトル　132
連続体モデル　117

ローカルマグニチュード　14

わ

和達ダイアグラム　6
和達・ベニオフゾーン　30

著者紹介

精木 紀男（あべき のりお）

1965 年	: 関東学院大学工学部第二部建設工学科建築学専修卒業
1968 年	: 関東学院大学大学院工学研究科建築学専攻修士課程修了
1968 年	: 関東学院大学工学部建築学科助手
1974 年	: 東京都立大学大学院工学研究科建築学専攻博士課程満期退学
1987 年	: 工学博士（早稲田大学）
1988 年	: 国立メキシコ自治大学工学研究所客員研究員
現　在	: 関東学院大学工学部建築学科教授
［主な著書］	: 「新耐震設計法入門」（共著，オーム社，1982 年）
	「建築と土木技術者のための地震工学・振動学入門」（共著，吉井書店，1997 年）
	「建築を知る」（共著，鹿島出版会，2002 年）

規矩 大義（きく ひろよし）

1988 年	: 九州工業大学工学部開発土木工学科卒業
1990 年	: 九州工業大学大学院工学研究科設計生産工学専攻博士前期課程修了
1993 年	: 九州工業大学大学院工学研究科設計生産工学専攻博士後期課程修了，博士（工学）
1993 年	: 横浜国立大学工学部建設学科助手
1995 年	: 佐藤工業株式会社中央技術研究所土木研究部　研究員
1999 年	: 佐藤工業株式会社中央技術研究所土木研究部　主任研究員
2001 年	: 国土交通省　国土技術政策総合研究所研究員（運輸施設整備事業団）
2002 年	: 関東学院大学工学部社会環境システム学科（土木工学科）助教授
現　在	: 関東学院大学工学部社会環境システム学科教授
［主な著書］	: 「基礎から学ぶ土質工学」（共著，朝倉書店，2007 年）

松田 磐余（まつだ いわれ）

1965 年	: 東京都立大学理学部地理学科卒業
1967 年	: 東京都立大学大学院理学研究科地理学専攻修士課程修了
1969 年	: 東京都立大学大学院理学研究科地理学専攻博士課程中退
1969 年	: 東京都立大学理学部地理学科助手
1974 年	: 理学博士
1977 年	: 東京都立大学理学部地理学科助教授
1992 年	: 東京都立大学理学部地理学科教授
1992 年	: 関東学院大学経済学部教授
現　在	: 関東学院大学経済学部教授
［主な著書］	: 「地盤と震害」（共著，槙書店，1977 年）
	「首都圏の活構造・地形区分と関東地震の被害分布図，付解説書」（共著，内外地図，1982 年）
	「安政大地震－その日静岡県は」（共著，静岡新聞社，1983 年）
	「巨大地震と大東京圏」（分担執筆，日本評論社，1990 年）
	「東京湾の地形・地質と水」（分担執筆，築地書房，1993 年）
	「大都市と直下の地震」（分担執筆，東京都立大学都市研究所，1998 年）

前田 直樹（まえだ なおき）

1981 年	: 京都大学理学部卒業
1983 年	: 京都大学大学院理学研究科地球物理学専攻博士前期課程修了
1989 年	: 京都大学理学部理学研究科地球物理学専攻博士後期課程満期退学
1989 年	: 防衛大学校数学物理学教室地球科学科助手
1992 年	: 関東学院大学工学基礎科目教室専任講師
1996 年	: 関東学院大学工学基礎科目教室助教授
現　在	: 関東学院大学工学部社会環境システム学科教授

[主な著書] ： 「地球科学入門」（共著，米田出版，2002 年）

高島　英幸
1985 年	： 豊橋技術大学工学部建設工学課程卒業
1987 年	： 豊橋技術大学大学院工学研究科建設工学専攻修了
1990 年	： 豊橋技術大学工学研究科システム情報工学専攻修了 (工学博士)
1990 年	： 豊橋技術科学大学工学部建設工学系助手
1999 年	： 関東学院大学工学部建築学科助教授
現　在	： 関東学院大学工学部建築学科教授

[主な著書] ： 「シェル・単層ラチス構造の振動解析─地震，風応答と動的安定」（共著，日本建築学会，1993 年）
　　　　　　「建築を知る」（共著，鹿島出版会，2002 年）

中藤　誠二
1995 年	： 東京大学工学部土木工学科卒業
1997 年	： 東京大学大学院工学系研究科社会基盤工学専攻修士課程修了
2000 年	： 東京大学大学院工学系研究科社会基盤工学専攻博士課程修了，博士 (工学)
2000 年	： 日本学術振興会特別研究員
2001 年	： 関東学院大学工学部土木工学科専任講師
2004 年	： 関東学院大学工学部社会環境システム学科助教授
現　在	： 関東学院大学工学部社会環境システム学科准教授

中島　康雅
1987 年	： 関東学院大学工学部建築学科卒業
1989 年	： 関東学院大学大学院工学研究科修士課程修了
1991 年	： 鉄建建設株式会社技術本部建築研究開発部研究員
1994 年	： 関東学院大学大学院工学研究科博士後期課程退学
1997 年	： 鉄建建設株式会社エンジニアリング本部技術研究所耐震構造研究室研究員
2003 年	： 鉄建建設株式会社退社
現　在	： 関東学院大学工学総合研究所研究員

建築と土木の耐震設計・基礎編 ―性能設計に向けて―

2007年10月1日　第1刷発行

編著者	樗木　紀男
	規矩　大義
発行者	関東学院大学出版会
	代表者　松井　和則

236-8501　横浜市金沢区六浦東一丁目50番1号
電話・(045)786-7761／FAX・(045)786-7038

発売所　丸善株式会社

103-8244　東京都中央区日本橋三丁目9番2号
電話・(03)3272-0521／FAX・(03)3272-0693

印刷／製本・三美印刷株式会社

©2007　Norio Abeki
　　　　Hiroyoshi Kiku
ISBN 978-4-901734-22-6 C3052　　　Printed in Japan